Beschrijving Van Overijssels Watersnood, In Februarij 1825

Jan ter Pelkwijk

Nabu Public Domain Reprints:

You are holding a reproduction of an original work published before 1923 that is in the public domain in the United States of America, and possibly other countries. You may freely copy and distribute this work as no entity (individual or corporate) has a copyright on the body of the work. This book may contain prior copyright references, and library stamps (as most of these works were scanned from library copies). These have been scanned and retained as part of the historical artifact.

This book may have occasional imperfections such as missing or blurred pages, poor pictures, errant marks, etc. that were either part of the original artifact, or were introduced by the scanning process. We believe this work is culturally important, and despite the imperfections, have elected to bring it back into print as part of our continuing commitment to the preservation of printed works worldwide. We appreciate your understanding of the imperfections in the preservation process, and hope you enjoy this valuable book.

OVERIJSSELS
WATERSNOOD.

BESCHRIJVING
VAN
OVERIJSSELS WATERSNOOD,

in Februarij 1825,

DOOR

J. TER PELKWIJK, *A.L.M.f.U.w.Phil.D.*
Lid der Gedeputeerde Staten
van de
PROVINCIE OVERIJSSEL.

Te ZWOLLE, bij
CLEMENT, de VRI en van STÉGEREN,
1826.

AAN

ZIJNE EXCELLENTIE

DEN HOOGEDELGEBOREN GESTRENGEN HEERE,

DEN HEERE

B. H. BARON BENTINCK

TOT BUCKHORST,

KAMERHEER VAN ZIJNE MAJESTEIT
DEN KONING DER NEDERLANDEN,

LUITENANT GENERAAL,
COMMANDEUR DER MILITAIRE WILLEMS ORDE,

GOUVERNEUR DER PROVINCIE
OVERIJSSEL,

HEER VAN ZALK EN VEECATEN
ENZ. ENZ. ENZ.,

WORDT

WORDT

DIT WERK,

MET ALLE GEVOELENS
VAN HOOGACHTING EN EERBIED,

OPGEDRAGEN

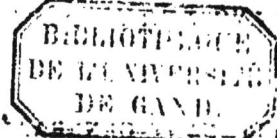

door

DEN SCHRIJVER en
DE UITGEVERS.

NAAM.

NAAMLIJST DER INTEEKENAREN.

─────⏺─────

Zijne Koninklijke Hoogheid, WILLEM FREDERIK GEORGE LODEWIJK, *Prins van Oranje en Kroonprins der Nederlanden*, enz. enz. enz. Zes Exemplaren.

Zijne Excellentie de Heer B. H. BARON BENTINCK tot Buckhorst, *Gouverneur der provincie Overijssel*, enz. enz. enz. Drie Exemplaren.

A.

A.

Aa, (J. van der) R. C. Pastoor te Dulder, gemeente Weerselo.
Aarsen, (O.) fungerend Schout te Giethoorn.
Aerts, (A.) Hoedenmaker te Zwolle.
Akker, (G. van der) Negotiant te Amsterdam.
Ameshoff, (H.) te Amsterdam.
Ameshoff, (H. Jameester) te Amsterdam.
Ameshoff, (Wed. A.) te Amsterdam.
Appelo, (E.) Molenaar te Zwartsluis.
Arisz., (L.) Binnenvader in het Doopsgezinde Weeshuis te Haarlem.
Arntzenius, (J. O.) oud Hoogleeraar te Leijden.
Asman, (G.) Chimist te Meppel.
Augier, (J.) Secretaris der stad Kampen.
Auwen, (J.) te Groningen.
Averink, (H. J.) Burgemeester te Delden.
Averink, (A. H.) Deurwaarder te Delden.
Averink, (J. L.) Winkelier te Delden.
d'Aylly, (A. J.) Apotheker en Chimist te Amsterdam.
Aylva, (Baron H. W. van) Opperhofmaarschalk van Z. M. den Koning, te 's Gravenhage.

B.

Baak, (M. van) Schout van Wanneper- en Dinxterveen.
Baarsel en Zoon, (C. van) Geogr. Graveurs te Amsterdam, 2 Exempl.
Baeckel, (H. S. van) Burgemeester te Nieuwpoort.
Ballot, (I. S. S.) Predikant te Wesepe.
Barneveld, (J. J. van) Runmolenaar te Zwolle.
Barneveld, (A. van) Assessor in Zwollerkerspel.
Bausch, (T.) Officier van gezondheid te Kampen.
Beekman, (W.) te Kampen.
Beest, (R. van) te Hellendoorn.
Behr, (F. L.) Kolonel te Deventer.
Belt, (G. van den) Smid te Raalte.
Beltman, (J.) mr. Timmerman te Zwolle.
Bendien, (L.) Koopman te Denekamp.
Bennekers, (S.) Gemeenteraad te Steenwijk.
Bentinck, (Mevrouwe de Gravinne) Gouvernante van H. K. H. de Prinses Marianne in het Koninklijke Paleis, 3 Exempl.
Bentinck, (Baron C.) Grootmeester van H. M. de Koningin, te 's Gravenhage, 2 Exempl.
Bentinck tot Schoonheten, (Baron R. F. C.) te Raalte.

Ben-

INTEEKENAREN.

Bentinck tot Nijenhuis, (Baron A. C.) Lid der Prov. Staten van Overijssel, te Wijhe.
Bentinck, (Baron J. H. C.) Directeur der Posterijen enz. te Zwolle.
Bentinck, (Baron W. F. C.) Ontvanger der Registratie te Raalte.
Berends, (W.) Schout en Notaris te Raalte.
Berg, (A. van den) te Zwolle.
Berg, (G. van den) Scheepstimmerman te Zwartsluis.
Berge, (E. ten) Koopman te Oldemarkt.
Berghorst, (J.) Onderwijzer te Zwolle.
Berghuis, (W. J.) Predikant te Wanneperveen.
Berkhout, (J. P. Teding van) te Haarlem.
Berkhout, (J. P. Teding van) te Olst.
Beijerinck, (M. G.) Hoofd-Ingenieur bij den Waterstaat te Zwolle.
Beijerinck, (G. J. A.) Boekhandelaar te Amsterdam.
Bicker Caarten, (P.) Controleur te Deventer.
Bie, (P. C. de) Wijnkooper te Rotterdam.
Bijsterbos, (J. N.) te Kampen.
Blaauw, (H. de) Koopman te Amsterdam.
Blijdenstein, (B.) Fabrikant te Enschede.
Bloemer, (I. H. C.) Winkelier te Delden.
Blom, (N. H.) Tabakshandelaar te Meppel.
Blom, (G.) Koopman te Meppel.
Blomberg, (A.) Kastelein te Meppel.
Blunck, (J. J.) te 's Gravenhage.
Bodde, (J.) Lakenkooper te Zwolle.
Bodde, (D.) te Erlikum.
Bodisco, (P.) te Haarlem.
Boelens Jr., (R.) te Zwolle.
Boer, (J. J. de) Procureur te Zwolle.
Boer, (J. J. de) Schipper te Kuinre.
Boer, (M. Peters de) Veehouder te IJsselham.
Boerman, (J. B.) Adsp. Ingenieur te Maastricht.
Boermans, (H. W.) te Wijhe.
Boetzelaar, (Baron C. V. van) Opper kamerheer van Z. M. den Koning, te 's Gravenhage.
Bohn, (P. F.) Boekhandelaar te Haarlem.
Bohn, (Mejufv. M.) te Haarlem.
Bohn, (Mejufv. J.) te Haarlem.
Bolk, (D.) Griffier bij het Vredegeregt te Raalte.
Bomhoff, (Mejufv. J.) te Zutphen.
Bommel, (A. van) fung. Officier van Justitie te Haarlem.
Bongaart, (H. H. van den)

NAAMLIJST DER

mr. Timmerman te Zwartsluis.
Bönninghausen, (Jonkheer F. E. van) tot de Herinkhave.
Bontamps, (F.) te Venloo.
Boogmans, (J. S.) Controleur bij 't Kadaster in Overijssel te Zwolle.
Bos, (A. van den) Aannemer te Meppel.
Bosch, (H.) Winkelier te Ommen.
Bosch, (J. van den) Notaris te Kuinre.
Bouginé, (H.) Controleur der Goud- en Zilverwerken te Zwolle.
Boumeester, (Js.) te Zwolle.
Boumeester, Fz., (K.) te Zwolle.
Bourdeau, (A. H. E.) Ontvanger te Ootmarsum.
Bouwknegt, (R.) Kastelein te Meppel.
Bouwmeester, (A. C.) Notaris te Dalfsen.
Bouwmeester, (A. den) Koopman te Zwolle.
Bouwmeester, (J. van der Plas) Schout te Hellendoorn.
Bradé, (....) Kapt. bij het 3e Batt. Veld Artillerie te Maastricht.
Brake Bz., (L. ten) Koopman te Almelo.
Bramer, (H.) te Vriesenveen.
Bramer, (O.) Grutter te Oldemarkt.
Bramer, (J.) Grutter te Oldemarkt.

Brandsma, (W. R.) Aannemer van Publieke werken te Kuinre.
Brandsma, (W. R.) voor een Leesgezelschap.
Brëman, (J.) mr. Smid te Zwartsluis, 3 Exempl.
Brengel, (R. van) Inspecteur van 't Kadaster, te 's Gravenhage.
Brink, (J.) Beurtschipper op Amsterdam, te Steenwijk.
Brinkman, (M. C. S.) Griffier bij de Regtbank te Zwolle.
Broekhuizen, (A.) Kousenfabrikeur te Zwolle.
Broese, (J. A.) te Kampen.
Brongers, (R.) Procureur te Appingadam.
Bronsema, (L. H.) te Groningen, voor het Leesgezelschap; *tot Leering en Uitspanning.*
Brouwer, (A.) Adj. Directeur der Kolonien, te Steenwijk.
Bruggencate, Hz., (G. ten) te Almelo.
Brugmans, (G. G.) Predikant te Beverwijk.
Bruijn, (J. H. de) Plaatsel. kommandant te Zwolle.
Buisman, (D.) Koopman te Zwolle.
Buranus, (J.) te Zwolle.
Buuren, (J. H. van) Assessor te Wierden.
Buijsing, (D. J. Storm) Aspt. Ingenieur te Zwolle.

C.

INTEEKENAREN.

(C.)

Calkoen, Kolonel te Arnhem.
Campe, (W. J.) 2e Luit. Ingenieur te Nieuwpoort.
Cantor, (J. M.) Ontvanger te Denekamp.
Casembroot, (L. de) Agent van het Departement van Oorlog, te Deventer.
Cate, (G. J. ten) Fabrikant te Denekamp.
Cate, (P. ten) Rentenier te Lonneker.
Cate, Oz., (H. ten) Rentenier te Enschede.
Cate, (Wed. H. ten) Rentenierse te Enschede.
Cate, (A. ten) Winkelier te Delden.
Chainaije, (J.) Aannemer van 's Lands werken, te Maastricht.
Chalmot, (H. A. de) Schout van Kamperveen.
Charlé, (B.) Landmeter bij den Waterstaat in Maas en Waal.
Cinsonnet, (A..) 2e Luit. Kwartiermeester te Kampen.
Claus en Zoon, (J. P.) Papierhandelaars te Rotterdam.
Cleeff, (Gebr. van) Boekhandelaars te Amsterdam, 12 Exempl.
Cleeff, (W. J. van) Provinciale Vee-Arts te Zwolle.
Cleeff, (L. van) Doopsgezind Predikant te Borne.
Cloetingh, (A.) Koopman te Zwolle.
Coelderen, (J. J. C. van) Fabrikant te Delden.
Coenraadts, (J.) mr. Schoenmaker bij de 7e Afd. Nat. Inf. te Zwolle.
Coeverden, (W. van) Koopman te Zwolle.
Coeverden, (J. van) Koopman te Zwolle.

Commissie, (De Provinciale) ter verzorging der Noodlijdenden door den jongsten Watervloed, gevestigd te Zwolle, zijnde de Heeren
Eekhout, (B.) 2 Exempl.
Greven, (H. W.) 2 Exempl.
Gronden, (W. S. van der) 2 Exempl.
Roijer, (W. H.) 2 Exempl.
Sandberg, (A.) 2 Exempl.
Sonsbeeck, (H. van) 2 Exempl.
Wael, (A. J. Vos de) 2 Exempl.

Commissie (De) voor de Noodlijdenden in Overijssel en Gelderland, gevestigd te Amsterdam, zijnde de Heeren:
Bonebakker. (A.)
Braskamp. (A.)
Breebaart. (C.)
Breebaart. (P.)
Dwars. (B.)
Fabius. (J. C.)
Harpen. (A. L. van)
Hemsing. (H. J.)
Hoeven. (A. H. ter)

Koop-

Koopmans. (D.)
Kuchlein. (J. P.)
Lamaison. (L. J.)
Rauwenhoff. (J. H.)
Smit. (J. Kortenhoef)
Swarts. (D.)
Vloten. (N. van)
Vries. (J. van Ouwerkerk de) En
Walen. (J. P. Jannette)

Conrad, (J. W.) Ingenieur bij den Waterstaat, te Maastricht.
Coopsen, (H. M.) te Bathmen.
Coopsen, (Wed. M.) te Bathmen.
Cort Heiligers, Luit. Generaal te Deventer.
Cosse, (. .) te Steenwijk.
Coster, (J.) Assessor te Zwartsluis.
Coster, (H.) mr. Zeilmaker te Zwartsluis.
Coster, (H.) voor een Leesgezelschap te Almelo.
Coster, (H. Willink) Koopman te Almelo.
Cramer, (A. Groll) Winkelier te Delden.
Cromhout, (H. G.) Controleur te Hardenberg.
Cruijsse van Hoeij, (J. W. van der) te Gorinchem.

D.

Daendels, (E. A.) Directeur der Directe Belastingen etc. in Overijssel te Zwolle.

Daendels, (B. J.) Hoofd-Inspecteur der Directe Belastingen ect. in N. Braband.
Dalfsen, (J. J. van) Burgemeester te Genemuiden 2 Exempl.
Damman Andr. z. (H.) Fabrikeur te Zwolle.
Dannenberg, (P. A.) Koopman te Nordhoorn.
Dedden, (C.) Veenbaas te Steenwijkerwold.
Dedden, (H.) Landbouwer te Steenwijkerwold.
Dedem tot den Berg, (Baron G. W. van) Controleur van het Kadaster in Overijsfel, te Zwolle.
Deijselman, (G. J.) te 's Gravenhage.
Dekerth, (G. Blok) Ontvanger der In- en Uitgaande Regten etc. te Zwolle.
Delden, (W. J. van) Koopman te Zwolle.
Deppe, (J. G. L.) te Kampen.
Deventer, (A. van) Koopman te Zwolle.
Deventer, (H. A. van) Likeurstoker te Zwolle.
Diepen, (J. van) Koopman te Kampen.
Diepenheim, (D. W.) Aannemer van 's Rijks werken, te Zwolle.
Diggelen, (A. van) Landmeter der 1e kl., te Hoorn.
Diggelen, (H. van) Landmeter der 1e kl., te Zwolle.

INTEEKENAREN.

Diggelen, (J. P. van) Landmeter der 1e kl, te Hoorn.
Dikkers, (G. J. O. D.) Agent te Almelo, te Borne.
Dikkers, (J.) Burgemeester te Rijsfen.
Doll, (Erven Wed. J.) Boekhandelaars te Amsterdam.
Dolleman, (N.) Vredereg- ter te Delden.
Donker, (H.) Opziener bij het Heemraadschap te Vollenhove.
Doorwaard, (C.) Behanger te Amsterdam.
Dörnberg Heiden, (Freules van) te Kampen.
Dörnberg Heiden, (.... van) te Bathmen.
Doijer, (A. Asfz.) Koopman te Zwolle.
Doijer, (Hk. Asfz.) Boekhandelaar te Zwolle.
Doijer, (J. Schoemaker) Schilder te Zwolle.
Doijer, (Th. Asfz.) Wijnkooper te Zwolle.
Doijer en Kalff, Kooplieden te Zwolle.
Dranhier, (G.) te 's Gravenhage.
Drucke, (F.) te Zwolle.
Dueren, (J. van) Schrijver en Victualiemeester op het schip Zeeland.
Duijnen, (J. van) Luit. Kolonel te Deventer.
Dumbar, (D.) Secretaris der stad Deventer.
Dumon, (W.) Schout te Oldemarkt.

Dumpel, (J. J.) Rentenier te Zwolle.
Dura, (W. A. van) Kap. ter Zee op het Schip Zeeland.
Dutreux, (....) Asp. Ingenieur bij den Waterstaat, te Maastricht.
Dwars, (G. W.) Asfesfor in Zwollerkerspel.
Dwars, (H.) Predikant te Steenwijk.
Dijk, (J.) Schout te Hengelo.
Dijk, Jsz, (J. van) te Zwolle.
Dijkhuisen, (H. J.) R. C. Pastoor te Olst.
Dijksma, (R.) Schoolonderwijzer te Giethoorn.

E.

Eekhout EJz., (C. W.) Med. Dr te Zwolle.
Eekhout, (G. W.) Lid van de Regtbank van Eersten Aanleg te Groningen.
Eekhout, EJz., (R.) te Zwolle.
Eerde, (E. van) Advokaat te Groningen.
Eerten, (H. J. van) Koopman te Raalte.
Eindhoven, (Wed. IJntjen) te Blokzijl.
Eijck Jz., (B. van) Commies van de 1e kl., te Vriesenveen.
Eijk van Voorthuisen, (J. van) Koopman te Amsterdam.
Eijken, (L. van) Schipper te Zwartsluis.

Ek, (H. van) Timmermansbaas bij Rijnland, gemeente Houtrijk en Polanen.
Ek, (J. van) Timmerman te Haarlem.
Elbers, (J.) mr. Schilder te Zwartsluis.
Elderink, (D.) Fabrikant te Enschede.
Elling, (F. A. J.) R. C. Pastoor te Raalte.
Elensohn, (Wed. J. F.) Rentenierse te Almelo.
Engberts, (E.) te Vriesenveen.
Engberts, (G.) Boetseerder te Vriesenveen.
Engberts, (G. J.) te Almelo.
Engberts, (J.) te Vriesenveen.
Engelenberg, (J.) Advokaat te Meppel.
Engeler, (D. F.) Wijnkooper te Groningen.
Engels, (van) Kapt. bij de 7e Afd. Nat. Inf., voor het Leesgezelschap van de Heeren Officieren te Zwolle.
Engels, (G.) Secretaris te Vriesenveen.
Enklaar (E. C.) Preceptor te Zwolle.
Eskes, (Js.) te Zwolle.
Eskes, (Js.) Voor een Leesgezelschap, onder de zinspreuk: *Leeslust*, te Zwolle.
Esfink, (J. W.) Burgemeester te Ootmarsum.
Estorf, (Mevrouwe de Baronesse van) Hofdame van Hare Majesteit de Koningin.
Evers, (N. H.) Predikant te Hengelo.
Evers, (H. A.) Heelmeester te Almelo.

F.

Fabius, (J. W.) Notaris te Steenwijk.
Faille, (J. Baart de la) Med. Dr. te Groningen.
Feith, (H. O.) Advokaat te Groningen.
Feith, (L. R.) te Zwolle.
Felix, (G.) Papierkooper te Zwolle.
Ferneij, (J. K. van) Griffier des Vredegeregts te Hasselt.
Florison, (A. H.) Stads Medicinae Doctor en Secretaris te Genemuiden.
Foreest van Heemse, (J.) Grondeigenaar te Heemse.
Fortuijn, (C.) Predikant te Zwolle.
Fortuijn, (H. J.) Med. Stud. te Leijden.
Fortuijn, (H. J. Holtkamp) Koopman te Arnhem.
Fortuijn, (A.) te Wageningen.
Fortuijn, (G. Bernard) te Amsterdam.
Fransfen, (J. H.) Onderwijzer te Haaksbergen.
Freislich, (C. J.) Burgemeester te Hasselt.
Fridagh, (Baron J. A. van) te Zwolle.

INTEEKENAREN.

Fridagh, (Baron G. J. G. van) te Zwolle.
Fruitier, (J. A.) Lid der Gedeputeerde Staten van Groningen.
Fullings, Majoor te Kampen.

G.

Gael, (D. V. Zeijden) te Leijden.
Gallé, (S. A.) Inspecteur van het Kadaster in Overijssel, te Zwolle.
Geel, (G.) Koopman te Meppel.
Geertsema Vz., (J. G.) Advokaat te Groningen.
Gerbrants, (J.) Ontvanger der Directe Belastingen te Markelo.
Gerrits, (G. Engelberts) Schoolonderwijzer te Amsterdam.
Geuns, (J. van) A. L. M. en Ph. Dr. en Doopsgezind Predikant te Amsterdam.
Giffen, (J. van) Apotheker te Steenwijk.
Glastra, (J. O.) Koopman te Oldemarkt.
Göbell, (J. W.) mr. Schilder te Raalte.
Goedkoop, (J.) Kalkbrander te Zwartsluis.
Goeijen, (Wed. J. de) te Zwolle.
Gomarus, (G. A.) Raad der Gemeente te Zwolle.
Goor, (J. van) Schoolonderwijzer te Voorthuizen.
Gooszen, (A.) Vrederegter te Ootmarssum.
Gooszen, (A. J.) Predikant te Eijbergen.
Gorkink, (H.) Onderwijzer der Jeugd te Tongeren.
Götte, (W.) Burgemeester en Secretaris van Goor.
Goudriaan, (A. F.) Inspecteur Generaal en Administrateur van den Waterstaat, te 's Hage.
Goudriaan, (B. H.) fung. Hoofd-Ingenieur bij den Waterstaat, te Maastricht.
Goudsmit, (S. J.) Koopman te Meppel.
Gouzij, (A.) Ontvanger te Delden.
Grampel, (E. van der) Boekhandelaar te Amsterdam.
Grau, (J.) Schoolonderwijzer te Genemuiden.
Gregoor, (S.) Predikant te Rotterdam.
Gréve, (K. Hovens) Predikant te Steenwijk.
Gréve, (W. P. C.) Schout van Lonneker, te Enschedé.
Gréve, (A. S.) Heel- en Vroedmeester te Enschedé.
Greven, (A. J.) Wethouder te Zwolle.
Greven, (E. H.) te Zwolle.
Grobbée, (H.) Eerste Commies ter Directie der Directe Belastingen enz. te Zwolle.

Groll,

Groll, (C.) Ingenieur Verificateur van het Kadaster in Noord-Holland, te Amsterdam.
Gronden, (J. van der) Notaris en stads Secretaris te Zwolle.
Gronden, (R. S. van der) Advokaat etc. te Zwolle.
Groskamp, (C. W.) Ontvanger der Directe Belastingen etc. te Vriesenveen.
Groskamp, (H. H.) Surnumerair bij de Belastingen etc. te Almelo.
Groot, (E. de) te Vriesenveen.
Groothuis, (J. T.) Pastoor te Haaksbergen.
Groothuis, (H.) te Genemuiden.
Grunebosch, (J. W.) Luit. Kolonel te Arnhem.
Guichart, (H.) Lid der Gedeputeerde Staten te Groningen.
Gunne, (A. ter) te Deventer.
Gunning, (J. H.) Predikant te Olst.

H.

Haan, (J. G. de) 1e. Luit. bij de 7e Afd. Nat. Inf., te Zwolle.
Haas, (A. B. F. de) Instrumentmaker te Zwolle.
Haeck, (L.) Ontvanger te Genemuiden.
Haeften, (J. van) te Heerenveen.

Haersolte, (C. W. A. Baron van) te Zwolle.
Hage, (D. van) Koopman te Steenwijk.
Hagen, (J.) Bakker te Beverwijk.
Hageman, (F.) Organist te Zutphen.
Harderwijk, Rz., (J. van) Koopman te Rotterdam.
Harmsen, (J. H.) te Zwolle.
Harmsen, (H.) Koopman te Vriesenveen.
Harmsen, (T. J.) Schoolonderwijzer te Gramsbergen.
Harmsen, (G.) Vroedvrouw te Vriesenveen.
Harpen, (P. Kuiper van) te Amsterdam.
Hartges, (N.) Raad te Meppel.
Hartkamp, (P.) Schout te Kuinre.
Hartkamp, (H.) Bakker te Kuinre.
Hartman, (J. A.) Predikant te Staphorst.
Hattink, (H. J.) Predikant te Rijssen.
Heek, (H. van) Postmeester der Paardenposterij te Delden.
Heek, (G. J. van) Fabrikant te Enschedé.
Heerdt tot Eversberg, (Grave T. C. van) Opperstalmeester van Z. M. den Koning, te 'sHage, 2Exempl.
Heerdt, (Baron C. E. van) 1e Luit. bij het 6e Regt. Husaren, te Brussel.

Heerdt,

INTEEKENAREN.

Heerdt, (Baron W. H. van) Luit. Kolonel bij de 7e Afd. Nat. Inf. te Kampen.
Heerdt, (J. P. van) Ontvanger der In- en Uitgaande Regten etc. te Kampen.
Heerkens, (T. E. F.) Commisfaris van Politie te Zwolle.
Heerkens, (F. P. A.) Regter bij de Regtbank van Eersten Aanleg te Zwolle.
Heide, (L. van der) Onderwijzer te Zwolle.
Heijner, (J. A.) Med. en Art. Obst. Dr. te Enschedé.
Heinink, (G. J.) mr. Hoedenmaker te Raalte.
Heitingh, (A.) Fabrikant te Rotterdam.
Held, (J. A.) te Zwolle.
Hellendoorn, (H.) Koopman te Zwolle.
Hellendoorn, (H. J.) te Zwolle.
Helmich, (A. J.) te Zwolle.
Helmich, (J.) te Zwolle.
Helmich, (Th.) Wijnkooper te Zwolle.
Hemert tot den Dingshof, (Baron W. F. van) Directeur der Registratie etc. in Overijssel, te Zwolle.
Hengel, (W. A. van) Hoogleeraar te Amsterdam.
Hengeveld, (E.) te Deventer.
Hens, (P. A.) Wijnkooper te Zwolle.
Herfkens, (B.) R. C. Pastoor te Heeten.

Hesselink, (H.) Koopman te Zutphen.
Heufke, (J. M.) te Zwolle.
Heusde, (Wijbo van) Particulier te Goor.
Heuvel, (H. ten) Beurtschipper op Amsterdam, te Steenwijk.
Heuvel, (K. ten) Rentenier te Meppel.
Hietland, (Mevrouwe de Wed.) te Zwolle.
Hoboken, (P. van) Provinciale Administrateur te Zwolle.
Hoedemaker, (H. ten Cate) Fabrikeur te Lonneker.
Hoenderken, (L.) Burgemeester en Secretaris der stad Hardenberg.
Hoeufft, (J. D.) Inspecteur van 't Kadaster in Noord-Holland, te Haarlem.
Hoeve, (H. van der) te Amsterdam.
Höevell, (Baron R. van) Lid van den Raad te Deventer.
Hofkes, (L.) te Almelo.
Hofman, (J. de Vries) te Kampen.
Hofman, (J. G. H. de Vries) Landmeter der 2e kl., te Hasselt.
Hogguer, (Baron J. W.) te 's Gravenhage.
Holleman, Jz., (P.) Dijkbaas van Rijnland, gemeente Houtrijk en Polanen.
Homan, (J.) Koopman te Groningen.
Hompe, (J. H.) Klerk bij

den

den Verificateur voor de Compt. der Directe Belastingen etc., te Zwolle.

Hooff, (P. S. R. van) Luit. Kolonel, Adj. van Z. K. H. den Prins van Oranje, te Brussel.

Hooft van Iddekinge, (J. H.) 2e Luit. bij de 7e Afd. Nat. Inf., te Zwolle.

Hoogklimmer, (J. G.) Predikant te Almelo.

Hoop, (A. J. van der) Lid van de Provinciale Staten en Wethouder der Stad Groningen.

Hoorn, (R.) Gemeenteraad te Kuinre.

Horst, Jr. (B. J. ter) te Zwolle.

Horst, (Wed. B. ter) te Zwolle.

Horst, (Wed. G. van der) te Zwolle.

Horst, (H. en B. ter) Kooplieden te Hengelo.

Houwink, (A.) Wijnkooper te Meppel.

Houwink, (H.) Wijnkooper te Meppel.

Hove, (B. H. ten) Tapper te Raalte.

Huber, (C. U. J.) Med. Dr. te Groningen.

Hubert, (J. E.) Lid der Regtbank te Zwolle.

Hulsbergen, (L. van) Koopman te Zwolle.

Hulscher, (G. J.) Directeur van een Leesgezelschap te Deventer.

Hulsebos, (W.) Onderwijzer in de Departements School te Zwolle.

Hulsken, (J. H.) Predikant te Losser.

Hulsteijn, (S. R. van) Luit. Kolonel bij de 7e Afd. Nat. Inf., te Zwolle.

I.

Idsinga, (B.) Boekdrukker te Zwolle.

Imhoff, (Baron G. W. van) Gouverneur der Provincie Groningen.

Immink, (P.) Predikant en Rector te Ootmarsum.

Ingen, (Baron J. J. van) te Kampen.

Ittersum, (Baron W. van) Hoofd-Inspecteur van de Directe Belastingen etc. in Overijsfel, te Zwolle.

Ittersum, (Baron J. W. C. van) te Zwolle.

Ittersum, (R. van) te Zwolle.

J.

Jackson, (W.) Gepens. Luit. Kolonel, te Diepenveen.

Jacobi, (J. W.) Gepens. Officier, te Losser.

Jacobs, (J. A.) te Blokzijl.

Jacobson, (H.) Regter bij de Regtbank te Almelo.

Jacobson, (G. W.) Notaris te Wijhe.

Jalink (J. B.) Koopman te Steenwijk.

INTEEKENAREN.

Jalink, (W.) te Goor.
Jansen, (H. J.) Deurwaarder bij de Regtbank van Eersten Aanleg te Zwolle.
Jansen, (L.) te Vriesenveen.
Jansen, (J.) Koopman te Raalte.
Janssen, (R. C.) Koopman te Zwolle.
Janssen, (J.) Koopman te Zwolle.
Janssen, (J.) Lakenkooper te Zwolle.
Jappé, (J. H.) Ingenieur Verificateur te Groningen.
Jaspar, (J.) R. C. Pastoor te Zwolle.
Jentink, (A.) Predikant te Steenwijkerwold.
Jentink, (M. A.) Predikant te Vinkeveen.
Joles, (J. S.) Kantoorbediende te Meppel.
Jong, Gz., (A. de) te 'sGravenhage.
Jong, (J. de) Directeur der Onderlinge Brandwaarborg Maatschappij te Amsterdam.
Jong, (L. de) Aannemer van 's Rijks Werken, te Groningen.
Jonge, (H. de) te Meppel.
Jongh, (J. de) op het Loo.
Jonker, (P.) te Blokzijl.
Joost, (L.) te Vriesenveen.
Jordaan, (J. H.) Notaris te Haaksbergen.
Jordaan, (D.) Koopman te Haaksbergen.

Jordens, (G. J.) Raadsheer te 's Gravenhage.
Jorink, (De Erven) Winkeliers te Raalte.

K.

Kaempff, (F. C. T.) Notaris te Giethoorn.
Kampen. (De Stad)
Kamperveen. (De Gemeente)
Karsenbergh, (de Wed. L. A.) Boekhandelares te Deventer.
Kate, (H. ten) Fabrikant te Lonneker.
Keidel, (C. R.) te Zwolle.
Keidel, (U. C.) te Hasselt.
Keijler, (A.) Koopman te Ootmarsum.
Keizer, (D. H.) Koopman te Meppel.
Kesselaar, (B.) te Kampen.
Ketel, (E.) Postmeester der Paardenposterij te Meppel.
Ketten, (T. E. J. van der) te Zwolle.
Ketten, (F. J. van der) Med. Dr. te Zwolle.
Ketwich, (De Gezusters van) te Zwolle.
Ketwich, (H. D. van) Koopman te Zwolle.
Ketwich, (J. van) Koopman te Zwolle.
Keuter, (R. C.) te Blokzijl.
Keuter, Albz., (P.) te Blokzijl.
Keuzenaar, (A.) te 's Gravenhage.
Kiers, (O. J. en L. J.) Tabakshandelaars te Meppel.

Kiers.

Kiers, (M. J.) Ontvanger te Steenwijk.
Kips, (Wed. B.) te Abcoude.
Kisch, (J. J.) Chirurgijn te Zwolle.
Kist, (W.) te 's Gravenhage.
Kistemaker, (A.) te Zwolle.
Klaus, (J. C.) Azijnmaker te Beverwijk.
Klinkert, (H. J.) Koopman te Zwolle.
Klomp, (A.) Schout te Heino.
Kluiver, (P.) Koopman te Koog aan de Zaan.
Knaap, Wz., (C.) Landmeter der 1e kl. bij 't Kadaster in Overijssel, te Hardenberg.
Kniphorst, (De Wed. A.) te Dokkum.
Kniphorst, (G. L.) Burgemeester te Meppel.
Kock, (Ph.) Kap. Kwartierm^r. bij de 13e Afd. Nat. Inf. te Arnhem.
Kock, (J. F.) Wijnkooper te Deventer.
Kock, (H.) te Kampen.
Kock, (H.) te Zwolle.
Kommers, Pz, (J.) Landmeter der 1e kl., te Gramsbergen.
Koning, (K.) Koopman te Oldemarkt.
Kooij, (J.) Koopman te Amsterdam.
Kooij, (J. R.) te Amsterdam.
Kool, (P. Schukkink) te Zwolle.
Koops, (A.) Visiteur der In- en Uitgaande Regten, te Markelo.
Kortenhorst, (J.) te Zwolle.
Korver, (J.) Assessor te Zwartsluis.
Kraak, (R.) Veehouder te Paasloo.
Kramer Renette, (M. J.) Notaris te Zwolle.
Kratsch, (D. C. F.) Officier van Justitie te Heerenveen.
Kreulen, (A.) Horologiemaker te Zwolle.
Kreulen, (H.) Beurtschipper op Amsterdam, te Meppel.
Kronenberg, (B. J.) Adv. en Notaris te Deventer.
Kroon, (G. J.) Organist te Genemuiden.
Krooneman, (H.) Entreposeur bij de In- en Uitgaande Regten etc. te Zwolle.
Kros, (A. G.) Ingenieur bij den Waterstaat te Arnhem.
Kruijff, (E. de) fung. Hoofd-Ingenieur bij den Waterstaat, te Maastricht.
Kruijs, (G.) te Vriesenveen.
Kruijs, (J.) Schout te Vriesenveen.
Kruisinga, (.....) aan de Dedemsvaart.
Kühl, (C. H.) te 's Gravenhage.
Kuik, (H. van) Schoolonderwijzer te Dalfsen.
Kuik, (H.) Tapper te Ossenzijl.

Ku=

INTEEKENAREN.

Kuile, (H. ter) Burgemeester te Enschedé.
Kuile, (C. ter) Fabrikant te Enschedé.
Kuile, (E. ter) Fabrikant te Enschedé.
Kunst, (J.) Onderwijzer te Vriesenveen.
Kuvel, (F. P.) Commies Griffier te Deventer.

L.

Laar, (Z. van) Schatter van het Personeel, te Meppel.
Laarhoven, (C. J.) Ontvanger der Directe Belastingen etc. te Gramsbergen.
Laen, (J. van der) te Zwolle.
Laen, (W. A. van der) Ontvanger te Raalte.
Lamberts, (A. M.) Rentenierse te Weerselo.
Lamberts, (D. J.) Schout van Weerselo.
Lampe, (A.) Gemeenteraad te Steenwijk.
Landbouw, (De Commisfie van) in Drenthe.
Landt en van Marle en Zonen, Kooplieden te Rotterdam, 2 Exempl.
Lange, (H. de) Bloemist te Haarlem.
Lankhorst, (G. J.) Lid van het Dijksbestuur te Kampen.
Lantman, (W. C.) Schout en Notaris te Diepenveen.
Leen, (G.) Rector te Zwolle.
Leen, (J.) Koopman te Lochem.

Leesgezelschap: *Vermaak en Leering* (Het) te Zwolle.
Leesgezelschap: *Miceus Utile Dulci* (Het) te Leijden.
Leesgezelschap: *Ik streef naar deugd en wetenschap* (Het) te Giethoorn.
Leesgezelschap: *Oefening* (Het) te Steenwijk.
Leeuw, (P. de) Opziener der werken van het Hoog Heemraadschap van Rijnland, op den huize Zwanenburg, gemeente Houtrijk en Polanen.
Leeuw, (L. de) Hoofd-Schoolhouder te Steenwijk.
Leeuwen, (J. H. van) Kruidenier te Haarlem.
Leggelo, B. Rz, (R. B. van) Landmeter der 1e kl. te Hoogezand.
Lemker, (F.) Burgemeester der Stad Kampen.
Lewe van Middelstum, (Jonkheer E. J.) Agent van 's Rijks Kasfier, te Appingadam.
Liefsting, (J. E.) Predikant te Hellendoorn.
Lienen, (K. van) Onderwijzer der Jeugd te Wijhe.
Lier, (P. H. van) Burgemeester etc. te Wilsum.
Ligthart, (J.) Wed. R. van Oosterhout, te Abcoude.
Linde, (J. J. van de) Verificateur voor de Comptabiliteit der Directe Belastingen etc., te Zwolle.

Lith,

Lith, (S. van) Landmeter der 1e kl., in Overijssel.
Lochem, (J. van) Burgemeester te Enschedé.
Logchem, (H. van) Secretaris der Stad Deventer.
Loo, (B. W. ter) Graanhandelaar te Meppel.
Loosjes, (V.) Boekdrukker en Boekhandelaar te Haarlem.
Loots, (G.) Beurtschipper op Meppel, te Amsterdam.
Los, (F.) Schipper op de Oude Wetering.
Lubbers, (E.) Schoolonderwijzer te Zwartsluis.
Luchtmans, (S. en J.) Boekhandelaars te Leijden, 3 Exempl.
Luiken, (G.) Kastelein op Halfwegen, gem. Houtrijk en Polanen.
Lurasco, (J. F.) te Zwolle.
Lycklama à Nijeholt, (A. C.) Grietman van Utingeradeel, te Heerenveen.

M.

Maas, (D.) Koopman te Wijhe.
Mac Leod, (Norman) Gep. Generaal Majoor, te Kampen.
Magnin, (J. S.) Deurwaarder bij de Regtbank te Meppel.
Maij, (A. J.) Boekhandelaar te Koog aan de Zaan, 2 Exempl.
Mantingh, (....) Predikant te Blankenham.
Marcus, (....) 2e Luit. bij de 6e Afd. Nat. Inf., te Nieuwpoort.
Mark, (H. P. van) Koopman te Suriname.
Marle, (D. J. van) Controleur der Posterijen te Leijden.
Marle, (B. H. van) Controleur der Directe Belastingen te Raalte.
Marle, (H. W. van) Wethouder te Deventer.
Mazier, (J. H.) Rentenier te Zwolle.
Mebius, (T. E.) Predikant te Beens, voor het Leesgezelschap: *De eene dag leert den anderen.*
Meesters, (J.) Fabrikant te Steenwijk.
Meijer, (A. F.) Generaal Majoor en Provinciale Kommandant van Overijssel, te Zwolle.
Meijer, (J. G.) Kapitein te Zwolle.
Meijer, (G. D.) Koopman te Zwolle.
Meijer, (H.) Boekhandelaar te Zwolle.
Meijer, (A. C.) Ingenieur der 1e kl., bij 't Kadaster te Groningen.
Meinen, (Sjoerd R.) Veehouder te IJsselham.
Mellink, (W.) Rentmeester in 't Schoutambt Delden.
Meschaert, (N.) Predikant te Rotterdam.
Metelerkamp, (J. J.) Oud-Burgemeester te Zwolle.

Metz, (W.) Commies van de 1e kl., te Vriesenveen.
Meulenhoff, (R.) te Zwolle.
Meijeringh, (J. R.) Apotheker te Zwolle.
Meijeringh, (T. E.) te Zwolle.
Meijerink, (H.) Asfesfor in Zwollerkerspel.
Meijling, (O.) Oud Secretaris te Delden.
Meijnen, (R. M.) Veehouder te Kuinre.
Meijnen, (As.) Klerk ter stads Secretarij te Zutphen.
Michorius, (W. H.) Med. Dr. te Olst.
Middendorp, (H.) stads Secretaris en Advokaat te Steenwijk.
Min, (T. van der) Ambtenaar te Raalte.
Moens, (Mejufv. A. M.) op Kernheim, bij het dorp Ede.
Morel, (P. A. J.) Predikant te Hasfelt, voor het Leesgezelschap.
Molhuijsen, (P. C.) Predikant te Deventer.
Moll, Hz., (J.) Koopman te Rotterdam.
Mouten, (J. L.) te 's Gravenhage.
Muiden (A. van) te Zwolle.
Mulder, (C. J.) te Kampen.
Mulert tot de Leemkule, (Baron F. C.) Schout te Dalfsen.
Mulert tot Ancum, (Baron J. A.) Lid der Subcommisfie, op Ancum, bij Dalfsen.
Munster Jordens, (C. N. van) fung. Officier van Justitie te Deventer.
Muurlink, (H.) Asfesfor te Oldemarkt.
Muurlink, (J.) Koopman te Oldemarkt.

N.

Nagell, (Baron M. S. M.) Controleur der Posterijen te Groningen.
Neervoort, (J.) Koopman te Zwolle.
Nehrkorn, (C. F.) Commisfaris van Politie te Kampen.
Neirinkx, (J. F.) 2e Luit. bij de 7e Afd. Nat. Inf., te Kampen.
Nellenstein, (G. D.) te Zwolle.
Nijenhuis, (H.) Hoogleeraar te Groningen.
Nierstrasz, (J. L.) Koopman te Rotterdam.
Nieuwentap, (A. A.) R. C. Kapellaan te Zwolle.
Nijhoff, (B.) Koopman te Raalte.
Nijhoff, (H.) Koopman te Amsterdam.
Nijhoff, (J.) te Raalte.
Nijman, (H.) Goud- en Zilversmid te Kampen.
Nilant, (A.) Med. Dr. te Zwolle.
Nilant, (L. H. C.) Schout van Zwollerkerspel.

Nilant, (A.) Notaris te Nieuwleusſen.
Ninaber, (A. J.) te Hellendoorn
Noot, (G.) Controleur der Directe Belast., te Meppel.
Nooten, (C. Sandt van) Bewaarder der Hypotheken en Ontvanger der Registratie, te Deventer.
Nuijsink, (G.) Onderwijzer te Zutphen.

O.

Oddink, (A.) Kastelein te Meppel.
Oijen, Douairière van Kretschmar van Wijk, (M. E. C. van) te Beverwijk, 2 Ex.
Olst, (A. van) Lid van den Raad der stad Groningen.
Ommen, (B. van) Koopman te Zwolle.
Oomkens, (J.) Boekhandelaar te Groningen.
Oosterlo, (P.) Gemeenteraad te Steenwijk.
Oostkamp, (J. A.) te Zwolle.
Overweg, (E.) Koopman te Zwolle.
Overweg, (J.) te Raalte.
Ovink, (G. W.) Koopman te Zwolle.

P.

Paauw, (Wed. J.) te Oldemarkt.
Paehlig, (J. E.) Procureur te Groningen.

Pakkert, (J.) Schout te Bathmen.
Pallandt van Keppel, (Baron ... van) te 's Gravenhage.
Pallandt, (Baron G. J. A. A. van) Lid der Ged. Staten van Noord-Holland, te Haarlem, 2 Exempl.
Pannekoek, (C.) Lid van den Raad te Zwolle.
Paschen, (W.) Vrederegter te Enschedé.
Paschen, (De Wed.) Geb. van Dulken, te Amsterdam.
Peese, (H. A.) R. C. Pastoor te Denekamp.
Pennink, Hz., (H.) Schout der Gemeente Denekamp.
Pennink, (H. J.) te Enschedé, 2 Exempl.
Philips, (H. C.) voor het Schoolonderwijzersgezelschap te Almelo.
Piepers, (J. W.) Adj. Agent van het Departement van Oorlog, te Deventer.
Pierik, (H.) Onderwijzer der Jeugd te Wanneperveen.
Plettenberg, Geb. van Voërst (Douairière van) te Zwolle.
Plettenberg, (Baronnesſe F. D. van) op Kernheim.
Plettenberg, (Douairière L. van) te Bentheim, 2 Exempl.
Plettenberg, (Jonkheer A. C. van) Ontvanger der Registratie etc. te Zwolle.

Podt,

INTEEKENAREN.

Podt, (H. J.) Molenaar te Zwolle.
Podt, (H.) Landbouwer te Raalte.
Poel, (C. van der) fung. Hoofd-Ingenieur bij den Waterstaat, te Groningen.
Poelmans, (H. J.) R. C. Pastoor op den Hoonhorst, onder Wijhe.
Poll, (A. A. van den) Inspect. der Belast., te Almelo.
Poll Jz., (J. van de) Lid der Gedep. Staten in Overijssel, te Wijhe.
Ponthier, (J. de) Kandidaat bij het Kadaster, te Groningen.
Poppe, (J. J.) Bierbrouwer te Zwolle.
Post, (J.) Colonel te Deventer.
Potte, (W. de) Procureur te Winsum.
Pouli, (J.) Deurwaarder te Meppel.
Preuijt, (S.) Ontvanger der Registratie te Meppel.
Prikker, (H.) Onderwijzer der Jeugd te Giethoorn.
Pruimers, (D.) Lid van den Raad te Zwolle.
Pruim, (G. J.) Schoolonderwijzer te Hardenberg.
Pruim, (J. G.) Vrederegter van 't kanton Hardenberg.

Q.

Quijl, (J. P. J. de) Vrederegter te Ommen.

Queijsen, (F. C.) Regter ter Instructie etc. te Almelo.
Queijsen, (J. A.) Lid van de Regtbank te Zwolle, 2 Exempl.
Queijsen, (P.) Rentenier te Zwolle.

R.

Raesfeldt tot Elzen, (Jonkheer D. J. W. van) te Zwolle.
Ramaer, (G. A.) Med. Dr. en Lid van den Raad, te Zwolle.
Rambonnet, (F. R.) Arrondissements Inspecteur der Directe Belastingen etc. te Zwolle.
Rambonnet, (F.) Secretaris der stad Kampen.
Rappard, (T. M. G. van) Majoor en Plaatselijke Kommandant te Nieuwpoort.
Razoux, (A. W.) te Zwolle.
Rechteren Limpurg, (Grave A. F. L. van) Heer der Heerlijkheid Almelo etc., te Almelo.
Rechteren, (Grave W. van) op den huize Rechteren, bij Dalfsen.
Rees, (J. van) Koopman te Zwolle.
Reesink Hz., (J.) mr. Smid te Zutphen.
Reine, (W. van) te Zwolle.
Renaud, (D. N.) Verificateur

...teur der Registratie, te Delden.

Rengers, (Baron L. U.) Lid der Gedeput. Staten te Groningen.

Revius, (J.) Apotheker te Zwolle.

Rhijn, (J. A. van) Schout te Olst.

Riel, (O. van) Commissaris der Veerschepen te Zwolle.

Riemsdijk, (A. van) Schout van 't Schoutambt Hardenberg, te Hardenberg.

Riemsdijk, (J. van) Lid der Commissie van Landbouw in Drenthe.

Rierink, (H.) Fabrikant te Enschedé.

Rietberg, (G.) te Olst.

Rietberg, (Wed. H.) te Zwolle.

Rietberg, (L.) Notaris te Zwolle.

Rietberg, (L. J.) Procureur te Zwolle.

Rijstenbergh, (L.) Adsp. Ing. bij den Waterstaat, te Maastricht.

Ringers, (Mejufvr. W.) te Franeker.

Robaard, (W.) Bierbrouwer te Meppel.

Robel, (R. A. L.) Lid van het Dijksbestuur te Kamperveen.

Rodi de Lob, (M.) Chirurgijn Majoor, te Zwolle.

Roessingh, (C.) Fabrikant te Enschedé.

Roijen, (J. A. van) Advokaat te Meppel.

Roijer, (B. R.) Wethouder en Advokaat te Zwolle.

Roijer, (G.) President van de Regtbank van Eersten Aanleg, te Zwolle.

Romunde, (R. van) Lid van den Raad te Kampen.

Roode, (H. H. de) Predikant te Zwartsluis.

Roosendael, (S.) Advokaat te Rotterdam.

Roosendael, (W. A. J.) Predikant te Dalfsen.

Roos, (A. de) Onderwijzer in de Departements School te Zwolle.

Rose, (H. A.) Kastelein te Amsterdam.

Roseboom, (Js.) te Zwolle.

Rouffaer, Jz., (Wed. A.) te Amsterdam.

Ruhebrune, (Brunet de) Kap. ter Zee, Onder-Inspecteur van de Pilotage aan de Vlaamsche Kust.

Ruijchaver, geb. Kalff, (J. M.) te 's Gravenhage.

S.

Saar, (J. H. du) te Leijden.

Santman, Rz., (J.) Assessor te Hardenberg.

Sarton, (W.) voor een Leesgezelschap te Rotterdam.

Schaares, (C.) Boekhandelaar te Amsterdam.

Schaepman, (E. P.) Med. Dr. te Zwolle.

Schaep-

Schaepman, (H. A. P.) Koopman te Zwolle.
Schaepman, (P.) Subst. Officier bij de Regtbank te Zwolle.
Scheij, (P.) Predikant te Haaksbergen.
Schenkel, (H.) Stads Schoolonderwijzer te Asfen.
Schepper, (G. IJsfel de) Entreposeur te Deventer, te Diepenveen.
Schepper, (H. A. IJsfel de) Lid der Gedeputeerde Staten van Overijsfel, te Deventer.
Schepper, (J. W. J. IJsfel de) Lid van de Regtbank en Wethouder te Deventer.
Scheuer, (W.) Predikant te Mastenbroek.
Schierbeek, (R. J.) Boekhandelaar te Groningen, 2 Exempl.
Schlingemann, (C. W.) Lid van den Raad der Stad Zwolle.
Schlosfer, (W. H.) Schout van Zalk, te Zwolle, 2 Exempl.
Schnebbelie, (J.) Koopman te Zwolle.
Scholten, (J.) Suikerrafinadeur te Amsterdam.
Schouten, (G.) Lid der Provinciale Staten en Schout te Wijhe.
Schouwenberg, (G.) Instituteur te Zwolle.
Schrader, (J. A.) Predikant te Raalte.
Schreven, (D. van) te Zwolle.
Schreven, (J. van) Onderwijzer der Jeugd te Zwolle.
Schuitert, (G.) Koopman te Zwolle.
Schukking, (L. M.) Kandidaat bij 't Kadaster, te Meppel.
Schutte, (W.) Koopman te Zwolle.
Schuttelaar, (A.) Postmeester te Steenwijk.
Schuurink, (A.) Bakker te Steenwijk.
Schuurman, (J. B.) Med. Dr. en Vrederegter te Steenwijk.
Schweigman, (C.) Koopman te Delden.
Seidel, Lz., (J. J.) Opzigter van den Waterstaat, te Goor.
Sels, (A.) Gep. Generaal Majoor te Kampen.
Sepp en Zoon, (J. C.) Boekhandelaars te Amsterdam.
Setten, (J. van) Schout te Zwartsluis.
Setten, (W. van) Kalkbrander te Zwartsluis.
Siccama van de Harkstede, (J. Hora) Controleur van 't Kadaster, te Groningen.
Sichterman, (P. C. A.) Lid der Provinciale Staten, te Zwolle.
Siegman, (E. L.) Predikant te Delden.
Siegman, (G. H.) te Delden.
Sitter, (W. de) Procureur te Warnsum.

Sleen, (J. Veen van) te Steenwijk.
Sloet tot Oldruitenberg, (Baron A.) Ontvanger Generaal der Koninklijke Loterij, te 's Gravenhage, 2 Exempl.
Sloet tot Tweenijenhuizen, (Jonkheer A.) Verificateur der Registratie, te Haarlem.
Sloet tot Tweenijenhuizen, (Baron C. W.) Lid der Ged. Staten in Overijssel.
Sloet tot Tweenijenhuizen, (Baron J. P.) Schout van Vollenhove en Blokzijl en Notaris, te Vollenhove.
Sloet tot Warmelo, (Baron L. A.) Militie Commisfaris etc. in Overijsfel.
Sloet tot Westerholt, (Baron H. W. J.) te Vollenhove.
Slot, (A.) mr. Timmerman te Zwartsluis.
Sluis, (H. van der) Lid der Ged. Staten van Overijsfel, te Zwolle.
Slurken, (H. G. J.) R. C. Kapellaan te Rossum, Gemeente Weerselo.
Smeer, Jz., (F.) te Rotterdam.
Smeets, (F. W. A.) 1e Luitenant Ingenieur, te Groningen.
Smelt, (E.) te Vriesenveen.

Smijter, (D. G. H.) Schout te Diepenveen.
Smit, (J. R.) Gemeenteraad te Steenwijk.
Smit, (M.) Predikant te Zwolle, voor een Leesgezelschap.
Smits, (J. W. Z.) Koopman te Haaksbergen.
Smits, (P.) Landbouwer te Oldemarkt.
Snel, (H. Wijgmans) Conrector te Zwolle, 2 Exempl.
Societeit de Eendragt, (De) te Kampen.
Sommerlatte, (Baron W. L. L. C. van) Colonel te Deventer.
Son, (J. J. van) Rentenier te Raalte.
Sonsbeeck, (B. J. van) Directeur der Brandwaarborg Maatschappij, te Zwolle.
Sonsbeeck, (F. L. van) Ontvanger der Registratie, te Groningen.
Sorg, (A. C.) 1e Luit. bij de Artillerie.
Sorg, (A. M.) Stads Architect te Kampen.
Sorg, (A. R. B.) Ontvanger der Directe Belastingen en Accijnsen, te Hasfelt.
Sorg, (F. J.) Kadet Corporaal bij de Infanterie.
Sorg, (L. R.) Kadet Sergeant bij de Artillerie.
Spanjaard, (O.) Gemeenteraad te Steenwijk.

Span-

INTEEKENAREN.

Spanje, (T. C. van) Aannemer van 'sRijks Werken in de Rijp, in N. Holland.
Staal, (E. G.) Arrondissements IJker, te Zwolle.
Stagmeijer, (J.) voor een Leesgezelschap te Almelo.
Stakebrant, (J. W. A. J. van Lochteren) Lid der Staten Generaal, te Zwolle.
Steevens, (N. J.) Chef d'Institut à Harlem.
Steffens, (G. J.) R. C. Pastoor te Rosfum, Gemeente Weerselo.
Stege, (A. J. ter) Makelaar in Turf te Zwartsluis.
Steijn, (K. van den) Onderwijzer te Zutphen.
Stemberg, (A.) te Zwolle.
Sthal van Holsteijn, (J. J.) Lid van den Raad te Kampen.
Stibbe, (D. S.) Koopman te Kampen.
Stolte, (J.) te Hasselt.
Stolte, (W.) Schout van Weerselo.
Stork, (F.) Med. Dr. te Zutphen.
Stork, (G. W.) Predikant te Weerselo.
Stouws, (J. B.) Commies der Belastingen te Meppel.
Straatman, (H. R.) te 'sGravenhage.
Strabbe, (A.) te Zwolle.
Stroinck, (H. W.) Predikant te Markelo.
Stroinck, (J.) Fabrikant te Enschedé.
Stroinck, (W.) Fabrikant te Enschedé.
Stuart, (James Cohen) Inspecteur Generaal van de Registratie, het Kadaster en de Loterijen.
Suchtelen tot de Haere, (Jonkheer A. J. B. van) Burgemeester der stad Deventer.
Suringar, (W. H.) te Leeuwarden.
Swam, (W.) Burgemeester en Notaris te Gramsbergen.
Swart, (W. J.) te Kampen.
Swijghuisen, (H.) te Olst.
Swinderen van Allersma, (Jonkheer R. de Marees van) Lid der Gedeputeerde Staten van Groningen.

T.

Tengnagel, (Baron J. J. Gansneb gen!) Wethouder te Kampen.
Tensse, (A.) R. C. Pastoor te Vriesenveen.
Theunissen, (C.) Koopman te Meppel.
Theusfink, (G. J. Thomassen à) Thesaurier der stad, te Zwolle.
Theusfink, (H. C. Thomassen à) Ontvanger te Olst.
Tobias, (B.) Kalkbrander etc. te Zwartsluis.

Tobias, (W.) Stads Secretaris etc. te Zwolle.
Tonckens, (W. L.) Wethouder te Meppel.
Tonneboeijer, (J.) te Kampen.
Toutenhoofd, (A.) Ingenieur bij den Waterstaat, te Assen.
Travers, (E. J.) Generaal Majoor te Arnhem.
Troulja, (D. A. J.) Lid van den Raad te Kampen.
Trumphi, (H.) Commies te Paard, te Lonneker.
Trumphi, Rz., (H.) Commies te Paard, te Borne.
Tuinok, (H.) Grutter te Raalte.
Tullenzij, (F.) Koopman te Oldemarkt.
Tuttel, (Wed. J. H.) te Steenwijk.

U.

Uhlman, (H.) Horologiemaker te Zwolle.
Uiterdijk, (J.) Controleur te Enschedé.
Umbgrove, (J. L.) Lid der Prov. Staten van Overijssel, te Wijhe.
Umbgrove, (W.) Stads Rentmeester te Deventer.
Upwich, (Wed. P. van der) te Kampen.
Urk, (H. van) Beurtschipper op Amsterdam, te Meppel.

V.

Valkenburg, (C. C. van) Wethouder te Haarlem.
Vaupel, (J. G.) Koopman te Ootmarsum.
Vecht, (R. van der) Burgemeester te Hasselt.
Veen, (D.) Koopman te Haarlem.
Veen, (A. van der) Negotiant te Groningen.
Vegt, (A. van der) Landman te Ossenzijl.
Vegt, (W. J. van der) Hoofdonderwijzer der Stads Armenschool te Zwolle.
Velde, (A. ter) Logementhouder te Kuinre.
Verbeek, (W. F.) Logementhouder te Enschedé.
Verhoeff, (J. J.) Ontvanger van 's Rijks middelen, te Oldemarkt.
Verpoorten, (A.) Bloemist te Beverwijk.
Verweij, Jr., (A.) Predikant te Wijhe.
Veuger, (G.) Commissaris van het Klein veer te Meppel.
Vidal de St. Germain, (G. L.) op den huize Relaer, onder Raalte.
Viervant, (H.) Notaris te Abcoude.
Vincent, (J.) Secretaris van Bathmen en Holten, te Holten.
Vink, (N. M.) Koopman te Rotterdam.

Visch,

INTEEKENAREN.

Visch, (G.) te Hellendoorn.
Visscher, (A.) Brander te Zwolle.
Visscher, (J. A.) Koopman te Zwolle.
Visscher, (J.) Leeraar der Doopsgezinde Gemeente te Hengelo.
Visscher, (Molle) Koopman te Ossenzijl.
Visscher, (W.) Bierbrouwer te Zwolle.
Vloten, (A. van) Predikant te Voorburg.
Voërst, (Freule J. van) te Zwolle.
Voërst, (Mevrouwe van) geboren van Lijnden, te Zwolle.
Vondervoort, (A. van der) R. C. Pastoor te Diepenveen.
Voogd, (G.) Commissaris te Meppel.
Voorhorst, (B.) Ambtenaar te Raalte.
Voorst, (W. B. van) Koopman te Amsterdam.
Voort, (A. van der) Koopman te Zwolle.
Voort, (Mejufvrouw T. van der) te Zwolle.
Voort, (W. van der) Koopman te Zwolle.
Voorthuis, (P.) Commies der Belastingen te Meppel.
Voorthuisen, (N. van) Schout te Abcoude.
Vos, (Gebr.) Winkeliers te Raalte.
Vos van Steenwijk tot Dickninge, (Baron C. de) Lid der Staten Generaal.
Vos van Steenwijk, genaamd van Essen, (Baron H. A. Z. de) op den huize Windesheim.
Voskuil, (M. D.) Onderwijzer op de Departements School te Zwolle.
Vries, (Mejuffer C. de) te Zwolle.
Vries, (A. de) Ontvanger te Oldemarkt.
Vries, (A. de) Griffier van het Vredegeregt te Ommen.
Vries, (A. de) Beurtschipper op Zwolle, te Meppel.
Vries, (G. de) Zilversmid te Zutphen.
Vries, (J. Gerrits de) Schipper te Zwartsluis.
Vries, (J. de) Kastelein onder de gemeente Houtrijk en Polanen.
Vriese, (C. J. de) Gemeente-Ontvanger te Zwartsluis.
Vroome en Zoon, (A.) Grondeigenaars te Nieuwpoort.
Vijfhuis, (A.) Stads Rentmeester te Deventer.

W.

Waanders, (C.) Subst. Schout te Haaksbergen, 2 Exempl.

Waller, (G.) Predikant te Bolsward.
Walraven, (D. J.) Vrederegter te Raalte.
Warnaars, (A.) Secretaris der stad Enschedé.
Warnaars, (W.) Commies aan den Braam.
Water (Te) en Weits, Commiesen bij de Belastingen, te Hardenberg.
Wee, (A. J. ter) te Zwolle.
Weener, (G. Haasloop) 2e Luit. bij de 7e Afd. Nat. Inf. te Kampen.
Weenink, (W. H.) mr. Goud en Zilversmid te Zwolle.
Weerman, (J. G. B.) Grutter te Delden.
Weerman, (L. J.) Koopman te Delden.
Weetjans, (J.) Kantoorbediende te Meppel.
Wegterholt (A.) mr. Goud en Zilversmid te Deventer.
Weijtingh, (J. H. A.) Lit. Hum. Cand. te Goor.
Wenden, (J. van der) Assessor te Oldemarkt.
Wennink, (W. A.) Ontvanger te Wijhe.
Werdmuller, (J. D.) Griffier van het Vredegeregt te Delden.
Werfelman, (J. E.) Heel- en Vroedmeester te Oldemarkt.
Wernink, (L. W.) Predikant te Bathmen.
Westenberg, (J. J.) Colonel der 7e Afd. Nat. Inf. te Zwolle.
Westenberg, (J.) Ontvanger van Zwollerkerspel, te Zwolle.
Westerhoff, (J.) Schoolonderwijzer te Blankenham.
Wetering, (H. van der) Koopman te Zwolle.
Wibbelink, (J.) Commies te Weerselo.
Wicherink, (G.) Procureur Crimineel in de provincie Overijssel, te Zwolle.
Wichers, (J. W.) Ondermeester te Wijhe.
Wiedenbroek, (B. W.) Notaris te Delden.
Wijck, (B. H. van der) Lid der Prov. Staten van Overijssel, te Weerselo.
Wijck, (Jonkheer J. D. F. van der) Regter van Instructie bij de Regtbank te Zwolle.
Wijck, (J. van der) Gep. Luit. Colonel, te Diepenveen.
Wijgmans, (A.) Tabakshandelaar te Zwolle.
Wijk Roelandsz, (J. van) Kostschoolhouder te Hattem.
Wijnands, (H.) te Haarlem.
Wijngaarden, (G. van) Onderwijzer te Rijssen, voor het Leesgezelschap.
Wijngaarden Gz., (H. van) Ondermeester te Herveld.

INTEEKENAREN.

Wijnkes, (H. L.) Koopman te Zwolle.
Wijs, (J.) te Amsterdam.
Wilbrink, (W.) Postmeester te Voorthuisen.
Wildeboer, (J.) Rentenier te Meppel.
Wildeboer, (K.) Kantoorbediende te Meppel.
Wilds, (G.) te Amsterdam.
Willemsen, (J.) R. C. Pastoor te Kuinre.
Wilmink, (H.) Assessor te Weerselo.
Wilterdink, (J. B.) Onderwijzer te Delden.
Wind, Jr., (J.) mr. Timmerman te Oldemarkt.
Winters, Jz., (D.) Loodgieter te Zwolle.
Witt, (J. de) Predikant te Kuinre.
Woestenberg, (J. M. J. van) Arrondissements IJkmeester en onderwijzer in de Wiskunde, te Deventer.
Wolde, (H. ten) te Meppel.
Wolde, (P. ten) Gemeenteraad te Steenwijk.
Wolff, (J. M.) Predikant bij de Luthersche gemeente te Zwolle.
Wolters, (J.) Koopman te Raalte.
Woude, (De Wed. van Dus. A. ten) te Oldemarkt.
Wouters, (Wybe) Boekhandelaar te Groningen.

Y.

Ypey, (A.) Hoogleeraar te Groningen.
Yske, (J. L.) Controleur der Directe Belastingen etc. te Zwolle.
d'Yvoy van Mijdrecht, (M. L. Baron) Opperschenker en Kamerheer in het Koninklijke Paleis, te 's Gravenhage.

Z.

Zebinden, (C. J.) Wijnkooper te Zwolle.
Zeehuisen, (J. L.) Boekhandelaar te Zwolle.
Zeeper, (A.) Koopman te Groningen.
Zeephat, (L.) mr. Schoenmaker te Oldemarkt.
Zeldam, (C. J. ten) Koopman te Delden.
Zomer, (J.) Burgemeester en Notaris te Steenwijk.
Zoutberg, (L.) Winkelier te Oldemarkt.
Zoutberg, (Ph.) Koopman te Oldemarkt.
Zutphen, (... van) Kapt. bij de 7e Afd. Nat. Inf. te Kampen.
Zweege, (Wed. E. ten) geb. Loots, te Zwolle.
Zweers, (J.) Koopman te Zwolle.

OVERGESLAGEN:

Lange, (J. de) Boekdrukker en Boekhandelaar te Deventer.

NOTA.

De Namen, Kwaliteiten en Woonplaatsen zijn hier geplaatst volgens de opgaven, ten tijde der Inteekening. Indien er misslagen zijn ingeslopen, is zulks toe te schrijven aan onduidelijke, twijfelachtige naamteekeningen en opgaven.

PRIJS VOOR DE INTEEKENAREN:

22 Vel druk à 15 Cents	f 3.30
Gegrav. Tijtel en Plaat	0.40
Carton	0.20
De Kaart op Atlas dubbel Olifants Velin	4.00
Gedenkstuk op dubbel Olifants Velin	2.50
	f 10.40

Indien men in aanmerking neeme, de groote kosten, welke aangewend zijn, tot de uitvoering van dit Werk, Kaart en Gedenkstuk, zal ieder deskundige gereedelijk overtuigd zijn, dat de Prijs zeker niet minder dan f 16.00 hadde behoeven te wezen, doch doordien de Uitgevers met een zoo aanzienlijk getal Inteekenaren zijn vereerd geworden, hebben zij het genoegen, het voor dezen prijs te kunnen afleveren; zijnde er eenige weinige Exemplaren overgedrukt, welke niet anders dan tegen f 15.00 contant zijn te bekomen.

VOOR-

VOORREDE.

Weinige dagen na den geduchten watervloed van den 4den en 5den Februarij 1825, besloten de Heeren Uitgevers van dit werk, een verhaal van het daarbij in Overijsfel voorgevallene, geheel ten voordeele der door die ramp behoeftig gewordene inwoners van deze provincie, in het licht te geven. Ik liet mij overhalen, mijne pen daartoe te lenen, te meer, daar Zijne Excellentie de Heer GOUVERNEUR van Overijsfel, welke deze onderneming allezins goedkeurde en begunstigde, dit mede verlangde; en de Heer J. J. SONG, Ingenieur Verificateur van het Kadaster in deze provincie, zich dadelijk had aangeboden, om, insgelijks ten voordeele der noodlijdenden, de noodige Kaart met eene inlichtende Tabel daarbij te bezorgen.

Hoe genegen ook zijnde, om aan het belangelooze verzoek der Uitgevers (wien het helpen inwinnen der noodige opgaven en berigten, het bekomen van het tot de Kaart vereischt wordende papier, en al hetgene verder ter uitgave van dit werk, de Kaart en het Gedenkstuk door hen is aangewend, veel meer moeite en zorgen heeft gekost, dan zij, die sulks niet van nabij weten,

mis-

VOORREDE.

misschien denken zullen) en het verlangen van Zijne Excellentie te voldoen, nam ik echter met schroom deze taak op mij, ter oorzake der moeijelijkheid, die er zoude gelegen zijn in het verkrijgen van voldoende berigten; dewijl degene, welken eene dergelijke ramp overkomt, onmogelijk zoo veel tegenwoordigheid van geest kunnen behouden, als noodig is, om zich naderhand het gebeurde genoegzaam volledig, te herinneren, en dus de berigten dikwijls in bijzonderheden tegen elkander moeten strijden.

Schoon nu de Gemeentebesturen, in het overstroomd geweest zijnde gedeelte dezer provincie, zich meestal beijverd hebben, mij de meest mogelijke, volledige berigten mede te deelen, en tevens eenige particulieren mij wel de hunne wilden doen toekomen, zal men evenwel opmerken, dat het gebeurde van alle gemeenten niet even volledig is te boek gesteld, en alle ongelukken op verre na niet zijn opgegeven. Ware dit geschied, dan zoude het aantal der vermelde nog zeer veel grooter zijn, schoon er dan, natuurlijk, ook een aanmerkelijk getal in vele opzigten, overeenstemmende opgenomen, en het dus nog veel moeijelijker, dan nu, geweest zoude zijn, het al te dikwerf bezigen van gelijkluidende woorden en uitdrukkingen te vermijden. De hoogte der overstrooming, de woede en het geweld van stroom en golven zoodanig zijnde, dat in de gemeenten, die geheel ge-

nut-

mindeerd werden; geen enkel huisgezin van de grootste
gevaren en het lijden van honger en ellende verschoond
bleef, was het, gedurende vier en twintig uren en langer,
vertoeven op eenen wrakken zolder, in eene waggelende
woning, in eenen hooiberg of eene andere akelige wijk-
plaats, zonder eenige verkwikking en blootgesteld aan al
de onguurheid van het ruwe weder, ook zoo algemeen, dat
zij, die op deze wijze het leven behielden, nog als zeer
gelukkig beschouwd, en derhalve het groote aantal der
zoodanige, niet onder de zeer veel geleden hebbende gerangschikt werd: want, hoe zeer ook de meeste
algemeene rampen, bij de eerste geruchten, gewoonlijk
zeer worden vergroot, vond hier juist het tegendeel plaats;
dewijl men bij elk opvolgend berigt meer en meer werd
verzekerd, zich de uitgestrektheid van het ongeluk en
de mate der ellenden in het eerst veel te klein voorge-
steld te hebben.

Ik heb derhalve, uit de onderscheidene omstandigheden
en voorvallen van dien aard, slechts eenige der meest
belangrijke genomen en daarbij, zoo veel mogelijk, de
kortheid betracht, in vertrouwen, dat de lezers uit het
medegedeelde het overige genoegzaam zullen kunnen af-
leiden. Ik ben ook niet telkens met bespiegelingen van de
werkingen der Natuur, het lot der ongelukkigen enz.,
waartoe het gebeurde aanleiding gaf, tusschen beide ge-
ko-

VOORREDE

komen, niet alleen, omdat ik, inzonderheid dan, in gedurige herhalingen zoude vervallen zijn; maar ook, dewijl ik dit als min noodzakelijk beschouwde.

De bewoners der overstroomde streken toch, zullen maar al te zeer het schrikverwekkende der met vreeselijk geweld aankomende en voorthuisende baren bestendig voor den geest hebben en houden. Zij zullen zich nog levendig herinneren, hoe zelfs hechte en sterke gebouwen enz., door dezelve werden omvergeworpen, verbrijzeld en medegevoerd. Zij althans zullen zich, helaas! maar al te wel de gevaren, verwoestingen en jammeren kunnen voorstellen, welke ook aan andere oorden hebben plaats gevonden.

De lezers, wier woonplaatsen van de woede des waters zijn verschoond gebleven, zullen, zoo ik vertrouw, uit het verhaalde, schoon geene geheel volledige (daartoe toch diende men, in en kort na den vloed, alles zelf ondervonden en aanschouwd te hebben) echter genoegzame denkbeelden kunnen vormen van de ontzettende tooneelen van verwoesting en ellende, door de verschrikkelijke ramp, daargesteld. Zij zullen zich in de plaats der noodlijdenden stellen; ja, zij zullen, zelfs door een beknopt en eenvoudig verhaal van het gebeurde, worden bewogen, hun alnog eenen traan van mededoogen te schenken. Wie toch, in wiens binnenste een mensch- en christelijk harte

klopt,

klopt, zoude ongevoelig kunnen blijven bij de herinnering slechts, dat zoo velen hunne bezittingen, niet zelden de vruchten des arbeids en der spaarzaamheid van een aantal jaren, in zeer weinige oogenblikken zagen verdwijnen? Bij wien zoude men, om deelneming en mededoogen op te wekken, opzettelijk tot het gevoel behoeven te spreken, als men vermeldt, hoe velen daarenboven hunne dierbaarste betrekkingen, vaders, moeders, echtgenooten, kinderen, broeders en zusters, aan de golven ter prooi moesten laten? Wiens hart krimpt niet van weemoed als hij leest, dat een zoon, die zijnen vader, zijne moeder en zes broeders en zusters had zien verdrinken, 19 uren op een klein hoopje hooi, op den buik en met de handen en voeten in het water liggende, op de onstuimige golven werd rondgevoerd, terwijl twee echtgenooten, na het verliezen van moeder en zuster, gedurende 48 uren op een dergelijk vlot aan dezelve waren overgegeven? Wie gevoelt niet, hoe de zoodanigen, vol wanhoop en vertwijfeling, iederen oogenblik den dood verwacht en, zoo zij nog bidden konden, hunnen geest bevolen zullen hebben aan Hem, die alleen in staat is, uit alle gevaren te redden, en in den dag der benaauwdheid uit te helpen, die Hem aanroepen? Wie leest niet met ontroering, dat in ééne sloot de vijf lijken eens huisgezins werden wedergevonden,

den, waarvan de vrouw in barensnood scheen verdronken te zijn? Wie deelt niet in den angst van .... doch, waartoe meer van dien aard hier opgesomd?

Na eene zoo algemeene deelneming, zulk eene voorbeeldelooze milddadigheid en eenen zoo gadeloozen ijver, om de ongelukkigen te helpen, te verkwikken en te troosten, als alom door VORST en VOLK werden betoond, — na zoo veel opofferingen, zorgen en moeiten, als door Zijne Excellentie den Heer GOUVERNEUR van dit Gewest, de Provinciale Commissie ter verzorging der noodlijdenden, de Gemeentebesturen, de Plaatselijke en Sub-commissiën en verdere menschenvrienden werden aangewend, zoude men het zelfs beleedigend kunnen achten, het gevoel van den lezer telkens, door roerende bespiegelingen, op nieuw te willen opwekken en in beweging brengen.

Het is mede om soortgelijke redenen, dat ik heb nagelaten, de lezers telkens te wijzen op de grootheid van Hem, die de gansche Natuur, en dus ook stormen en vloeden, enkel door zijnen wil, niet slechts verwekt en bestuurt, maar ook, zelfs in hunne grootste woede, naar goedvinden beteugelt. Zij toch, die bij het hooren en lezen van zoodanige werkingen der Natuur en de ontzettende gebeurtenissen daardoor plaats gehad, de onbegrensde magt des Oneindigen niet dadelijk mogten opmerken

en

VOORREDE. vii

en erkennen, zouden door de korte beschouwingen, die ik er deswege hadde kunnen invoegen, geen levendig gevoel daarvan verkrijgen. Neen, voor zulke gevoelloozen, zulke deerniswaardigen, zoude dit even zoo wel te vergeefs geacht mogen worden, als hen te wijzen op onze diepe afhankelijkheid van den Schepper en Regeerder des Heelals, ook door den jongsten watervloed, zoo nadrukkelijk aan ons gepredikt. En de weldenkende, met godsdienstig gevoel begaafde, lezers zullen, zonder opzettelijke aanwijzing daarvan, steeds beseffen en erkennen, dat ons aller bezittingen en leven geheel van Hem afhankelijk zijn. Deze zullen Hem niet slechts eerbiedigen en beminnen als den Almagtigen, maar ook als den Algoeden, den liefderijksten Vader van al zijne schepselen, die, ook te midden der grootste rampen, versterkt, verschoont en bewaart, waar alle hoop op uitkomst geheel vruchteloos schijnt, en alleen door buitengewone, der menschelijke wijsheid en krachten verre te boven gaande, middelen behouden en gered kan worden.

Zoo het den kortzigtigen stervoling geoorloofd zij, te onderzoeken en ontwikkelen, uit welk oogpunt wij deze ramp moeten beschouwen, en welk doel de Godheid met dezelve had, zoude ik dit toch niet tot mijne taak rekenen te behooren. Ik neem derhalve alleen de vrijheid,

den

VIII VOORREDE.

den lezer te herinneren aan de merkwaardige woorden onzes Zaligmakers, welke wij Luc. XIII: 4 vinden opgeteekend; terwijl ik hartelijk wensch en bid, dat het den Algoeden moge behagen, ons Gewest en Vaderland nimmer dergelijke rampen weder te doen ondervinden, en Hij de nu geledene de meest heilzame uitwerking doe hebben, op het waarachtige geluk der Nederlandsche natie. —

Bij het verhaal van het door en bij den vloed gebeurde in de overstroomde gemeenten, kwam het mij voor, eene vaste orde te moeten volgen, overeenkomende met de aardrijkskundige ligging der plaatsen. Ik onderscheidde daarom het overstroomde gedeelte dezer provincie in drie deelen, door het Zwartewater en den IJssel, als van zelven aangewezen en van elkander gescheiden wordende, behandelde van elk dezer deelen eerst de langs de zee en rivieren liggende gemeenten, dewijl die het eerst en meest aan de overstrooming waren blootgesteld, en het daarop de meer binnenwaarts gelegene volgen.

Ik heb niet alleen een aantal, mij medegedeelde, waterhoogten, maar ook, zoo veel mij doenlijk was, de wezenlijke hoogte der Zuiderzee trachten op te geven, ten einde de hoogte van dezen vloed met vorige en volgende mogte vergeleken kunnen worden; tot! welke laatste opgaven de door Zijne Excellentie den Generaal KRAIJENHOFF gedane waterpas-

sin

singen en geslagene hakkelbouten of peilnagels gelegenheid verschaften. Deze hakkelbouten, namelijk, zijn nagels met groote platte koppen, waarop zich een kruis bevindt, waarvan de hoogte, die de waterpasse streep boven het Amsterdamsche peil heeft, na dat de nagel geheel in den muur van eenig hecht gebouw geslagen is, naauwkeurig werd bepaald. Het Amsterdamsche peil is een vast punt, hetwelk zich aan de sluizen der stad Amsterdam bevindt, nagenoeg met den middelbaren vloed der Zuiderzee overeenstemt en bij den Waterstaat als een algemeen punt van vergelijking is aangenomen, volgens hetwelk alle hoogten van rivieren, dijken enz. bestemd worden.

Ik meende tevens geen geheel nutteloos werk te zullen doen, door eenige vergelijking op te maken tusschen dezen vloed en die van vorige eeuwen, en vooral dien van 1776, sedert welk jaar Overijsfel van overstroomingen door het zeewater was verschoond gebleven. Die vloed de hoogste zijnde, welke bij menschen geheugen had plaats gevonden, was men algemeen in den waan, dat er nimmer een hoogere zoude komen: en deze waan stelde velen, op den noodlottigen 4den Februarij 1825, gerust, en gaf dus aanleiding, dat er nog meer ongelukken gebeurden, dan misschien anders zouden geschied zijn. Zoo wij, hetwelk God verhoede! immer weder door eenen hoogen vloed bedreigd

VOORREDE.

dreigd mogten worden, is het te wenschen, dat men, door de droevige ervaring geleerd, zich niet weder met eenen soortgelijken waan zal vleijen, maar liever overtollige voorzorgen bezigen, dan te laat ondervinden, dat wij de kracht, de hoogte en het geweld van stormen en vloeden niet vooraf kunnen berekenen.

De herleidingen der oude plaatselijke (meestal Amsterdamsche en Rijnlandsche voeten en duimen) tot nieuwe Nederlandsche lengtematen en omgekeerd, welke bij de opgegevene watershoogten enz. voorkomen, zijn geschied door de vergelijkingen in geheele getallen en op de wijze, welke in mijne Handleiding tot het herleiden der Oude, in de provincie Overijsfel gebruikelijke maten enz., uitgegeven bij de Drukkers dezes, zijn opgegeven en verklaard. —

Toen het Zijner Majesteit den KONING behaagde, de aandacht der Ambtenaren van den Waterstaat en der Dijksbesturen te doen vestigen op den aangekondigden Springvloed, die na de Volle Maan van den 4den Maart 1825 moest plaats hebben, werd daardoor bij velen een ontijdige schrik veroorzaakt, terwijl anderen zich van het aangekondigde verschijnsel de ongerijmdste begrippen schenen te vormen. Ik oordeelde daarom, dat het voor velen mijner lezeren niet ondienstig zoude zijn, eene korte verklaring van de vloeden in het algemeen, en de

Spring-

VOORREDE.

Springvloeden in het bijzonder, te laten volgen: en hier door werd ik als van zelven geleid tot het onderzoek, in hoe verre de hooge vloeden en overstroomingen met de onderscheidene standen der Maan in verband staan. Dit onderzoek nu is zekerlijk niet volledig; evenwel, zoo ik vertrouw, genoegzaam, om te doen zien, dat de meeste vloeden wel voorvallen in tijden, waarin de stand der Maan daartoe medewerkt, doch dezelve mede bij elken anderen stand van dat hemellicht plaats hebben, en dus geenszins voorspeld kunnen worden. —

Dewijl in den loop des verhaals van het gebeurde eenige woorden voorkomen, die wel in de overstroomde gedeelten dezer provincie gebruikelijk en dus bekend zijn, doch misschien door sommige lezers minder verstaan zullen worden, zal ik hier van degene, die zulks, mijns erachtens, het meest zullen noodig hebben, eene korte omschrijving trachten te geven.

Door eene wade verstaat men eene doorbraak in eenen dijk, waarbij dezelve niet alleen weggeslagen, maar tevens de grond onder den dijk, tot eene meerdere of mindere diepte, uitgespoeld is; terwijl door een gat wordt verstaan, dat de dijk alleen tot aan het maaiveld, of den grond waarop hij ligt, is weggeslagen, zonder dat de ondergrond uitgespoeld is.

Door rietkraggen en tilland verstaat men de rietvelden,

den, welke, in uitgevende plassen, door den tijd ontstaan, of ook de bovenste korst van anders moerassige landerijen, welke, bij sterke vloeden, zelfs met boomen enz. op dezelve, meermalen tot op eenen verren afstand weggevoerd worden.

Esch en Enk zijn namen van meer of min uitgestrekte bouw- of zaailanden, welke bij eene stad, een dorp of een gehucht liggen, en waarop derzelver ingezetenen hunne meeste zaailanden bij elkander hebben.

De deel of dele is de vloer in het achterhuis der boeren woningen, welke meestal uit leem of klei is vervaardigd en bij hen, die koren verbouwen, noodzakelijk uit eene dezer stoffen bestaan moet, om tot dorschvloer te kunnen dienen.

De zolder bestaat aldaar niet uit planken, maar uit dunne, of althans niet zeer dikke, boomstammen, die, slechts van de takken ontdaan, over de balken gelegd en sleeten genoemd worden, terwijl ook deze geheele zoldering, ter berging van koren, hooi enz. dienende, de balken geheeten wordt.

Zompen zijn opene, platboomde vaartuigen, op beide einden scherp en opgebrand of opstaande, van zeilen, boetplanken, zwaarden en een roer voorzien, welke zeer snel zeilen en hier veel op de binnenwateren, inzonderheid op de rivier de Vecht, worden gebruikt. Zij zijn

door-

VOORREDE.

doorgaans 11,33 à 11,89 el (40 à 42 Amst. voeten) lang, onder 1,70 el (6 vt.) en boven 2,27 el (8 vt.) wijd, terwijl de vaste schuit alleen 0,57 el (2 vt.) en met de boeiplanken 1,13 à 1,42 el (4 à 5 vt.) hol of diep is. Punters zijn open, platboomde, met de Hollandsche melkschuiten overeenkomst hebbende, vaartuigjes van onderscheidene grootte, op beide einden scherp of puntig, van welke sommige met een zeil zijn voorzien, vele door roeiriemen en andere alleen door boomen worden in beweging gebragt. —

De Heer J. J. SORG, Ingenieur Verificateur van het Kadaster in deze provincie, heeft, door het ontwerpen en bezorgen van de bij dit werk gevoegde Kaart, het publiek eenen gewigtigen dienst bewezen. — Dezelve is op wezenlijke en, behalve het voormalige kwartier Vollenhove, onder zijne directie verrigte, kadastrale metingen gegrond, bevat het gansche gedeelte dezer provincie, hetwelk aan de gevaren van den kant der zee is blootgesteld, en is genoegzaam uitvoerig, door dien de schaal van 1op50,000 is aangenomen, terwijl de Heer SORG dadelijk, zoodra zulks eenigzins, zonder gevaar en met zekerheid, kunde geschieden, met de meeste naauwkeurigheid, alle dijken en doorbraken in persoon heeft opgenomen, de gepeilde kolken uit, gepeild en gemeten, en het zoo verbazend aantal dijkbreuken, van No. 1 tot 70, op deze Kaart gebragt.

Men

Men bezit geene andere Kaart van Overijssel, dan die van Ten Have, verbeterd door J. de Lat, op welke, ofschoon voor eene Kaart, die alleen op eene algemeene opneming steunt, vrij naauwkeurig zijnde, zo veel bijzonderheden ontbreken, vooral in het kwartier Vollenhove, om tot regt verstand van het gebeurde genoegzaam te zijn. Mogelijk zal men aanmerken, dat de gemeenten Heino en Wijhe, welke ook voor een gedeelte overstroomd zijn geweest, niet geheel op de Kaart worden gevonden; doch het gevaar was aldaar gering, ofschoon de overstrooming zich nog verder, over een gedeelte van Raalte en Olst, heeft uitgestrekt. Waren nu die Gemeenten geheel op de Kaart gebragt, dan zoude zij daardoor aanmerkelijk grooter zijn geworden, tenzij de schaal verkleind ware. De door den Heer SOROBIJ dezelve gevoegde en met niet minder naauwkeurigheid, dan de Kaart, vervaardigde in lichtende Tabel, Gedenkstuk genoemd, bevat eene opgave van alle overstroomde Gemeenten dezer provincie, het getal door den vloed omgekomene Menschen en Vee, weggespoelde en beschadigde Huizen, het beloop der Schaden, de plaatsen, lengten en diepten der Dijkbreuken, waarnemingen van de Watershoogten op onderscheidene plaatsen en punten in de gemeenten, benevens eene kolom met gepaste ophelderingen; zoodat hetzelve met regt een Gedenkstuk voor de nakomelingschap genoemd mag worden.

Ik

VOORREDE.

Ik acht mij verpligt, hier openlijk mijnen dank te betuigen aan den Heer G. SPIJKERMAN, Hoofd-onderwijzer der School van het Dep. Zwolle der Maatsch. T. N. v. 'tA., welke, mede belangeloos, de moeite van het nazien der proeven op zich genomen, en zeer veel heeft toegebragt tot de duidelijkheid en naauwkeurigheid van het geheele werk.

Ik heb tevens het genoegen, namens den Heer SORG, dankbaar te vermelden, dat de Heeren J. H. JAPPÉ en W. KUIK JZ., Ingenieurs Verificateurs van het Kadaster in de provinciën Drenthe en Gelderland, hem volvaardig de noodige stukken, betrekkelijk die provinciën, hebben toegezonden, gelijk de Heer M. G. BEIJERINCK, Hoofd Ingenieur van den Waterstaat in deze provincie, hem in de gelegenheid heeft gesteld, om van eene, uit de metingen van den landmeter H. L. Staal opgemaakte, Kaart des voormaligen kwartiers Vollenhove gebruik te kunnen maken; terwijl hem voorts zijne geëmploijeerden W. H. Straatman en J. F. Creutzburg, in de gedane opnemingen en het bewerken der stukken, zeer behulpzaam zijn geweest.

Gelijk mede den Heer J. VAN CLEEF, Boekhandelaar te Amsterdam, den hartelijksten dank wordt toegebragt, voor de menigvuldige moeite die zijn Ed., zoo geheel belangeloos heeft op zich genomen, met de Directie over de Gravures van de Kaart, het Gedenkstuk enz.

DRUK-

DRUKFEILEN.

Behalve eenige weinige ingeslopene fouten, welke op het verstaan van den zin geenen invloed hebben en, gelijk ik hoop, bij den lezer die dezelve opmerkt, verschooning vinden zullen, zijn de volgende Misstellingen en Drukfouten ontdekt.

Bladz.	regel.	staat:	lees:
42	1	28 huizen	18 huizen
52	2	0.60 el	0.71 el
54	5	de Buitenkwartieren	het Buitenkwartier
97	den onderst.,	zoo dat alleen	zoo dat, gelijk reeds gezegd is, alleen
111	3	Harm Batens	Harm Buitenhuis
—	3 van ond.,	geschrei der	geschrei hooren der
121	11	Houten	Horten
—	8	Boutenboer	Bontenboer
—	7	8 schapen	2 schapen
141	2	JASPER JANS	JURJEN JANS
153	11	door de	langs of voorbij de
205	2	Er zijn slechts in	Er zijn slechts, behalve ééne pink in Lenthe, in
—	8	ééne koe	2 koeijen

OVER-

OVERIJSSELS WATERSNOOD,

op den 4den en 5den FEBRUARIJ 1825.

―――――

Ieder gedeelte van de oppervlakte des Aardbols, ieder land heeft zijne natuurlijke voor- en nadeelen. De inwoner van het zuidelijke Italië geniet een heerlijk luchtgestel en de voortbrengselen van eenen zeer vruchtbaren grond, maar tevens dreigt die grond elken oogenblik, onder zijne voeten in te storten. In weinige seconden werpt eene aardbeving, onverwachts, geheele steden ter neder en begraaft het grootste deel van derzelver inwoners onder de puinhoopen hunner ingestorte woningen. *Herculanum*, *Pompeji* en *Stabiae* werden gelijktijdig onder de asch van den Vesuvius begraven, en thans staat het vlek *Portici*, als ware het, op het graf der eerstgemelde stad, den tijd te verwachten, wanneer het

mogelijk eenmaal door dezelfde oorzaak aan het daglicht onttrokken zal worden. Uitnemende vruchtbaarheid en vreesfelijke omkeeringen worden door dezelfde oorzaken voortgebragt, en de inwoners, die de eerste op den duur genieten, troosten zich met de hoop, dat de laatste niet zoo spoedig zullen wederkeeren, of dat zij derzelver uitwerkingen nog wel zullen ontgaan. — Met hoe veel ongemakken worstelt niet de inwoner van het, door zijne vruchtbaarheid, zoo beroemde Egypte! Dezelfde rivier, die zijnen grond bemest, bedekt denzelven telken jare, gedurende drie maanden, en de Egyptenaar moet zijne woning op eene genoegzame hoogte bouwen, of door dijken voor overstrooming beveiligen. Is het water geweken, dan wordt alles door dezelfde hitte, die zijnen oogst zoo welig doet groeijen, verbrand en verschroeid; de heete, uit de woestijnen van *Nubië* waaijende, *Kramsin* vermeerdert den gloed des dampkrings en zoude, indien hij langer aanhielde, Egypte mogelijk in eene onbewoonde wildernis doen verkeeren. — Veelal brengen dezelfde oorzaken, aan welke een land zijne natuurlijke voordeelen verschuldigd is, ook tevens daaraan verknochte nadeelen te weeg; en dit ligt in den aard van het ondermaansche, waar geen geluk of genoegen, zonder inmengselen van ramp of ongenoegen te vinden is. Een onafgebrokene voorspoed zoude ook geenszins het ware geluk van den zinnelijken mensch bevorderen; maar hem
veel-

veeleer, door het verwoesten der zedelijkheid en het voeden der ondeugd, in het verderf storten. — Hij, die met de lotgevallen van het menschdom eenigzins bekend is, zal deze waarheid volmondig moeten toestemmen, in de verbinding van voor- en tegenspoed, van geluk en ongeluk, de werkzame hand eener vaderlijke Voorzienigheid eerbiedigen, en erkennen, dat de Goddelijke liefde zoo wel in het eene als andere zigtbaar is.

Ook Nederland, hoe veel zegeningen het door deszelfs ligging moge genieten, deelt in dit gemeene lot. Gelegen aan de Zee, aan den uitloop des Rijns en der Maas, in het midden van Europa's westelijke kusten, werd het, zoodra de donkere nacht der middeleeuwen door den dageraad der beschaving werd vervangen, de zetelplaats van den handel en het verkeer der volken. Diezelfde zee, diezelfde rivieren, welke het eene zoo gunstige gelegenheid tot binnen- en buitenlandschen handel verschaffen, en zonder welke het nooit, uit naauwelijks bewoonbare moerassen, in een zoo welvarend land herschapen zoude zijn, dreigden het menigmalen, en dreigen het nog telkens, met eenen geheelen ondergang. Bij elke buitengewone rijzing der rivieren, en vooral wanneer de vorst dezelve met ijs heeft bedekt, moeten de bewoners der aangrenzende streken hunne oogen met bekommering vestigen op de dijken, van welker behoud alleen ook het hunne en dat van hunne bezittingen afhangt. Elke storm uit het Noordwesten dreigt onze zeedijken te vernielen, en de lagere streken onzes Vaderlands voor altoos in eenen waterplas te veranderen. — Het is dus geen wonder, dat de geschiedenis het geheugen van zoo menigen vloed, van zoo veelvuldige, door het water aangerigte verwoestingen, bewaart: neen, dit kan, in een zoo laag-gelegen land als het onze, niet anders zijn; en wel verre van zich over het Godsbestuur in dezen te beklagen, zal hij, die eenigzins met den waterstaat onzes Vaderlands bekend is en deszelfs gevaarvollen toestand kent, overvloedige redenen vinden, om de Voorzienigheid te danken, dat hetzelve, tot nu toe, op eene bijna wonderdadige wijze, voor veel grootere rampen, ja voor een geheel verderf, is bewaard geworden.

Overijsfel, schoon veel hooger dan sommige andere provinciën gelegen, had evenwel reeds van ouds menigen aanstoot van den IJsfel en de Zee te lijden. De menigvuldige, zeer groote kolken, welke langs die rivier en bij andere wateren gevonden worden, en waarvan de tijd en wijze van ontstaan reeds lang uit het geheugen zijn gewischt, leveren genoegzame bewijzen op, voor de zware overstroomingen, waardoor de lagere gedeelten van dit gewest, in vorige eeuwen geteisterd werden. Gedurende onzen leeftijd was Overijsfel eene reeks van 48 jaren van dergelijke rampen verschoond gebleven,

ten, terwijl de vloed van 1776 de laatste was geweest, en er sedert dien tijd geene doorbraken in de zeedijken waren gevallen. De gemelde vloed was de zwaarste, welke in het geheugen was overgebleven, en men was daarom algemeen in den waan, dat dezelve door geenen opvolgenden zoude kunnen overtroffen worden. De droevige ondervinding echter heeft, in de maand Februarij dezes jaars, het tegendeel, ten koste van het leven en de bezittingen van velen, meer dan te veel bewezen, daar Overijsfel toen eene ramp heeft moeten ondergaan, waarbij al de vorige, welke nog in geheugen zijn gebleven, in geenen deele kunnen vergeleken worden.

Naauwelijks was de maand October begonnen, of het schoone weder, dat men tot dien tijd toe had gehad, werd door bijna aanhoudende stormen en regenbuijen vervangen. Niet alleen in Nederland, maar over de geheele uitgestrektheid van Europa vond hetzelfde plaats; ontzettende plasregens en wolkbreuken, in Zwitserland en het zuiden van Duitschland gevallen, deden den Rijn tot eene, in dat jaargetijde, zeer buitengewone hoogte rijzen, waardoor de aan de rivieren gelegene deelen onzes Vaderlands in een groot en langdurig gevaar geraakten, wijl de dijken, door den menigvuldigen regen en den aanhoudenden hoogen stand des waters, zeer doorweekt en verzwakt werden. De belemmerde uitlozing van de lage landen deed dezelve veelal onder water geraken; en in den aanvang van November kon het vee reeds bezwaarlijk in de weiden blijven. Op den 14den October woei het eenen geweldigen storm, welke vele boomen ontwortelde en hier en daar vrij wat schade aan schoorsteenen en daken toebragt. De Zee werd daardoor zeer opgezet, zoodat het water te *Genemuiden* tot 2.145 el (83 1/12 Amst. duim.) boven den dagelijkschen vloed klom. De Overijsselsche zeedijken werden reeds zeer beschadigd, en het was waarschijnlijk alleen aan den niet zeer langen duur des storms toe te schrijven, dat sommige van dezelve niet reeds toen bezweken.

Op den 14den en 15den November woei het wederom eenen zwaren storm: te *Genemuiden* steeg het water tot 2.43 el boven den dagelijkschen vloed; ook was de Zee aan *Den Helder* tot 1.93 el (6vt. 1 3/4 dm.) gerezen, eene hoogte, die dezelve bij menschen geheugen niet had bereikt. Te *Zwolle* was het water nog ruim zoo hoog als in den geduchten watervloed van 1776, dewijl al de gedeelten der stad, welke toen geïnundeerd waren geweest, nu ook onder water stonden. De dijken liepen nu andermaal een zeer groot gevaar: die van *Vollenhove* en *Mastenbroek* werden weder gelukkig behouden; doch de *Zwartendijk*, in de jurisdictie der stad *Kampen*, leed eene zware doorbraak. Het water liep, aan de peilpaal bij die

stad,

stad, op tot 2.20 el, of 1.62 el boven het Amsterdamsche peil. Het als toen hooge opperwater van den IJsfel was in strijd met den opkomenden vloed, en hierdoor was de golfslag op die rivier verbazend sterk. Den 15den, des morgens te 4 uren, drong het water binnen de Vischpoort, bij de brug, eer men dezelve konde afdammen, en inundeerde weldra de straat bijlangs den IJsfel, achter den *Nieuwen Muur* genoemd, welke inundatie evenwel niet lang aanhield. De polder van *Dronten* ondergeloopen zijnde, stroomde het water over den geheelen Zwartendijk, in welken, zoo als reeds gezegd is, eene groote en diepe wade viel, waardoor de polder van *Broeken* en *Maten* geïnundeerd werd en het water zich tot aan de wallen van *Kampen* uitstrekte. Door deze doorbraak geraakte de gemeente *Kamperveen* mede onder water, zoo als ook *Oosterwolde* onder Gelderland, zijnde hetzelve geloopen naar *Weesp*, tot aan den Broekdijk, onder *Oldebroek*. Deze vloed bragt wel geene andere schade, dan die aan de dijken te weeg, evenwel lagen de opgenoemde polders den geheelen winter met de zee gemeen, staande het water weken lang tegen de wallen der stad *Kampen*, van welke men niets dan eene opene zee ontwaarde, welke beurtelings rees en daalde, naar mate de wind sterker of zwakker werd.

De dijk aan den linker oever der Vecht, in de buurschap *Langenholte*, en die van de Nieuwe Wetering, bij den

Wipstrik, een kwartier uurs ten zuiden van *Zwolle*, bezweken mede, waardoor de buurschappen *Diese*, *Selne*, *Herfte*, *Berkum* en *Langenholte* geheel of gedeeltelijk werden overstroomd. Hierbij gebeurden wel geene ongelukken; doch de hooge stand der Vecht en Wetering was oorzaak, dat het land gedurende den geheelen winter onder water bleef, hetwelk bij elken der opvolgende stormen, door de openliggende waden, op nieuw naar binnen stroomde, de passage van *Zwolle*, langs den Hessen- en Twentschen weg, stremde, en den ingezetenen der genoemde buurschappen veel ongemak veroorzaakte.

De volgende stormen, in de laatste helft van November en gedurende de maand December, waren minder geweldig, teisterden wel de zeedijken, doch bragten dezelve niet in groot gevaar van doorbraak. De hooge stand der rivieren bleef aanhouden, zóó zelfs, dat de overlaat van den Snippeling, bij *Deventer*, éénmaal, schoon niet zeer lang en tevens met geen groot verval, aan het werken geraakte; waardoor het land, van af *Deventer* tot voorbij het dorp *Wijhe*, geïnundeerd, en het reeds zoo overvloedige binnenwater nog zeer vermeerderd werd. Al het land langs den IJssel, eenige hoogere gedeelten uitgezonderd, stond nu onder water, en het vooruitzigt, zoowel van den kant der rivieren als dien der zee, was zeer angstvallig. De maand Januarij was, in die omstandigheden, boven alle verwachting gunstig: er viel niet

veel

veel regen; het binnenwater verminderde aanmerkelijk, en de gevreesde vorst, die bij de hoog gezwollene rivieren zoo gevaarlijk zoude zijn geweest, bleef achter, zoo dat er zelfs geen ijs op het water kwam. De rivieren zakten langzamerhand zoodanig, dat de Rijn te *Arnhem*, die den 1sten Januarij op 5.80 el (16vt. 6½dm.) stond, den 4 Februarij niet hooger was dan 2.92 el (ruim 9vt.) en dus de middelbare hoogte van 2.941 el niet meer dan 0.181 el te boven ging. Te *Deventer* was het water op den 1sten en 2den beide op 2.67 el, op den 3den rees het tot 2.69 el, den 4den tot 2.74 en den 5den tot 3.40 el, waarna het tot den 10den nog rijzende bleef en naderhand gedurig weder zakte. De IJssel schijnt, evenredig, hooger dan de Rijn te zijn geweest, dewijl het water te *Deventer* op den eersten Februarij 0.734 el boven de middelbare hoogte stond en dus, naar evenredigheid, 0.573 el hooger was dan te *Arnhem*.

Men wenschte zich dan ook veelal reeds geluk, de dreigende gevaren van dezen winter, zoo onvoorziens, ontkomen te zijn, te meer, daar onderscheidene landen van ons werelddeel, door schrikkelijke stormen en watervloeden, zoo zeer geteisterd waren geworden, toen eindelijk de 4de Februarij 1825 onderscheidene streken van ons Vaderland, en daaronder ook een aanmerkelijk gedeelte van Overijssel, in eene zee van jamme-

ren

ren stortte, welke met geene woorden is te beschrijven, en van welke niemand, dan die er ooggetuige van geweest is, zich een volkomen denkbeeld vormen kan. —
Alvorens tot het verhaal der verschrikkelijke voorvallen van dezen dag over te gaan, zal het niet ondienstig zijn, eene korte schets van dat gedeelte van Overijssel, hetwelk in dezen rampspoed deelde, te laten voorafgaan.

De kusten van Overijssel, langs de Zuiderzee, beginnen ten noorden bij *Stijkenburg*, op de grenzen van Vriesland, en strekken zich uit tot aan die van Gelderland, bij de Geldersche Grift. Ten opzigte van den waterstaat kan men dezelve, voor zoo verre zij binnen den kapitalen Zeedijk besloten zijn, in drie deelen verdeelen.
Het eerste is het voormalige kwartier *Vollenhove*, besloten tusschen de Zee, de Vriesche en de Drentsche grenzen, het Meppelerdiep, van *Meppel* naar *Zwartsluis* stroomende, en het Zwartewater. Hierin zijn de steden *Steenwijk* en *Vollenhove*, benevens de gemeenten *Kuinre*, *Blankenham*, *Vollenhove* en *Blokzijl*, *Oldemarkt*, *Steenwijkerwold*, *Giethoorn*, *Wanneperveen* en een deel van *Zwartsluis*. Over het algemeen is de grond van al deze gemeenten laag, met uitzondering alleen van een gedeelte van *Steenwijkerwold*, een kleiner gedeelte van de landgemeente *Vollenhove* en van *Oldemarkt*, alsmede van den grond, waarop de stad *Steenwijk* gelegen is. Deze alleen bleven vrij van overstrooming; terwijl dezelve

voor

voor het overige volstrekt algemeen is geweest. In het bijzonder zijn de gemeenten van *Wamsperveen* en *Giethoorn* zeer laag en bestaan uit lage veenlanden, welke bijna geheel zijn uitgeveend. Tusschen deze beide gemeenten en die van *Vollenhove* liggen zeer uitgestrekte veenplasfen, en voor het overige bestaan dezelve enkel uit kleine, al nog onverveende stukken lands, welke veelal reeds door water van elkander zijn gescheiden en dagelijks, door de voortgaande verveening, nog meer verdwijnen; zoo dat men kan zeggen, dat de geheele streek tusfchen *Zwartsluis* en *Steenwijk* uit veenplassen en gebrokene landen bestaat. Elke doorbraak der Zee- of Zwartewaters dijken, welke dit kwartier omringen, is dus in staat eene algemeene overstrooming van hetzelve te veroorzaken, ten minste, wanneer dezelve daartoe groot genoeg is, en de storm lang genoeg aanhoudt. Deze overstrooming kan zich nog verder, over een gedeelte van het aangelegene Drenthe, voornamelijk over de lage gemeenten van *Kolderveen* en *Nyveen*, als ook over die van *Meppel* en een gedeelte van *Havelte*, *de Wijk* en *Ruinerdwolde*, uitstrekken, welke dan ook grootendeels, in den laatsten ramp, gelijkelijk hebben gedeeld. — Aan de oostzijde van het Meppelerdiep ligt de uitgestrekte gemeente van *Staphorst*, zuidwaarts aan de gemeenten *Nieuwleusfen* en *Zwollerkerspel* grenzende. *Staphorst*, en wel voornamelijk het daaronder behoorende *Rouveen*,

is

is ook eene lage, veenachtige streek, welke mede in de overstrooming van *Vollenhove* moet deelen, bijaldien de Zomerdijk, langs den westkant van het Meppelerdiep liggende, bezwijkt. Buitendien kan dezelve door het bezwijken der Zwartewaters dijken onder water geraken. De gemeente *Nieuwleussen* grenst zuidwaarts aan het ten noorden der rivier de Vecht gelegene gedeelte van de gemeente *Dalfsen*, hetwelk meestal hooger is, en weder ten oosten door de veel hoogere landgemeente van *Ommen* bepaald wordt.

Het tweede gedeelte is de polder van *Mastenbroek*, besloten door de Zee, den IJssel en het Zwartewater, terwijl dezelve aan den zuidkant wordt begrensd door eene rij van zandige heuveltjes, de Konijnenbelten genoemd, en door eenen stouwdijk, in die plaatsen, waar geene heuveltjes gevonden worden. In dezen polder liggen de kleine steden *Genemuiden*, *Grafhorst* en *Wilsum*, nevens de gemeente *IJsselmuiden* en een gedeelte van *Zwollerkerspel*. Deze polder werd in de laatste helft der veertiende eeuw, ten tijde van Bisschop JAN VAN ARKEL, bedijkt, hetwelk zekerlijk veel te vroeg geschiedde, zoo als de vergelijking van de buitendijksche landen, langs de zee, met die van den polder duidelijk aantoont. De eerstgemelde, welke sedert de bedijking ontstaan zijn en nog dagelijks aangroeijen, zijn zeer vruchtbaar, terwijl de binnendijksche, in de nabijheid

heid van den dijk, zeer laag en veenachtig zijn en meestal weinig waarde bezitten. Dit is, vooral in de laatste jaren, ook duidelijk bewezen door de moeijelijkheid der waterlozing, waardoor de laagste landerijen, in eenigzins vochtige jaargetijden, gedurig dras bleven, en de ingelanden genoodzaakt zijn geworden, door het zetten van drie kapitale watermolens, in dit gebrek te voorzien. Ofschoon er dus in dezen polder vele zeer goede landen gevonden worden, in deszelfs hoogere deel, zijn evenwel de landen langs den zeedijk van veel mindere waarde, alleen dewijl men dezelve te vroeg aan de overstrooming, en dus ook aan de aanhooging der zee, onttrokken heeft. — Onder de gemeente *IJsselmuiden*, ten westen van de Bisschopswetering, liggen de *Koekkoekslanden*, welker bewoners zoo zeer deelden in de rampen der overstrooming van de jaren 1775 en 1776, en die thans bijna geheel verveend en in eenen waterplas veranderd zijn. Tot dit zelfde gedeelte van Overijsel kunnen het overige van *Zwollerkerspel*, de gemeente van *Wijhe* en een gedeelte van die van *Heino* en *Dalfsen* gebragt worden, in zoo verre dezelve, bij de zwaarste vloeden, door het zeewater overstroomd kunnen worden. De grond is alhier veel vaster en hooger, weshalve het gevaar ook veel geringer is.

Het derde gedeelte ligt aan den linker oever des IJssels, en bevat de stad *Kampen* met een gedeelte van derzelver jurisdictie, welke op zich zelve door dijken omgeven is, en voorts de gemeenten *Kamperveen* en *Zalk*. *Kamperveen* ligt zeer laag, paak deels aan den zeedijk, deels aan de jurisdictie van *Kampen*, en deelde ook zeer in de rampen der jaren 1775 en 1776. De laatste, tot Overijssel behoorende gemeente, aan deze zijde des IJssels, is *Zalk*, hetwelk wel niet zeer hoog, echter eenigzins hooger is, dan *Kamperveen*, en tevens met deze gemeente wordt overstroomd.

Na dat de zoo zeer ten goede veranderde stand der rivieren, de aanmerkelijke vermindering van het binnenwater en ook de schijnbare meerdere bedaardheid van den dampkring eene bijna algemeene gerustheid hadden te weeg gebragt, begon de wind zich op Woensdag den 2den Februarij bereids te verheffen, Donderdag den 3den woei het reeds eenen storm, die de Noordzee, voor onze kusten, tot eene zeer groote hoogte deed stijgen, zoodat het water aan *Den Helder*, te 7 uren des avonds, tot 1.88 el (6 voeten) steeg. De hoogte des waters aldaar, bij de vloeden van den volgenden dag, is mij onbekend; doch dezelve kan natuurlijk niet kleiner, maar moet veeleer grooter zijn geweest, dewijl de stormen aanhielden en de hoogste Springvloed in den avond van den 4den viel. Op Donderdag den 3den was het, even vóór den middag, Volle Maan, en de derde daarna invallende vloed is gewoonlijk de hoogste, hetwelk thans die van

Vrij-

Vrijdag avond was. Hierbij kwam nog, dat, dewijl de Maan zich zeer nabij haar naaste punt aan de Aarde bevond, deze Springvloed buitengewoon hoog moest zijn. Te *Middelburg* rees het water toen ook tot eene hoogte, welke die des vloeds van het jaar 1808 nog 6¼ Nederlandsche duim overtrof. Deze buitengewone en langdurige hoogte der Noordzee deed, natuurlijk, de Zuiderzee mede hooger stijgen, dan bij menschen geheugen was geschied. Te *Amsterdam* klom het water op den middag van Vrijdag den 4den, tot 2,50 el, terwijl de grootste hoogte in de voorgaande eeuw, op den 25sten December 1717 en ook op den 15den November 1775, had bedragen 96 Amsterd. duimen of 2.47 el, zoodat het water aldaar 3 Nederl. duimen hooger was, dan in de gansche 18de eeuw had plaats gevonden. Op de Overijsselsche kust was deze hoogte nog onvergelijkelijk grooter, hetwelk aan de opstuwing des waters tegen dezelve, door den geweldigen storm ontstaan, moet toegeschreven worden. — Daar deze watershoogte als zeer belangrijk voor de naauwkeurige kennis van den watervloed moet worden beschouwd, zal ik al de daaromtrent ingewonnene berigten mededeelen. — Op het eiland *Schokland* was de hoogte op den 4den Februarij, van des morgens 11 tot des avonds 11 uren, 10½ Rijnl. voet. of 3.295 el boven den dagelijkschen vloed, en dus ook boven het Amsterdamsche peil. Te

Kuin-

Kuinre is het water, in eenen stal, volgens eene meting van den Heer Ingenieur Verificateur SORG, gerezen 54 Nederlandsche duimen boven eenen, aldaar door Zijne Excellentie den Generaal KRAIJENHOFF geslagenen, hakkelbout: dewijl nu deze bout 2.397 el boven het Amsterdamsche peil verheven is, was de hoogte des waters aldaar 2.937 el boven het gemelde peil. Daar er te *Kuinre* eene zware doorbraak in den Lendedijk gevallen was, stroomde het water daardoor met eene vreesfelijke snelheid naar binnen, waardoor, vooral in het eerst, een groot verval vóór de huizen ontstond. Schoon dit naderhand verminderde, meende men echter te kunnen stellen, dat het water, op het hoogtste zijnde, achter de huizen 3 palmen hooger had gestaan, en dus de hoogte der zee aldaar 3.237 el geweest is. — Te *Blokzijl* rees het water 5 Amsterdamsche voeten (1.414 el) boven den deksteen, op den noordelijken buitenvleugel van de sluis in de haven, welks hoogte door Z. E. den Generaal KRAIJENHOFF is bevonden 2.343 el boven het Amsterdamsche peil te bedragen; weshalve het water hier tot 3.757 el boven dat peil gerezen is. — Te *Genemuiden* is de paal aan het veer, waarin door Z. E. den Generaal KRAIJENHOFF mede een hakkelbout, ter hoogte van 0.255 el boven het Amsterdamsche peil geslagen was, weggeslagen; doch daar de hoogte van den bout bekend was, is mij berigt, dat het water 3.346 el boven denzelven, en

dus

dus 3.601 el boven het Amsterdamsche peil had gestaan. Bij de *Venerijter zijl*, eene der uitlozingsluizen van *Mastenbroek*, aan het einde van de Oude wetering, stond het water 3.10 el boven den, in het front van den noordelijken buitenvleugel, door Z. E. den Generaal KRAIJENHOFF geslagenen hakkelbout. Daar nu deze bout 0.255 el boven het Amsterdamsche peil verheven is, was het water aldaar 3.355 el boven dat peil. Aan den *Kamperveenschen* zeedijk rees het water, volgens eene meting van den Heer Ingenieur Verificateur SORG, ter hoogte van 0.95 el boven den bovenrand van het benedenste deel der lijst of des rands van den steen, gemerkt 1687, ingemetseld in den binnenfrontmuur van het Duikersluisje, nabij het tolhek. Deze lijst is door Z. E. den Generaal KRAIJENHOFF bevonden 2.433 el boven het Amsterdamsche peil, en dus had het water daar eene hoogte van 3.383 el boven dat peil.

Wij hebben derhalve de volgende watershoogten:

1. Op *Schokland* . . . 3.295 el boven het Amsterd. peil.
2. Te *Kuinre* . . . . . 3.237 ,, ,, ,, ,, ,,
3. Te *Blokzijl* . . . . 3.757 ,, ,, ,, ,, ,,
4. Te *Genemuiden* . . . 3.601 ,, ,, ,, ,, ,,
5. Bij de *Venerijter zijl* . 3.355 ,, ,, ,, ,, ,,
6. Aan den *Kamperveen-*
   schen zeedijk . . . . 3.383 ,, ,, ,, ,, ,,

Het middelgetal van al deze hoogten bedraagt dus 3.438

el, de grootste hoogte te *Amsterdam* niet minder dan 0,938 el overtreffende. Onder deze watershoogten verdienen die, welke door den Heer sorg zijn waargenomen, alle vertrouwen, dewijl dezelve allen zijn bepaald door den stand des waters, binnen nabij gelegene gebouwen, waar de golfslag dus geene onzekerheid kon te weeg brengen. Die te *Blokzijl* en aan de *Venerijter zijl* zijn, zoo als men mij verzekerd heeft, op gelijke wijze waargenomen. Omtrent die van *Genemuiden* schijnt men de minste zekerheid te hebben; doch zij verschilt niet zoo veel van de overige, dat men grond heeft, dezelve daarom te verwerpen. De tijd wanneer de zee hare grootste hoogte bereikte, was op het eiland *Schokland* te 11 uren in den voormiddag, terwijl zij te 11 uren des avonds eerst begon te zakken. Te *Genemuiden* was het water des voormiddags te 10 uren op het hoogste, en zakte daarna iets, doch begon naderhand weder te rijzen, zoo dat het des namiddags te 4 uren weder de vorige hoogte bereikte, waarna het in den avond begon af te nemen. Hieruit schijnt genoegzaam te volgen, dat het water der zee eerst in den voormiddag van den 4den Februarij tot de grootste hoogte rees en den geheelen dag op dezelve gebleven is.

Thans konden de reeds zoo zeer verzwakte dijken, het verbazende geweld van eene zoo hooge zee en eenen zoo zwaren storm, met geene mogelijkheid doorstaan:

des

des morgens tusschen 6 en 7 uren bezweek de *Bentdijk*, ten zuiden van de stad *Vollenhove*, en te 7 uren die van *Barsbeek*, ten zuiden van den vorigen. Te 7¼ uur viel de eerste dijkbreuk tusschen *Vollenhove* en *Blokzijl*, en tusschen 9 en 10 uren eene andere zeer zware bij het *Zand*, waardoor vijf huizen wegspoelden. Te *Zwartsluis* kwamen te 10 uren twee zware dijkbreuken, de ééne binnen de plaats zelve, en de andere aan derzelver westelijk einde. Tusschen 10 en 11 uren bezweek de *Mastenbroeker Zeedijk*, tusschen de Venerijter- en Luterzijl, op twee plaatsen; als mede die te *Grafhorst* en tusschen die plaats en *Kampen*. — Daar de zee algemeen met een zeer groot verval over de dijken stortte, is het niet mogelijk, den juisten tijd te bepalen, waarin elke doorbraak ontstond; evenwel is het zeker, dat de meeste dijken tusschen 8 en 11 uren bezweken zijn.

Ellendig was de toestand, waarin de dijken naderhand gevonden werden: in dien tusschen *Slijkenburg* en *Zwartsluis* bevonden zich 22 doorbraken, waarbij de ondergrond ter diepte van 1 tot 13 ellen was uitgespoeld. Voor het overige was deze dijk, over het algemeen, geweldig vernield, en op vele plaatsen geheel tot op het maaiveld doorgeslagen. In den *Zwartewaters dijk*, in Selmuiden, ten zuiden der stad *Genemuiden*, was ééne; in den dijk tusschen *Genemuiden* en *Kampen* waren 4; en in den *IJsseldijk*, tusschen *Kampen* en

B 2 *Wil-*

Wilsum, 5 dijkbreuken gevallen, terwijl die dijken almede deerlijk geteisterd en op vele plaatsen tot aan het maaiveld weggeslagen waren. In den *Zwartendijk*, beneden *Kampen*, was reeds eene zware doorbraak gekomen in de maand November 1824, en nu vielen in den *Kamperveenschen* zeedijk drie en in den *IJsseldijk* aan die zijde, boven *Kampen*, mede drie doorbraken. De gesteldheid der dijken was hier mede niets beter, dan die van al de vorige.

De Zee had nu overal eenen vrijen toegang tot het land bekomen, stortte met een verschrikkelijk geweld over al de dijken en door al de genoemde doorbraken, zoo dat het kwartier *Vollenhove*, de polder van *Mastenbroek* en de gemeente *Kamperveen*, binnen eenen zeer korten tijd, tot eene geweldige hoogte werden overstroomd. Niets was in staat het vreesselijke geweld der woedende golven tegenstand te bieden: de meest bloot staande huizen werden, als ware het, in éénen oogenblik, geheel weggespoeld of zeer zwaar beschadigd. Derzelver bewoners hadden veelal naauwelijks den tijd, om op het behoud van hun leven bedacht te zijn, terwijl zij hun vee en verdere bezittingen aan het water ter prooi moesten laten, en het velen zelfs niet mogt gelukken, zich zelven te redden, maar zij hun leven in de golven moesten verliezen. Het gansche aan zee gelegene deel van Overijsfel was nu, wegens de hoogte van den vloed, een eenige waterplas geworden, terwijl het water

ter over alle dijken stroomde, en er dus geenerhande afscheiding was tusschen de drie, te voren onderscheidene, gedeelten.

Te *Zwolle* was het water des voormiddags te 10 uren wel zeer hoog, evenwel nog eenige Nederlandsche duimen lager, dan op den 15den November 1824, en bleef tot 2 uren, bijna onveranderd, op dezelfde hoogte; waarom men aldaar ook vrij gerust was, wegens de gevolgen van den vloed. Op den laatstgemelden tijd begon het water, geheel onverwachts, zeer sterk te rijzen, en het omgelegene land geraakte, in zeer korten tijd, tot eene groote hoogte geïnundeerd. Van achteren bleek het, dat deze plotselinge rijzing ontstaan was door het inundatiewater van Mastenbroek, hetwelk, eensklaps over den geheelen Zwartewaters dijk stortende, die rivier tot boven de dijken vervulde. Dit was ook de reden, waarom de genoemde Mastenbroeker dijk, aan de linkerzijde van het Zwartewater, schoon dezelve vrij wat geleden had en de kruin veelal zeer was afgeslagen, evenwel niet bezweek, daar hij, geheel onder het water bedolven zijnde, weinig had te lijden. Het water stortte terstond mede over den dijk aan de regter zijde des Zwartenwaters, die daardoor, even zoo wel als de dijk aan dezelfde zijde van het benedenste deel der Vecht, zeer werd vernield, zoo dat men, tusschen *Zwartsluis* en het *Haarster veer*, niet minder dan *veertien* doorbraken telde.

In den dijk des *Zwartenwaters*, tusschen den mond der Vecht en de stad *Zwolle*, waren mede drie doorbraken, en buitendien waren al de dijken aan die zijde zoodanig door- en afgeslagen, dat zij weinig verhindering aan de verdere verspreiding van den vloed konden toebrengen.

Het kwartier van *Vollenhove* werd geheel overstroomd, met uitzondering alleen van het hoogere gedeelte van *Steenwijkerwold* en een klein gedeelte van de gemeenten *Vollenhove* en *Oldemarkt*. Voorts verspreidde de vloed zich over het aangrenzende lagere gedeelte van *Drenthe*, voornamelijk over de Gemeenten *Kolderveen*, *Nijveen*, *Meppel* en een gedeelte van *Havelte*, welker ingezetenen, even zeer als die van het kwartier *Vollenhove*, in dezelfde rampen deelden. De Zomerdijk, langs het Meppelerdiep, was even min, als eenige andere dijk, in staat, de woede des waters tegenstand te bieden; hij stroomde over, werd geweldig afgeslagen en bezweek. Hierdoor stortte het water mede in de gemeente van *Staphorst*, en vereenigde zich met datgene, hetwelk, uit *Mastenbroek*, door en over de Zwartewaters dijken stroomde. Deze gemeente, met uitzondering alleen van een klein gedeelte, geraakte hierdoor diep onder water, de nood was er zeer groot en de rampen zeer menigvuldig. De, zuidwaarts aan *Staphorst* grenzende, gemeente *Nieuwleusfen* en de aan die zijde der Vecht gelelegene deelen van *Zwollerkerspel* en *Dalfsen* deelden grootendeels in hetzelfde lot, zoo dat het water zich aan dien kant uitstrekte over streken, waar men zich, voor overstrooming van het zeewater, volkomen veilig achtte. —

Bij gelegenheid van de zware overstrooming in den jare 1784, door drie doorbraken van den IJsseldijk, bij *Deventer*, veroorzaakt, ontstonden er in de Konijnenbelten en den Stouwdijk, die *Mastenbroek* aan den zuidkant insluiten, twee vrij uitgestrekte doorbraken. Deze werden naderhand niet weder gedigt, om dat men besloten had, den Snippelingsdijk, bij *Deventer*, die gewoonlijk bij elk hoog opperwater bezweek, te verlagen en tot eenen overlaat te maken, waarom men het dienstig achtte, deze doorbraken open te laten, ten einde een deel van het inundatie water daardoor in *Mastenbroek* te lozen. De vloed tot eene verbazende hoogte tegen de Konijnenbelten opgestuwd zijnde, verspreidde zich nu, door deze opene waden, over de aangrenzende deelen van de jurisdictie der stad *Zwolle* en het *Zwollerkerspel*, alsmede over de gemeente *Wijhe* en een groot deel van *Heino*. Op dezelfde wijze als het water zich uit *Mastenbroek*, over het *Zwartewater* en deszelfs dijken, over de oostelijker gelegene gemeenten uitstrekte, stroomde het ook, uit de gemeente van *Kampenveld*, door en over de IJsseldijken in *Mastenbroek*, hetwelk waarschijnlijk oorzaak was van de menigvuldige, groote doorbraken in den dijk beneden *Wilsum*.

sum. Deze rigting des strooms wordt bewezen, doordien het hout, dat van eenen zaagmolen, even buiten de stad *Kampen*, aan de linker zijde des IJssels staande en aan den Heer *N. van Bercum Bijsterbos* toebehoorende, was weggedreven, deels in *Mastenbroek* en deels op eenen nog verderen afstand is wedergevonden. De algemeenheid van den vloed blijkt mede daaruit, dat men aalkorven, die van het eiland *Schokland* waren weggedreven, ten noorden der Vecht, in de gemeente *Dalfsen*, heeft weder gevonden.

Schoon het moeijelijk, of liever onmogelijk is, de juiste grootte van het overstroomde deel van Overijssel te bepalen, komt het mij evenwel voor, dat men hetzelve kan begrooten op omtrent 17 vierkante Duitsche mijlen, ruim 932 vierkante Nederlandsche mijlen of 93,000 Bunders bedragende; zoodat ruim $\frac{1}{7}$ deelen van geheel Overijssel onder water zijn geweest.

Toen de wind op Zaturdag den 5den Februarij was gaan liggen, zakte het water in de eerste dagen vrij spoedig, zoo als wegens deszelfs hoogen stand en de menigvuldigheid der dijkbreuken niet anders te verwachten was: de hoogst gelegene streken en huizen werden daarom vrij spoedig van hetzelve verlost; doch de lage landen bleven veelal, gedurende de geheele maand Februarij, en zelfs een groot gedeelte van Maart, geïnundeerd. —

Dus een algemeen verslag van den jongsten Watervloed
ge-

WATERSNOOD.

gegeven hebbende, zal ik nu overgaan, om het gebeurde in elke der overstroomd geweest zijnde gemeenten, zoo ver mij hetzelve is bekend geworden, meer in het breede te verhalen: aanvangende met

SCHOKLAND.

Dit eiland heeft, van het zuideinde, bij de vuurbaak, tot aan den noordkant van Emmeloord, eene lengte van 4290 ellen en dus ruim 51 minuten gaans. Te vorens strekte hetzelve zich nog wel 1000 ellen verder ten noorden van de buurt Emmeloord uit; doch nadat men aan de westzijde des eilands eenen zeedijk heeft gelegd, welks uiteinde aan die buurt sluit, was dit noordelijkere gedeelte aan de woede der zee overgelaten, en is dienvolgens reeds zoo goed als geheel weggeslagen. Aan de oostzijde van Schokland, welke door eene dubbele rij palen tegen de zee wordt beschermd, liggen drie buurten, namelijk *Emmeloord*, de *Molenbuurt* en de *Zuiderbuurt*, welke beide laatste den gemeenen naam van *Ens* dragen, en te voren reeds tot Overijssel behoorden, toen Emmeloord onder Holland gerekend werd. Aan den zuidelijksten uithoek bevindt zich nog de vuurbaak, benevens de woning van den vuurstoker. Deze buurten liggen op hoogten, welke rondom door een stevig paalwerk zijn ingesloten.

B 5   Op

Op de Molenbuurt bevindt zich de Gereformeerde Kerk en de woning van den Schout des eilands en opzigter van het paalwerk, den Heer L. SEIDEL. Op Emmeloord, de grootste der drie buurten, staat de Kerk der Roomschgezinde gemeente. Het vlakke land des eilands, buiten de buurten, is zeer moerasfig en laag, waarom hetzelve ter naauwernood tot weiding van eenige runderen en schapen dienen kan. Dit lage land loopt geheel onder, zoodra de zee tot 0.47 el boven den dagelijkschen vloed rijst, hetwelk zeer dikwijls plaats vindt. Veel heeft dit eiland telkens door de stormen te lijden, weshalve er meestal jaarlijks aanmerkelijke sommen tot deszelfs behoud moeten worden besteed. Deze kosten zijn evenwel verre van nutteloos te zijn, doordien Schokland, bij schielijk opkomende stormen, in het oostelijke gedeelte der Zuiderzee, de eenige schuilplaats is voor kleine vaartuigen, welke alsdan ook binnen zeer korten tijd, in een aanmerkelijk getal, bij hetzelve te zamen komen.

Veel leed Schokland reeds in den herfst van 1824 en gedurende den geheelen winter, door de, bijna zonder tusschenpoozing waaijende, harde winden. Op Donderdag den 3den Februarij 1825, des avonds, was het water reeds gerezen tot de hoogte van 2.51 tot 2,67 el. (8 tot 8½ voet). Des nachts was het dan eens vallende, dan weder rijzende, en op vrijdag den 4den bereikte het, des morgens tusschen 8 en 9 uren, de hoogte van 2.825 el el (9 vt.). Te 11 uren was het tot 3.295 el (10½ voet) gerezen, en bleef in dezen hoogen stand tot des avonds te 11 uren, wanneer het begon te zakken, zoodat het des morgens van Zaturdag den 5den tot 2.197 el (7 voet) gedaald was.

De laagste gedeelten der buurten zijn niet meer dan 1.57 el (5 vt.) boven den dagelijkschen vloed verheven. Met de hoogte van 2.197 el (7 vt.) zijn dezelve, op een klein gedeelte na, geheel onder water, welke gedeelten met de hoogte van 2.825 el (9 vt.) mede onderloopen, zoodat het geheele eiland alsdan onder het water der zee bedolven is. Men kan zich hieruit ligtelijk voorstellen, wat de ongelukkige ingezetenen, gedurende eenen zoo hoogen en zoo lang aanhoudenden vloed, hebben moeten lijden. Door den storm van den 14den October 1824 was reeds groote schade aan de werken van het eiland toegebragt. Het water had de hoogte van 2.67 el (8½ voet) bereikt, en de wind had toen mogelijk meerdere kracht, dan bij eenen der volgende stormen. De paalwerken aan de oostzijde des eilands, zoo als ook die aan de westzijde der buurten, waren zwaar beschadigd; een geheel nieuw geheid werk aan de oostzijde, bij de Zuiderbuurt, sloeg uit den grond en spoelde weg. De zeedijk, die genoegzaam volkomen hersteld was, werd ter lengte van meer dan 2000 ellen zeer vernield, en het Rijks magazijn zeer beschadigd. De vloed

van

van den 14den en 15den November vergrootte deze schade niet, of niet dan zeer weinig; maar die van den 4den en 5den Februarij voltooide, als ware het, de verwoesting. Uit de paalwerken aan de oostzijde, en die aan de westzijde van Emmeloord en de Molenbuurt, werden geheele vakken geslagen en door den stroom weggevoerd, zoo dat het getal der uitgespoelde palen wel op 1800 begroot kan worden, welke op het Kamper eiland en elders veel nadeel veroorzaakt hebben. De grond der buurten werd daardoor mede zeer weggeslagen en verlaagd, vooral langs de paalwerken, aan derzelver westkant. De vuurtoren was zoodanig geteisterd, dat dezelve geheel vernieuwd moest worden. Uit de Kerk der Roomschgezinden, op Emmeloord, sloegen de muren weg, zoo dat het altaar, de banken enz. door de golven werden weggevoerd. Het Schoolgebouw aldaar en het Lands magazijn trof hetzelfde lot. Ook werden in de onderscheidene buurten 26 huizen geheel weggespoeld en ruim 70 zwaar beschadigd. Het ongelukkigste van allen was, dat 1 man, 4 vrouwen en 8 kinderen in den vloed zijn omgekomen. Vele visschuiten werden weggevoerd, en zijn meestal, door en over de dijken, op het vaste land geworpen; zoo werd een Lands jagt, door Mastenbroek en over den dijk tusschen het Frankhuis en de Rademakers zijl, niet verre van Zwolle geworpen, waar het, door de boomen gestuit zijnde, bleef

lig-

liggen, zonder aanmerkelijke schade geleden te hebben.

Gelukkig was de redding eener oude weduwe en hare twee broeders, op *Emmeloord*. Van hunnen zolder op dien van het naaste huis geraakt zijnde, riepen zij van daar om hulp. Drie mannen kwamen hun met eene boot te hulp, doch hadden het ongeluk, dat deze door eene golf omvergeworpen werd. Evenwel rigtten zij zich in het water weder op, keerden de boot om en ledigden dezelve van water; waarop zij de drie menschen innamen en, gelukkig behouden, over het paalwerk in eene schuit bragten.

De Doctor *M. van Cleef*, zich met zijne ouders op zolder bevindende, geraakten de laatste, door het omvallen van den schoorsteen, in het water en verloren ongelukkig het leven. Hij begaf zich daarop naar beneden, werd toen bij de deur door eene golf opgenomen en tegen een nabijstaand huis geworpen, doch had het geluk, op eenen zolder te geraken, waarop zich reeds een groot aantal personen bevonden, en dus zijn leven te behouden.

Minder gelukkig was het lot van anderen. *P. Mastenbroek* was nevens zijne vrouw en zijn kind op een dak geklommen, op hetwelke zich nog één man met zijne vrouw en drie kinderen bevond. Deze 8 zielen, met het dak zeewaarts drijvende, kwamen langs eene schuit, van welke men hun een touw toewierp, waardoor *P. Mastenbroek* en de andere man gered werden, terwijl
de

de beide vrouwen en vier kinderen ellendig omkwamen.

Op de Molenbuurt werden *Jannes Ruiter*, zijne vrouw en twaalf andere personen zeer gelukkig, op eene bijna wonderdadige wijze, behouden. Allen waren bij elkander op den zolder van zijne woning, welke dreigde in te storten, waarom hij een gat in den voorgevel maakte, ten einde daardoor zich en zijn gezelschap te redden. Dit was echter, wegens de diepte des waters, onmogelijk, en het scheen, dat men zich aan zijn lot zoude moeten onderwerpen; doch, toen men alle redding hopeloos achtte, kwamen er vier palen aandrijven, welke men aan elkander vastmaakte, om dezelve als een vlot te gebruiken, hetwelk evenwel, wegens de gladheid der palen, waarop niemand staan of zitten konde, niet mogelijk was. In dezen nood wierp eene golf hun eene groote tobbe toe, welke *Ruiter* op de palen vastmaakte en toen met dezelve al de dertien overige personen, één voor één, naar eene veiligere woning overbragt. Toen de laatste in de tobbe stapte, stortte de woning in, zoo dat, zonder deze wonderbare schikkingen der Voorzienigheid, al deze personen hun graf in de golven zouden gevonden hebben.

In het huis van den Schout had het water de hoogte van 0.70, in de Gereformeerde Kerk die van 0.83, en in de Kerk der Roomschgezinden die van 1.40 el bereikt.

KUIN-

KUINRE.

Deze is de noordelijkste aan Zee gelegene gemeente van de provincie Overijsfel. Derzelver hoofdplaats is een vlek, hetwelk, langs de rivier *de Lende*, van het zuiden naar het noorden ligt uitgestrekt. Het ligt buiten den kapitalen zeedijk en heeft aan de westkant achter zich eenen polder, *Achterkuinre* genoemd, welke met eene zomerkade omgeven is. Aan de over- of oostzijde der Lende ligt de dijk, welke, van *Slijkenburg* tot *Kuinre* toe, de plaats van zeedijk vervangt. Met deze gemeente is gecombineerd die van Blankenham, welke zuidwaarts aan Kuinre grenst en insgelijks langs de Zuiderzee is uitgestrekt.

Op den 14den October 1824 stormde het zeer geweldig uit het West-Zuidwesten en Westen, de Zee rees zoo hoog, dat de straten te Kuinre geïnundeerd werden en het water voor eenen korten tijd aan de dorpels der huizen stond. De dijken in dezen omtrek hadden evenwel niet zeer veel geleden. De storm van den 14den en 15den November deed het water zoo hoog rijzen, dat het niet alleen op de straat, maar zelfs 0.56 tot 0.85 el (2 à 3 voeten) in sommige huizen stond. De dijken leden ook zeer veel en zouden, indien de storm langer hadde aangehouden, zeker hebben moeten bezwijken. Op den 22sten December liep de straat weder onder en eenige ingegezetenen hadden, doch voor korten tijd, het water mede in hunne huizen. Op Woensdag den 2den Februarij 1825, des avonds tusschen 7 en 9 uren, klom het water der Lende, bij eenen sterken West-Zuidwesten wind, tot boven den wal. Op Donderdag den 3den was de wind bedaarder en het water zakte; doch des avonds te 5 uren schoot de wind uit naar het Noordwesten, waardoor het water zoodanig rees, dat het te 9 uren op de straat stond en kort daarna in de huizen drong, zoo dat men tusschen 10 en 12 uren de vlugt naar de zolders nemen moest. Des nachts tusschen Donderdag en Vrijdag, te 3 uren, werden reeds eenige schuren en stallen, die, van de huizen afgezonderd zijnde, achter dezelve, dat is aan de westzijde stonden, beschadigd. Aan het noordereind der plaats was het, vroeg in den morgenstond van den 4den Februarij, reeds zoodanig gesteld, dat de inwoners der noordelijke buurt, uit acht huizen bestaande, de vlugt moesten nemen in ééne derzelve, zijnde eene hechte en sterke boerenwoning, waar 47 personen hun leven behouden hebben, op eene vrij hooge opkamer, in welke zij door de schuiframen werden opgetrokken. In denzelfden morgen, omtrent 4 uren, scheen de storm wat te bedaren en het water zakte; doch naderhand begon het weder sterker te rijzen, en tusschen 7 en 8 uren bezweek de Lendedijk, regt tegen over het noordeinde van Kuinre. Door de-

ze

ze zware dijkbreuk stroomde het water met een groot geweld naar binnen, waardoor hetzelve, vóór of ten oosten der plaats, tusschen deze en den dijk, sterk viel, zoo dat het vervolgens, met een verval van eene el, van het westen naar het oosten, dwars door de huizen stroomde. Deze geweldige stroom rigtte de schromelijkste verwoestingen aan. De acht huizen in de Noorderwijk spoelden allen weg, behalve alleen de boerenwoning, in welke derzelver bewoners zich onthielden; evenwel werden de schuren en stalling van deze woning mede weggeslagen en het overige alleen door eenen hooibult beschermd. Door dit sterke verval des waters was de straat in het noordeinde weder eenigzins begankelijk, waardoor de genoemde gevlugten gelegenheid kregen, zich nog van eenig brood te voorzien. Drank konden zij niet bekomen, dewijl de melkvaten, in eene benedenkamer, waarop men gehoopt had, reeds omgeslagen waren. Het water voorts weder rijzende, bereikte te 9 uren de vorige hoogte en ging voort met zijne verwoestingen, zoo dat van de 159 huizen, welke te Kuinre gevonden werden, 27 geheel zijn weggespoeld, 13 onbewoonbaar geworden, en van de overige, met uitzondering van een klein getal, het achterste is weggeslagen, als ook de daarachter staande schuren. Dit alles had plaats vóór 11 uren in den voormiddag, wanneer het water zijne grootste hoogte bereikte en tot 4 uren in den

C

namiddag bleef staan. Toen begon het, schoon in het eerst weinig, te vallen, en op Zaturdag den 5den, des morgens tusschen 7 en 8 uren, konden de straten weder begaan worden.

De inwoners der weggespoelde huizen waren, wegens den sterken stroom, voornamelijk daar, waar die huizen gestaan hadden, zoo goed als ongenaakbaar; echter gelukte het, toen de stroom, wegens het volloopen der binnenlanden, gematigder geworden was, aan eenige stoutmoedige Schippers, dezelve allen, vóór den avond, van de zolders der half ingestorte woningen, waarop zij zich onthielden, te redden. Alleen die der Noorderbuurten, welke geheel ongenaakbaar waren, moesten, hoezeer zij ook om hulp mogten roepen, in hunne gevaarlijke verblijfplaatsen vertoeven, doch bleven echter gelukkig behouden.

Even zoo als er 47 van deze huzen toevlugt genomen hadden tot de opkamer van eene boerenwoning, hadden zich 23 anderen geborgen in de Pastorij der Roomschgezinde gemeente, welke met 4 of 5 nevensstaande huizen in wezen bleef, doordien zij beschut waren door de puinhoopen der Kerk, welke er regt achter had gestaan. Aan dezen konde ook geene hulp worden toegebragt, dewijl er zes huizen, ten zuiden van deze, waren weggespoeld.

Onder de 23 personen, welke zich in de Pastorij be-

bevonden, was een man, die, eenige weinige huizen van daar wonende, zijne vrouw en een nog klein kind, naar het huis van zijnen schoonvader, hetwelk men veiliger achtte, gebragt hebbende, naar zijne woning was teruggekeerd; om, zoo mogelijk, nog eenig goed te bergen. Onderwijl werden de twee huizen, welke aan de beide zijden van dat zijns schoonvaders stonden, weg geslagen, waardoor hij, aldaar niet kunnende komen, zich, tot zijne eigene veiligheid, naar de Pastorij begaf. Het hield niet lang aan, of het huis des schoonvaders stortte mede in. Het geheele gezin zich op den zolder bevindende, sloeg het dak, boven hen, naar den zuidkant over en de muren vielen, doch niemand hunner werd daarbij gekwetst; maar nu vonden zij zich blootgesteld aan wind en golven en bragten zes uren in dien toestand door, van 10 uren des morgens tot 4 uren in den namiddag. De jonge man, die den ongelukkigen toestand van zijn gezin uit de Pastorij zien kon, had in dien tijd reeds tweemalen te vergeefs beproefd, bij hetzelve te komen, hetgeen hem den derden keer gelukte, hebbende hij toen een touw om zijn ligchaam gebonden, hetwelk men in de Pastorij vast hield, om hem, indien hij door wind en stroom mogte komen te vallen, weder op te trekken. Gelukkig bij zijn gezin gekomen zijnde, bragt hij eerst zijne vrouw en zijn kind zuidwaarts, waar de stroom minder was, naar het nabij gelegene huis

De schoonvader inmiddels zijn geduld verliezende, omdat hij bespeurde, dat zijne vrouw het niet lang meer zoude kunnen uithouden, beproefde nu ook, in dat huis te geraken. Bij deze proef viel hij tot drie malen toe, en den laatsten keer een verdronken beest bij zich ziende liggen, hield hij zich aan hetzelve vast, werd door zijnen schoonzoon gered en in het genoemde huis gebragt. Deze ging nu ook zijne schoonmoeder van den puinhoop halen, en bragt haar nog levende over; doch zij overleed weinige oogenblikken daarna.

1. De ijver en moed der Schippers, die met hunne vaartuigen te Kuinre lagen, alsmede die hunner knechten, verdienen allen lof. In een enkel vaartuig, hetwelk aan het noordeinde lag, borg men 101 persoon, meest allen met levensgevaar, en dikwijls eerst na onderscheidene mislukte proeven, wegens den geweldigen stroom, uit hunne huizen afgehaald. Sommigen waren nog juist op het laatste oogenblik gered, onder anderen een man, wiens achterhuis reeds was weggeslagen, waarbij eene stokoude vrouw, die te bed lag en niet schielijk genoeg konde wegkomen, het leven had verloren. Op den oogenblik, in welken hij in de boot stapte, waarmede men hem afhaalde, stortte het huis in, waardoor hij nog aan de hand gekwetst werd. Een oogenblik later zoude hij dus ontwijfelbaar verloren zijn geweest, terwijl hij nu gelukkig werd gered.

Die-

Diegene, welke in de schepen geborgen waren, liepen aldaar nog een groot gevaar. De brug, welke, voor Kuinre, over de Lende ligt, was reeds afgeweken en opgerezen. Indien nu deze brug verder vernield ware geworden, dan zouden derzelver stukken tegen de hooger op liggende vaartuigen zijn aangestroomd, en dezelve waarschijnlijk vernield hebben.

Achter, dat is ten westen van Kuinre en dus buitendijks, waren vier boerenwoningen. Twee derzelve zijn geheel weggespoeld, in eene van welke niemand is overgebleven, zijnde man, vrouw en drie kinderen omgekomen, terwijl de bewoners van de tweede op het hooi hun leven behouden hebben en, toen de storm eenigzins bedaard was, door hunne overburen, aan den Vrieschen dijk, op *Schoterzijl* wonende, zijn afgehaald. De derde woning is ook zeer geteisterd en het vee aldaar omgekomen, hebbende de bewoners zich nog bij tijds in de derde woning gered, welke wegens den hoogen stand van het huis, schoon zeer beschadigd, evenwel het best in staat gebleven is.

BLANKENHAM.

Nog veel ongelukkiger was het lot der ingezetenen van deze gemeente. Behalve de zes doorbraken, welke aldaar gevallen waren, was de dijk geweldig vernield en op zeer vele plaatsen af- en doorgeslagen, waardoor van de 59, zich in die gemeente bevindende, huizen niet minder dan 16 geheel zijn weggespoeld, en de andere, eenige weinige uitgezonderd, geheel onbewoonbaar zijn geworden. Het zakken des waters te Kuinre, door het bezwijken van den Lendedijk veroorzaakt, en hetwelk aldaar zoo vele verwoestingen te weeg bragt, was oorzaak van het behoud eener vrouw met zes kinderen, welke onder Blankenham, niet meer dan 10 minuten gaans van Kuinre, woonde, zijnde haar man te dien tijd afwezig. De voormelde zakking van het water te Kuinre liet toe, dat eenige menschen bij elkander konden komen. Onder dezen was er een, die 25 gulden bood voor de redding van dat huisgezin. Vier personen begaven zich daarop met eene boot derwaarts, vonden de vrouw en kinderen op het bed, in het water, namen dezelve in de boot, en wilden toen naar Kuinre terugkeeren. Dit werd hun ongelukkiglijk belet, door eene inmiddels gevallene doorbraak; evenwel hadden zij het geluk, het erve *Wheda* te bereiken, waar zij op het hooi hun leven hebben behouden, terwijl het huis der vrouw, spoedig nadat hetzelve verlaten was, geheel werd verwoest.

Dewijl de ingezetenen van Blankenham van geene vaartuigen voorzien waren, ontbraken hun alle middelen ter redding. Meestal moesten zij de toevlugt op het hooi nemen, velen verloren daarbij hun leven, anderen

ble-

bleven, somtijds op eene bijna wonderdadige wijze, behouden: dus dreef een boeren zoon, na vader, moeder en zes broeders en zusters te hebben zien verdrinken, op een klampje hooi, van boven naauwelijks eene el in het vierkant zijnde, op den buik, met handen en voeten in het water liggende, gedurende 19 uren in den vloed rond, tot dat hij eindelijk te Kalenberg aanlandde, en dus alnog behouden werd.

Door eenige menschlievende ingezetenen van Blokzijl werden 9 menschen, in het zuidelijke deel van Blankenham wonende, uit een stuk eener schuur, waarin zij zich geborgen hadden, gered.

Willem van der Werken, een ander inwoner van Blankenham, werd met zijn huisgezin, op een stuk van eenen hooiberg, op het Giethoornsche meer drijvende, gevonden en gered, zoo als vervolgens breedvoeriger verhaald zal worden.

Een daglooner vlugtte met zijne vrouw en drie kinderen uit zijn huisje, hetwelk spoedig verdween, naar den dijk. In den morgen van Zondag den 6den hoorden eenige menschen, die daar in een schuitje voorbij voeren, eenen hond baffen, onderzochten de plaats waar zich die bevond, en vonden het gemelde huisgezin nog levende in een gat van den dijk, zoo dat het nog gelukkig behouden werd, niettegenstaande de vreeselijke ongemakken, welke hetzelve gedurende eenen zoo langen tijd had doorgestaan.

Anne Ruardij met zijne huisvrouw, moeder en zuster in huis zijnde, werd hetzelve zoodanig gehavend, dat hij de toevlugt tot eenen hooihoop moest nemen. Het gelukte hem, met zijne vrouw daarop te komen, terwijl zijne moeder en zuster verdronken. De beide menschen dreven nu met het hooibultje, niet veel boven twee wagenvrachten groot zijnde, weg, over het Giethoornsche meer. In den avond van Zaturdag den 5den verbeeldde men zich in het *St. Jans Klooster*, onder de landgemeente Vollenhove, een geschreeuw van menschen, uit den grooten Veenplas, het *Beulaker* of *Noorder Wijde* genoemd, te hooren, en begaf zich met schuitjes derwaarts, zonder echter iets te ontdekken. Des morgens van Zondag den 6den hoorde men weder een geschreeuw en vond, bij een nader onderzoek, *Ruardij* en zijne vrouw alnog op het hooi, welke dus, na omtrent twee etmalen op hetzelve te hebben doorgebragt, tegen alle verwachting behouden werden.

Toen de vloed op het hoogste was, stond het water in het huis van *Pier Pieters* te *Slijkenburg* . . . 1.05 el.
In de hoogste huizen te *Kuinre* . . . . 0.57 „
Op de laagste landerijen aldaar . . . . 2.80 „
Te *Blankenham* in de Kerk . . . . 1.56 „
Op de laagste landerijen aldaar . . . . 2.80 „

BLOK.

BLOKZIJL.

Alhier had men, op Donderdag den 3den Februarij, aan het peil 7 voet water, overeenkomende met omtrent 0.99 el boven den dagelijkschen vloed, wanneer men met verbaasdheid bespeurde, dat het water van uur tot uur eenen voet of 0.283 el rees, zoodat het te middernacht tot 12 voeten of 2.407 el boven dagelijksch water geklommen was. Tusfchen 1 en 2. uren was er eene woedende windvlaag, en het water steeg tot 14 voeten of 2.97 el boven dagelijksch water. Toen werden al de ingezetenen der plaats opgewekt, om te werken aan het behoud van den dam, welke dezelve omringt, en men deed drie noodschoten, om de ingezetenen van het binnenland te waarschuwen. Des morgens te 4 uren van Vrijdag den 4den Februarij viel het water spoedig, tot 12¼ voet of 2.55 el boven dagelijksch water, waaruit men besloot, dat er in de nabijheid eene doorbraak moest gevallen zijn, hetwelk ook werd bevestigd, door eenen inwoner van Blankenham, welke verzekerde, dat er om dien tijd, nabij zijn huis, reeds eene doorbraak was ontstaan. Niettegenstaande alle aangewende moeite, kon de wal der plaats niet worden behouden, maar dezelve bezweek, tusfchen 8 en 9 uren aan den zuidkant, en een uur later aan de noordzijde. Hierdoor werd de plaats bijna geheel overstroomd

stroomd en zoodanig geteisterd, dat 28 huizen geheel wegspoelden en van dezelve naauwelijks een spoor is overgebleven, terwijl 80 andere, sommige zeer zwaar en de andere minder, beschadigd werden.

Het water stond te Blokzijl, toen het op het hoogste was, in het Gemeentehuis ter hoogte van . . 2.04 el.
In het huis van *R. C. Keuter* . . . . 1.57 „
In het huis van *Willem Joosten* bij den molen, zijnde een der laagste . . . . 1.90 „
Op de Noorderkaai . . . . 1.13 „
In de laagste straten . . . . 2.83 „

Gemakkelijk zal men den nood beseffen, waarin een zoo hooge en geweldige vloed de inwoners van Blokzijl, en vooral die der weggespoelde huizen, moest storten; gelukkig was het echter nog, dat hier kleinere en grootere vaartuigen bij de hand waren, welke tot bergplaatsen van hen, welke hunne woningen moesten verlaten, strekken konden, zoo als er dan ook in sommige jagten meer dan 50 menschen geborgen werden.

In den omtrek van Blokzijl was het niet minder erg gesteld. Vele inwoners, reeds te lang aan hooge waterstanden gewoon, waren te gerust en wachtten te zeer het bitterste af, te meer, om dat de seinschoten, wegens het doorbreken des dijks te Blokzijl, niet waren gedaan, wijl zulks door den vloed was belet geworden. Men had dus geene, of ten minste geene genoegzame voorzorgen in het werk

werk gesteld, en hiertoe schoot ook, toen het gevaar op het uiterste was, geen tijd over, voor diegene, welke zoo nabij de dijken woonden, wegens de snelheid en het geweld, waarmede zij door den vloed overvallen werden. Onder anderen spoelden de huizen van *H. Hollander*, *J. Luten de Jonge*, *Piet Spijker* en *Volker Luten ter Heide*, vier landlieden, zeer nabij Blokzijl wonende, geheel weg, zoo dat er alleen een klein gedeelte eener schuur van *H. Hollander* overbleef. Vele ingezetenen van Blokzijl hadden zich beijverd, om vee en have uit deze woningen te redden en in veiligheid te brengen: ten laatste waagden ROELOF ALBERTS KEUTER en zijn knecht KLAAS BEUTE het, zich nog weder naar het huis van *Volker Luten ter Heide* te begeven. Met eenig goed naar Blokzijl willende terugkeeren, kwam er tusschen die plaats en het huis eene zware doorspoeling in den dijk, welke het hun belette, en daarop waren zij spoedig genoodzaakt, met *V. L. ter Heide* de toevlugt op eenen hooibult te nemen, terwijl deszelfs woning wegspoelde. Een uur na den middag raakte de hooibult, waarop zij zich bevonden, aan het drijven. Dit te Blokzijl gezien wordende begaven JAN KEUR en ANNE KEUR zich met een schuitje of punter derwaarts, ten einde, met gevaar van hun leven, zoo mogelijk, die drie menschen te behouden. Het gelukte hun ook den hooibult te bereiken, en de drie menschen in hun schuitje te krijgen. Toen meen-

meenden zij hun oogmerk te zullen bereiken, dan helaas! het was hun niet mogelijk tegen den fellen stroom op te werken, te minder, daar zij het ongeluk hadden hunnen boom te breken. Zij moesten zich dus met den stroom laten drijven, terwijl de drie geredden, reeds van den oogenblik af, dat zij in de schuit genomen waren, door de koude verkleumd zijnde, de bewustheid verloren. Omstreeks 5 uren in den namiddag stierf R. A. KEUTER, in den ouderdom van 43 jaren, nalatende vier nog jonge kinderen, en werd derhalve het slagtoffer van zijne menschlievendheid. Des avonds te acht uren overleed *V. L. ter Heide*, terwijl KLAAS BEUTE reeds verstijfd in de schuit lag en JAN KEUR ook zijne bewustheid begon te verliezen. Na lang omzwerven kwamen zij eindelijk bij de Molenbrug, aan den Veeneweg onder Wanneperveen, aan een huis, waarin zij geene bewoners, en niets anders dan eenige raauwe aardappelen op den zolder vonden, van welke zij, door den honger gedreven, met smaak aten. Eindelijk geraakten zij, des morgens van den 5den Februarij, te 5 uren bij een vaartuig, in hetwelk zich menschen bevonden, en waarin zij, eenige ververaching bekomende, niet alleen zelven weder bekwamen, maar ook het geluk hadden, den reeds sedert lang verstijfden KLAAS BEUTE weder bij te brengen en te herstellen. Na het bedaren van den storm kwamen zij, op Zondag den 6den Februarij, met

de

de beide lijken terug; kunnende JAN en ANNE KEUR altijd de aangename bewustheid voeden, door hun menschlievend en heldhaftig bestaan, ten minste één mensch, namelijk KLAAS BEUTE, te hebben behouden, die anders, even als de beide overledenen, eene prooi der golven zoude geworden zijn.

Jan Luten de Jonge, bewoner van een ander der vier weggespoelde huizen, te lang in zijne woning gebleven zijnde, geraakte spoedig met een stuk van het dak aan het drijven, hetwelk weldra uit een sloeg, zoo dat hij zijn leven in het water moest eindigen.

Op elke nog geheel of gedeeltelijk staande geblevene woning, op elken hooibult, zag men bijna een noodteeken, en, hoe gevaarvol het ook was den noodlijdenden te hulp te snellen, werd dit echter, niettegenstaande den treurigen toestand, waarin Blokzijl zelf gedompeld was, door eenige van deszelfs ingezetenen ondernomen. KLAAS MASTEBROEK GZ. en KLAAS BUIS, vaders van een talrijk kroost, waren in dezen de voorgangers, bij welke zich vier andere, ongehuwde personen voegden. Zij reddeden gezamenlijk uit het huis den Bosch, het Veldhuis en Baarlo meer dan 20 menschen, zoo mannen, vrouwen als kinderen, en bragten dezelve naar Blokzijl, daar zij met hartelijke toegenegenheid ontvangen en van het noodige voorzien werden. In den morgen van den 6den begaven deze zes menschen-
vrien-

vrienden zich weder op weg, om, zoo mogelijk, nog meer ongelukkigen te redden. Vooraan in Blankenham gekomen zijnde, vonden zij van vijf boerenwoningen niets anders, dan twee stukken van hooischuren, op een van dewelke zich 9 menschen bevonden, die van koude en natheid bijna verkleumd waren, en niets te eten of te drinken hadden, doch, van hunne redders eenig voedsel ontvangen hebbende, weder bekwamen en gelukkig te Blokzijl werden aangebragt. Onder deze geredden bevond zich eene hoog zwangere vrouw, welke, een uur na hare aankomst aldaar, gelukkig van een levend kind beviel.

LANDGEMEENTE
VOLLENHOVE.

In het ten zuiden van Blokzijl gelegene gedeelte van deze gemeente, niet minder dan 11 dootbraken in den zeedijk gevallen zijnde, was de nood daar mede zeer groot. Door ééne dezer doorbraken, bij het Zand, spoelden vijf woningen geheel weg. In ééne van dezelve bevonden zich twee huishoudingen, uit 5 personen, twee oude en drie jonge lieden, bestaande, welke des morgens te 9 uren met een klein deel van het dak wegdreven, waarmede zij, op een klein half uur afstands van daar, tegen den Veeneweg, tusschen het St. Jans Kloos-

Klooster en de Ronduite, bleven zitten. Hier begaven zij zich op eene aldaar aangedrevene rietkragge, op welke de twee oude menschen weldra door de koude omkwamen en de drie anderen, angstig om hulp roepende, in den volgenden nacht, tusschen 1 en 2 uren, ook bijna verkleumd gevonden werden, door ALBERT SLOT en zijnen zoon, welke van de Ronduite, waar zij woonden, met eenen punter naar het hoogere gedeelte van Vollenhove vlugtten. Veel moeite kostte het dezen, de ongelukkigen in hun schuitje te krijgen, hetwelk evenwel gelukte. Uit vrees van zijn schuitje te zullen overladen, moest SLOT de lijken achterlaten; doch hij had het geluk, met de drie geredden in veiligheid te geraken.

LEENDERT DE OLDE, bewoner van eene der vijf op het Zand weggespoelde woningen, had zich met zijne vrouw en zoons ter naauwernood gered. Uit een der vijf huizen, hetwelk toen nog stond, eene noodvlag ziende waaijen, begaf hij zich met twee zijner zonen, in een klein schuitje, niettegenstaande den geweldigen stroom, derwaarts, naderde de reeds waggelende woning en had het genoegen, 7 menschen, waaronder een lid van het Heemraadschap van Vollenhove was, in twee malen, van eenen anderen gewissen dood te redden.

De Watermolenaar van den Barsbeeker polder, zijnde weduwenaar met twee kleine kinderen, zich niet meer veilig achtende in zijn huisje, bij den molen staande, de, wilde zich met zijne kinderen naar Zwartsluis, een half uur van daar gelegen, begeven. De weg hem door eene dijkbreuk afgesneden zijnde, was hij genoodzaakt terug te keeren en vond, bij zijne terugkomst, zijne woning reeds tot aan het dak onder water staan. Hierop besloot hij, met zijne twee kinderen onder den arm, naar den molen, die omtrent 150 ellen van den dijk verwijderd is, te zwemmen en voerde dit gewaagde, maar eenige redmiddel gelukkig uit, niettegenstaande het eene kind hem éénmaal ontglipte, en had aldus het geluk, zich zelven en zijne kinderen te behouden.

Ongelukkiger was het lot van eene huishouding, uit man, vrouw en drie kinderen bestaande, welke niet ver van Zwartsluis, doch onder Barsbeek woonde. De lijken van al deze vijf personen werden, vele dagen na den storm, nabij het huis, in eenen sloot gevonden, en hetgene de akeligheid van dit treurige geval nog vermeerderde, was, dat de vrouw in barensnood scheen gestorven te zijn, terwijl het hoofd des kinds bereids in de geboorte was.

VOLLENHOVE.

De aanhoudende stormen hadden alhier, in de laatste maanden van 1824, reeds vrij aanmerkelijke schade aan

het

het paalwerk, voor de stad gelegen, toegebragt; doch anders had men er niet door geleden. — Op Donderdag den 3den Februarij 1825, na den middag, was de lucht zeer stormachtig, de wind met eene frisfche koelte uit het Zuidwesten waaijende, en tegen den avond begon het water te rijzen. Tusfchen 8 en 9 uren woei en regende het, gedurende een half uur, zeer sterk uit eene bui in het Noordwesten, zijnde het water omtrent 1.13 tot 1.27 el (4 tot 4½ voet) boven de gewone volle zee. Tusfchen 11 en 12 uren gingen er in de zee zware deiningen, brandende dezelve vreesfelijk tegen den wal, en staande het water, dat langzaam wasfende en zeer dik was, als piramiden in de hoogte. Schoon de wind niet zeer sterk was, liep echter het water, tusfchen 12 en 1 uur, zeer sterk op, zoo dat de menschen aan de Vischmarkt en in de Visfchersftraat niet zoo spoedig konden gewekt worden, of velen hadden reeds van 0.28 tot 0.85 el (1 tot 3 vt.) water in hunne huizen, zijnde het water, naar gisfing, toen 0.28 el (1 vt.) hooger dan in 1776. Om 2 uren was er eene donderbui, vergezeld van sneeuw, en het was tevens zoo duister, dat men naauwelijks zien konde waar men ging. Na den afloop van deze bui klaarde de lucht langzamerhand op; terwijl het water bijna even snel viel, als het te voren gerezen was; hetwelk eene dijkbreuk deed vermoeden. Om 5 uren was het water

D reeds

reeds meer dan 1.13 el (4 vt.) gezakt, terwijl het, met eene ligt bewolkte lucht, sterk begon te vriezen en de wind bedaarde. Omstreeks 6 uren werd de wind weder sterker en begon het water ook weder te wasfen. Te 7 uren kreeg men berigt, dat de *Bentdijk* bezweken was en op verscheiden plaatsen overliep. Daar nu het water, niettegenstaande de ebbe, sterk bleef wasfen, kwam hetzelve, zoo van de Zee als de Benten spoedig in de stad, hebbende hetzelve, volgens getuigenis van oude visfchers, tusfchen 9 en 10 uren reeds de hoogte van 1776 bereikt. Omstreeks 12 uren was het op de grootste hoogte, zijnde toen, volgens het zeggen van voornoemde lieden, 0.99 el (3½ vt.) hooger dan in 1776. Aan den zeekant kon men de wezenlijke hoogte des waters, wegens den zwaren golfslag, niet wel naauwkeurig bestemmen; dezelve schijnt echter 3.68 of 3.96 el (13 of 14 vt.) boven den dagelijkschen vloed te hebben bedragen. De wind naar het Noordwesten geloopen zijnde, was de branding op de zeeweringen allerverschrikkelijkst en werden dezelve ook zoo zeer gehavend, dat van den vasten grond, bij de haven, meer dan 5 ellen wegsloeg, terwijl de boomen, langs de zee, voor een gedeelte ontworteld en omgeworpen werden. Tusfchen 1 en 2 uren bezweek de muur voor het kerkhof, hetwelk grootere verwoesting deed vreezen; doch sedert dien tijd viel het water, en schoon het nu en dan weder rees, was het des avonds te

6 uren reeds zoo ver afgenomen, dat men een eindwegs buiten de poort droogvoets gaan konde en het grootste gedeelte der stad weder droog was. Daar de golfslag veelal tegen boomen, schuttingen enz. gebroken werd, is er aan de huizen in de stad weinig schade geschied; doch de schuttingen om de tuinen, aan den zeekant, leden zeer veel. Aan de haven was de schade zeer groot, zijnde dezelve bij de brug ter hoogte van omtrent 5 ellen verstopt, met puin en zand. Dat de haven er was, deed de aan ingezetenen der stad behoorende vaartuigen, zoo als ook eenige vreemde, bewaard blijven; dewijl zij anders zeker zouden verbrijzeld geworden, en daardoor ruim 30 huisgezinnen in de grootste armoede gedompeld zijn. De inundatie heeft zich in de stad uitgestrekt: in de Bisschopsstraat, die afgedamd was, tot aan de schuur in den tuin van den Heer van Itteriàm. In de Schapesteeg, die mede was afgedamd, tot achter aan het huis van den Heer van Voorst. In de straat naar Oldruitenberg, mede afgedamd, tot even voorbij de Kerk. De Kerkstraat was voor ⅔ onder water, tot aan de stoep van den Heer Sanders; de Visschersstraat tot aan de Moriaansteeg en de Bentstraat tot aan de Bisschopsstraat. Voorts de Doelestraat, Vischmarkt, Heiligegeeststreeg, Hofstraat, Ratenberg en Westerholt geheel; zoo dat twee derde gedeelten der stad geïnundeerd zijn geweest.

D 2   Op

Op de straat tegen den dam, bij het huis van den Heer *van Ittersum*, stond het water 0.60 el (2¼ vt.). In de huizen van het laagste gedeelte der stad 1.41 el, buiten de poort, in het huis van *H. van Smirren*, 0.60 tot 0.80 el, in het huis de Haare 1.20 el, op den huize Tweenijenhuizen, in de schuur, 1.00 el, aldaar in de opkamer 0.42 el, op den huize Oldenhoff, in de nieuw gebouwde schuur, 1.00 el, in de herberg de Krieger 0.85 el en op sommige der laagste landerijen van de landgemeente Vollenhove 3.68 el.

ZWARTSLUIS.

De stormen in de maand October en de eerste helft van November 1824, deden het water hier niet zeer sterk rijzen, wegens de veranderlijkheid des winds, zoo dat het niet hooger, dan tot 1.70 el boven gewoon water rees. Die van den 14 en 15den November verhief het tot 2.80 el, en in den vroegen morgen van den 15den sloegen de golven reeds over de dijken en deden het water door de straten stroomen. Het vooruitzigt was droevig; doch daar de wind tegen den middag bedaarde en meer naar het Noorden liep, leed niemands eigendom eenige wezenlijke schade; zelfs de dijken hadden zeer weinig geleden. Schoon de ingezetenen van Zwartsluis zich met regt verblijdden, een zoo groot gevaar zoo gelukkig ontkomen te zijn, was echter het

voor-

vooruitzigt onheilspellend, dewijl de wind standvastig tusschen het Westen en Noorden bleef, de ééne storm den anderen bijna onafgebroken opvolgde, en de dijken zóó doorweekt waren, dat men te regt vreezen moest, dat zij eenen dergelijken aanval niet voor de tweedemaal, zouden kunnen verduren. Buitendien was de toestand van velen dezer ingezetenen gansch niet gunstig, dewijl de schippers, wegens de gedurige stormen, vreesden in zee te gaan, daardoor bijna alle neringen stil stonden en velen geheel zonder verdiensten waren. — In den avond van Woensdag den 2den Februarij verhief zich de wind uit het Zuidwesten, waardoor het water reeds begon te rijzen. Op den 3den liep de wind naar het Westen en de aanwas des waters werd sterker, zoo dat hetzelve te middernacht, tusschen den 3den en 4den, tot 2.30 el boven gewoon water geklommen was. Omstreeks 2 uren des nachts werd de wind Noordwestelijk, waardoor het water zóó geweldig rees, dat het spoedig hier en daar over den dijk begon te loopen, weshalve men met alle krachten begon te werken, om den dijk te behouden, zoo door het aanleggen van kistdammen, als het aanbrengen van zeilen aan den binnenkant, van welken reeds geheele stukken afspoelden. Dan, dit alles was te vergeefs, daar het water zoo sterk bleef rijzen, dat de dijk ter hoogte van drie palmen overstroomde, de woedende golven kistdammen, zeilen enz. wegsloegen, en men genoodzaakt was, den dijk te verlaten en alleen op behoud van zijn leven en zijne bezittingen bedacht te zijn.

Omstreeks 10 uren ontstonden er twee doorbraken, de ééne binnen de plaats, tusschen de Schans en de Buitenkwartieren, en de tweede aan derzelver westelijke einde, waardoor het water met een groot geweld naar binnen stroomde. Toen ruimde men de Kerk en ééne der Scholen op, ten einde tot bergplaatsen van het vee te dienen, en ieder trachtte zijne kostbaarste bezittingen in veiligheid te brengen. De waan, dat het water niet hooger konde rijzen, dan in 1776, had voor velen zeer noodlottige gevolgen; daar de vloed nog 0.93 tot 1.07 el hooger klom, en het is waarschijnlijk, dat er vele ongelukken verhoed zouden geworden zijn, indien men de mogelijkheid van eene zoo sterke rijzing des waters hadde ingezien. — Verschrikkelijk was nu de toestand van Zwartsluis; daar de woedende storm bleef aanhouden en het water nog gedurig rees, zoo dat er welhaast geene mogelijkheid meer was, het nog niet geborgene vee enz. te redden. Een groot aantal inwoners moesten des namiddags te 2 uren hunne woningen verlaten, alles vaarwel zeggen en hunne toevlugt tot vaartuigen of hooger gelegene huizen nemen. Eenigen waagden zich op hunne zolders, dan deze waren, bij het steeds wassende water, voor een gedeelte niet hoog genoeg, om daar veilig en droog te kunnen zijn.

Dus

Dus was een man in het Buitenkwartier, die met zijne, eerst onlangs bevallene vrouw, zijn kind en zijnen bejaarden vader, op zijnen wrakken en natten zolder zat, genoodzaakt een gat in het dak van zijn huis en dat van het huis zijns buurmans te breken, om op diens zolder eene veiligere verblijfplaats te zoeken, waarin hij nog door een daar achter wonend huisgezin gevolgd werd. — De hoogste aan den dijk staande huizen werden nu opgevuld met vlugtelingen, en er was in de gansche plaats geen plekje boven water, dan alleen vóór het huis van den Heer *Tobias*, aan de Nieuwesluis, en voor het huis van *J. Huisman*, bij de brug in het Buitenkwartier. Zoo viel de avond in, terwijl de aanhoudende storm eenen nacht deed verwachten, waarin dood en verwoesting zouden heerschen; en gedurende denzelven klom ook de nood tot het hoogste. Des avonds was het vlugten naar zolders of veiligere woningen algemeen. Mannen en vrouwen, met hunne kinderen aan de hand, op den arm, of aan de borst geklemd, liepen hier en ginds, op den hoogen dijk in het Buitenkwartier, tot hun midden in het water, om eene veilige verblijfplaats smeekende. In den nacht hoorde men niets, dan een angstig noodgeschrei van bejaarde lieden en kinderen, die om redding riepen; velen namen afscheid van hunne huisgenooten en buren, voor zoo ver zij die bereiken konden, dewijl zij niets dan eenen zekeren dood voor oogen zagen.

Eenige wakkere scheepslieden niet alleen, maar ook andere menschlievende ingezetenen, snelden, door dezen nood aangespoord, ter redding toe, en hadden het geluk, met gevaar van hun eigen leven, dat van velen te redden; doch niet alle noodlijdende waren genaakbaar. Twee zusters, nabij de doorbraak, op het westeinde der plaats wonende, hadden zich te lang in hunne zwakke woning opgehouden, en waren in het grootste gevaar. Eenige koene lieden, die reeds meerdere personen van hunne wrakke zolders of uit andere gevaarlijke verblijfplaatsen hadden verlost, begaven zich ook naar de reeds gedeeltelijk ingestorte woning dezer zusters, en het gelukte hun, eene van dezelve in hunne boot te krijgen, welke echter terstond daarna overleed. De andere was geheel ongenaakbaar en verdween, zoo dat zij ook haar leven verloor. Een buurman van deze zusters, dien men nog even te voren levend had gezien en ook wenschte te redden, was insgelijks reeds verdwenen en eene prooi der golven geworden.

Aan gene zijde van de doorbraak op het westeinde der plaats, waren drie woningen van veehouders, waarvan de eene toebehoorde aan *Albert Eggen*. In de tweede woonden twee broeders, *Jan* en *Gerrit Tibout*, en in de derde *J. F. van den Berg*, met zijne vrouw en vijf kinderen. Op den zolder van het huis der broeders *Tibout*, dat men voor het sterkste aanzag, bevon-

den

den zich deze beide broeders, *Albert Eggen* en de vrouw van *J. F. van den Berg* met hare 5 kinderen, terwijl hij zelf bij zijne beesten was gebleven. Te 7 uren werd de schuur van het huis door den stroom omvergeworpen, en het overige van het huis beefde, zoo dat de broeders *Tibout* het raadzaam oordeelden, een gat in het dak en ook in dat van het huis van *Albert Eggen* te maken, om zich daardoor in dat huis te begeven. Een der broeders had deze gevaarlijke onderneming reeds gelukkig volbragt, en de andere spoorde zijne buren aan, dit voorbeeld te volgen en wilde hen daarin helpen; toen het gedeelte der zoldering, waarop zich de vrouw en 5 kinderen bevonden, in eene schuinsche rigting naar beneden schoot en op een hooimijtje viel. Dit mijtje uiteendrijvende, zag *Tibout* de vrouw en kinderen, onder een jammerlijk geschrei, voor zijne oogen verdrinken. Hij wilde daarop toch, zoo mogelijk, zijnen buurman *Eggen* redden; dan dit was ook al te laat, dewijl het dak instortte en denzelven zoodanig beknelde, dat *Tibout* krachten te kort schoten, om hem los te rukken, of de sparren op te ligten. Deze verloor dus mede ongelukkiglijk zijn leven, en er schoot voor *Tibout* niets anders over, dan zich te haasten, om bij zijnen broeder in het naaste huis te geraken, hetwelk hem ook mogt gelukken. Het huis der beide broeders stortte nu spoedig geheel in, en *J. F. van den Berg* werd, met

zij-

zijne beesten, onder het puin en de golven begraven: het huis van *Eggen*, waarin de broeders zich bevonden, begon ook reeds te kraken, de muur bezweek, en zij geraakten met den zolder en het dak aan het drijven. Gelukkig bereikten zij nog de takken van eenen zwakken pereboom, trokken zich langzaam aan denzelven, klommen daar in en plaatsen zich op eene deur, die zij, als bij geval, magtig werden. Men kan zich hunnen ongelukkigen toestand gemakkelijk verbeelden: de takken van den boom werden geweldig door den storm geslingerd en zij door het water en de koude verstijfd en verkleumd, terwijl men hun wegens den stroom geene hulp konde toebrengen. Bovendien hadden zij in dien nacht nog eene hartverscheurende ontmoeting: het kwam hun namelijk voor, dat er drie kinderen, op eenen hooihoop, voorbij hunnen boom dreven en riepen: ,,Moeder! help ons, ,,het water komt reeds aan onze voeten!" Het was hun echter volstrekt onmogelijk, aan deze ongelukkigen eenige hulp toe te brengen, en zij zagen of hoorden weldra ook niets meer van hen. — Niet voor des morgens te 5 uren waagden het eenige koene menschenvrienden, deze beide broeders uit hunnen gevaarvollen toestand te verlossen.

Opmerkelijk was ook de redding van *Jan Weijemars*, zijne vrouw en vier kinderen, bij de kalkovens wonende. In den avond van den 4den Februarij moest hij zijn beneden

den vertrek verlaten en naar den zolder vlugten. Het duurde niet lang, of de muren werden zoo zeer beschadigd, dat het huis dreigde in te storten. Het eenigste nabijstaande huis was reeds verdwenen, en geen mensch in den omtrek te bekennen, zoo dat er nergens eene toevlugt en alle redding hopeloos scheen. In dit uiterste brak men een gat in het dak, legde daaruit twee bij de hand zijnde stokken, met het andere einde in de takken van eenen appelboom, en over dezelve eene ladder. Over deze gevaarlijke brug werd eerst de vrouw met het jongste kind, nog een zuigeling zijnde, in den boom gebragt, daarna een meisje van 12 jaren, hetwelk ten ernstigste werd aanbevolen, acht op zich zelf te geven en zich wel vast te houden. Ten laatste ging ook de man met de twee andere kinderen, die hij met een laken aan zijn ligchaam had vastgeknoopt, in den boom over. Hier moest dit gezin den ganschen nacht doorbrengen, ofschoon de door den storm geslingerde takken hen naauwelijks konden dragen, en de ouders telkens moesten vreezen, dat de kinderen zich zouden loslaten, van den boom vallen en voor hunne oogen verdrinken. In den vroegen morgen werd het gekerm van deze ongelukkigen gehoord, en het gelukte aan eenige menschenvrienden, dezelve, met groot gevaar, in veiligheid te brengen.

In den avond van den 4^{den} Februarij was de wind naar het Noorden geloopen, waardoor de buitendijks staande hui-

huizen minder van den golfslag te lijden hadden. Hierdoor werd tevens veroorzaakt, dat het binnenwater, met geweld terugkeerende, eene groote hoogte bereikte. Des nachts te drie uren was het op het hoogste en stond toen in de Kerk van 0.60 tot 0.80 el; op het huis der Gemeente, in den gang, 1.00 el; in het huis van den Heer Schout VAN SETTEN 1.65; in sommige der laagste huizen 2.55, en op de laagste landerijen 3.40 el. De binnendijksche, bij de doorbraak staande, huizen werden nu zeer geteisterd, huis bij huis stortte in en die, welke reeds veel geleden hadden, werden nu geheel verwoest. In den morgen van den 5den was het water in zoo verre gezakt, dat men over de dijken kon gaan, en het verminderen van den wind maakte de vaart met kleine schuitjes ook veiliger. De jammeren en ellende, welke men toen zag, te beschrijven, is niet mogelijk. 11 menschen hadden het leven verloren, 119 runderen boven en 153 beneden de twee jaren, benevens 11 paarden en 5 schapen waren verdronken, 45 huizen geheel weggespoeld of ingestort, 30 onbewoonbaar geworden en 160 zoodanig beschadigd, dat zij elken oogenblik dreigden in te storten. Hierdoor bevonden 290 menschen zich geheel zonder woning en moesten bij anderen, of in schepen, gehuisvest worden. Hieraan evenredig was de schade aan huisraad, gereedschappen, koopwaren enz. De kalkovens en scheepstimmerwerven

had-

hadden zeer veel geleden en men achtte de schade, aan het eene en andere, zonder overdrijving, op meer dan ƒ 100,000 te mogen berekenen.

OLDEMARKT.

Onder deze gemeente was de Lendedijk, door de stormen in de maanden October en November 1824 zeer verzwakt zijnde, in de maand Januarij op twee plaatsen doorgebroken en daardoor het vlakke land, ter hoogte van ongeveer 0.55 el, ondergeloopen, doch vóór het begin van Februarij 1825 reeds weder bijna geheel van water bevrijd.

- Te *Ossenzijl*, onder die gemeente, ontwaarde men des morgens te 6 uren, op den 4den Februarij, eenen sterken stroom, oostwaarts loopende, wassende het water éene el in twee uren tijds. De ingezetenen aldaar namen eerst de toevlugt uit de lagere naar de hoogere huizen, en daarna op de zolders, van waar zij op den 5den, toen de wind eenigzins bedaarde, meestal met vaartuigen naar Oldemarkt vlugtten. Het vee verdronk aldaar voor het grootste gedeelte. In het land, langs de vaart van *Kalenberg* naar *Ossenzijl*, stonden alleen lage huisjes en tenten, die allen zijn weggeslagen. De bewoners, allen visschers zijnde, moesten reeds bij het begin van den vloed de vlugt nemen, en begaven zich met hun-

hunne punters naar *IJsselham*, waar de wind en stroom hen henen dreven, en zij bij de boeren, meestal op het hooi, verbleven, tot dat de verminderde storm hun toeliet, zich met dezelve in hunne schuitjes naar *Oldemarkt* te begeven. Bij *Ossenzijl* werd eene woning, onder de woede van den storm, eene prooi der vlammen, en de vijf menschen die dezelve bewoonden, verloren ongelukkiglijk hun leven, hetwelk zij buiten deze ramp misschien behouden zouden hebben. Twee bejaarde lieden aldaar dreven weg, op de kap van hun huisje, en verdronken.

Te *Kalenberg*, waarvoor men te *Oldemarkt* de meeste vrees had, werden de woningen, uitgezonderd eenige ligte huisjes, die wegspoelden, meestal behouden door het eiland, dat zich daar omstreeks bevindt, hetwelk, opdrijvende en met aangespoelde ruigte en goederen vervuld wordende, den slag der golven afkeerde; hebbende de woningen meer of minder geleden, naar mate zij in eenen minderen of meerderen graad deze bescherming hadden genoten. De inwoners aldaar, die meest punters hebben, begaven zich daarmede, wanneer zij het in hun eigen huis niet konden houden, naar andere, hooger gelegene. Dus verzamelden er 39 menschen op den zolder van eene woning, waar zij twee dagen moesten blijven. Zoodra de storm verminderde, begaven zij zich meestal naar *Paaslo* en het hoo-

ge-

gere gedeelte van *Steenwijkerwold*. Te Kalenberg kwam dus, hoe gevaarlijk het er ook mogte uitzien, geen mensch om het leven.

IJsselham had volstrekt niets, dat het konde beveiligen en dus, ofschoon de huizen over het algemeen veel hooger staan dan te Kalenberg, werden dezelve toch zeer geteisterd, toen het water zoo hoog was, dat de golven er tegen konden slaan. De wanden der schuren ingeslagen zijnde, verdronk aldaar het grootste gedeelte van het vee. De geheele gemeente werd overstroomd, behalve het hoogste gedeelte van Oldemarkt en Paasloo, hetwelk echter niet meer dan een klein gedeelte is.

Te Ossenzijl was het water op het hoogste des avonds te 6 uren, en te Oldemarkt te 12 uren des nachts. Te Ossenzijl was het op het laatstgemelde uur weder 0.14 el gevallen, des morgens rees het weder iets en naderhand bleef het vallende. Op het hoogste stond het te *Ossenzijl*, in de herberg de Hoop 1.00, aan de brug aldaar, bij de rinketpaal, 0.60, te *Oldemarkt* in het huis van den molenaar 0.05, in het pakhuis der Heeren *Koning* en *Tollenaar*, aan de haven, 0.95 en in eene der laagste huizen 1.00 el. De lage landerijen van *Ossenzijl* waren overstroomd ter hoogte van 2.60, die van *IJsselham* 2.50, die van *Paasloo* meer dan 2.00, die aan *de Haar* 1.30 en die van *Oldemarkt* 1.70 el.

Zoo lang de storm in zijne volle kracht bleef aanhouden

den, was het den ingezetenen van Oldemarkt onmogelijk, de noodlijdende in de lagere gedeelten der gemeente te hulp te komen. Eerst in den morgen van den 5den Februarij wilde dit gelukken, en toen beijverde zich een ieder, die met vaartuigen wist om te gaan, om zich naar de overstroomde plaatsen te begeven. Een man en twee kinderen werden toen in IJsselham van het hooi gered. Hij was den vorigen dag, zijne vrouw op het hooi willende helpen, met haar en zijne dochter daar afgevallen, in het water, en had alleen zelf de ladder weder kunnen bereiken, terwijl zijne vrouw en dochter ongelukkig verdronken. Een ander man, zijne vrouw en vijf kinderen werden gered van het dak van hun huis, waarmede zij weggedreven waren, en waarop zij 30 uren lang, zonder eten of drinken, vertoefd hadden. Op gelijke wijze werden allen, die zich alnog in gevaar bevonden, gered, terwijl de ingezetenen van Oldemarkt den grootsten ijver betoonden, in het helpen en redden hunner lijdende natuurgenooten.

STEENWIJK EN STEENWIJKERWOLD.

Te *Muggenbeet* en in het *Nederland*, een half uur van zee gelegen en onder de gemeente van *Steenwijkerwold* behoorende, bespeurde men het begin der overstrooming op den 4den Februarij, des morgens tusschen 8 en 9 uren. Korten tijd daarna ontwaarden de inwoners der turfgraverijen, een klein uur meer binnenwaarts gelegen, het zeewater. Wat later begon men in den omtrek van *Steenwijk*, te Zuidveen en aan het Verlaat, de naderende onheilen te bespeuren. Het westelijke en zuidelijke gedeelte van de gemeente *Steenwijkerwold* werden nu spoedig geheel geïnundeerd; doch ten noorden stuitte de overstrooming tegen de hoogere deelen van het kerspel Steenwijkerwold, en meer westelijk tegen het hoogere van Paasloo, onder Oldemarkt. Aan de oostzijde werd de vloed aanvankelijk gestuit door den Steendijk, loopende van Steenwijk tot de buurt den Tuk, een kwartier uurs van daar; doch omstreeks 2 uren in den namiddag begon het meer en meer met geweld aanstroomende water over dien dijk te storten; en inundeerde het meer noordwaarts gelegene *Besveen* en het oostelijkere *Kallenkote*; welk laatste nogtans voor de helft onder water geraakte, zijnde de oostelijkere helft droog gebleven.

Omtrent denzelfden tijd begon men bereids in de nabijheid van *Steenwijk* de uitwerkselen van den vloed te bespeuren, door het komen aandrijven van deze en gene goederen. Dan, dewijl de lage landerijen, in den omtrek dezer stad, reeds lang onder water hadden gestaan, vleide men zich in het eerst, dat de rijzing des waters alleen

E ver-

veroorzaakt werd door de opstuwing van het binnenwater, zoo als bij elken Noordwestelijken wind plaats vond. Men werd eerst volkomen van het onheil verzekerd, door de aankomst van twee vlugtende huishoudingen uit het Nederland, waarbij zich eene vrouw bevond, welke drie dagen te voren bevallen was. Weldra besteeg het water de beschoeijing van het diep, en inundeerde de aldaar gelegene fabrijken en woningen, welker bewoners stadwaarts vlugtten.

Op den afstand van een kwartier uurs zag men het gehucht het *Verlaat*, onder stads jurisdictie behoorende, geheel door het water omgeven, en terstond werd er door het Stedelijke Bestuur eene brandschuit gerequireerd, om daarmede de ongelukkige inwoners te hulp te komen. Eenige bevarene lieden, en daaronder JAN KOLK en ANTONIJ VAN DEN BERG, waagden het, zich, niettegenstaande den geweldigen vloed, derwaarts te begeven. Twee keeren werden zij in hunne edele pogingen te leur gesteld, en eerst bij eene derde proef gelukte het hun, het gehucht te bereiken en de meeste van deszelfs bewoners, nog voor den avond, te Steenwijk in veiligheid te brengen. Intusschen had een inwoner van het genoemde gehucht zich met vrouw en kinderen, in zijnen punter, door den stroom, langs het riviertje de Aa laten medeslepen. Deze stroom liep nu met groote hevigheid in eene tegengestelde rigting, hetwelk den inwoneren van Steenwijk een

vreemd

vreemd schouwspel opleverde; en dezelve was te heviger, om dat het water, door den Steendijk opgehouden wordende, zoo veel te sneller door dit riviertje liep. De punter bij de stad gekomen zijnde, zoude zekerlijk tegen de Woldbrug geslagen en verbrijzeld zijn, indien de zich daarin bevindende man den omstanders geen touw hadde toegeworpen en het vaartuig daardoor tegengehouden ware; doch nu werd hij met zijn huisgezin daardoor behouden.

Ongelukkig was voor vele ingezetenen van *Zuidveen* de gerustheid, welke de reeds in dezen winter doorgestane gevaren hun hadden ingeboezemd, en inzonderheid de waan, dat het water nimmer hooger zoude klimmen, dan in 1776 had plaats gevonden, dewijl anders velen, die nu hun vee geheel of grootendeels verloren, hetzelve zouden hebben kunnen redden, indien zij daarop vroeg genoeg bedacht waren geweest. Dezelfde gerustheid was zekerlijk ook de oorzaak van het ongeluk, hetwelk den veenbaas *Kornelis Dedden* en omtrent 20 andere personen, die zich bij hem, in de veengraverij onder *Steenwijkerwold*, bevonden, overkwam. Door het water overvallen vlugtten zij in eene woning, op welker dak zij zich, door eene daarin gemaakte opening, begaven, waarbij echter eene vrouw verongelukte. Het dak geraakte nu aan het drijven en nam eerst de rigting aan naar *Steenwijk*; doch op een half uur na die stad genaderd zijnde, werd het wrak, in eene geheel andere rigting, als ware het, in eene onafzienbare zee gedreven, en nu hielden zich allen voor verloren. Daarna brak er een stuk van het dak, waardoor weder 4 personen het leven verloren; doch eindelijk behaagde het der Voorzienigheid, dat hetzelve weder eene betere rigting aannam en dus, laat in den avond, bij eene hoogte in Zuidveen, gelukkig aanlandde, zoo dat de overgeblevenen door de brave Zuidveeners gered en aan land gebragt werden.

In eene andere turfgraverij, in denzelfden omtrek gelegen, had een dergelijk ongeluk plaats. 20 ongelukkigen, waaronder vele vrouwen en kinderen waren, hadden, bij gebrek aan vaartuigen, de toevlugt genomen tot den zolder van eene woning. Deze woning weldra door de golven omvergeworpen, en de zolder dus geen veilig verblijf meer zijnde, werd er een gat in het dak gemaakt, door hetwelk de ongelukkigen op hetzelve klommen en daarmede voortdreven. Dan, het mogt dezen niet gebeuren, zoo spoedig als de vorigen aan land te geraken; neen, het was eerst in den morgen van Zondag den 6den, dat zij, achter Zuidveen, in de nabijheid van menschen kwamen. Eenige Zuidveeners snelden toe ter redding der nog levende personen; doch er waren reeds eenige door koude en gebrek overleden. Onder die dooden eenig piepend geluid hoorende, deed men daarnaar onderzoek, en vond eenen nog levenden zuigeling, in eenige

klee-

kleedingstukken gewikkeld, aan de borst der overledene moeder, welke, verwarmd en verzorgd zijnde, weder bekwam en dus nog gelukkig behouden werd.

Op den noodlottigen Vrijdag, des namiddags te 4 uren, zag men eenen punter, waarin zich eene vrouw met vijf kinderen bevond, over de kleine Meente drijven en, nabij de stad, op eene hoogte vastraken. De vrouw en hare kinderen waren reeds zoodanig verkleumd, dat zij buiten staat waren, het schuitje weder vlot te maken; doch onderscheidene ingezetenen van Steenwijk schoten toe en hadden het geluk, hen allen in veiligheid binnen de stad te brengen, waar zij, door eene zorgvuldige behandeling, spoedig herstelden.

Nog zag men, in dienzelfden namiddag, twee vrouwen, die in een klein schuitje met den dood worstelden, door eenen moedigen schuitevoerder, JAN BEUTE genaamd, uit de woedende golven redden en gelukkig aan land brengen.

De stad *Steenwijk*, aan de west- en zuidzijde geheel omringd zijnde, door zeer lage streken, voor welker bewoners deze stad de eenige veilige toevlugt oplevert, werd spoedig met een groot getal vlugtelingen vervuld. Vóór den avond waren er reeds meer dan 70 aangekomen, die allen, door de Burgerij, vrijwillig gehuisvest werden. De eerste en tweede Stadsschool, zoo als ook de oude Raadkamer en Wacht op het Stadhuis, waren intusschen opgeruimd, ten einde tot de eerste ontvangst der aankomende vlugtelingen te strekken, welke aldaar verwarmd en van het noodige verzorgd werden.

Eerst in den namiddag van den 5den Februarij gelukte het den Schout van *Steenwijkerwold*, eenige schuiten naar *Muggenbeet* en het *Nederland* te krijgen, ter redding der inwoneren van die lage streken. Dezelve werden echter nog gelukkig gered en naar Steenwijk overgebragt, zoo dat aldaar niemand het leven verloor.

Gelukkig ook was het voor de inwoners van *de Wetering*, dat HENDRIK TEN HEUVEL, beurtschipper van Steenwijk op Amsterdam, die op Woensdag den 6den van Steenwijk vertrokken was, ter oorzake van het, reeds in den avond van dien dag begonnene, stormachtige weder, op het einde van het diep, ruim drie kwartier van zee, was blijven liggen, dewijl hij, niettegenstaande alle aangewende pogingen, niet verder konde komen. Op den 3den maakte de even sterk uit het Zuidwest ten Westen waaijende wind hem het vertrek onmogelijk. Des morgens van den 4den draaide de wind naar het Noordwesten, en TEN HEUVEL te 9 uren aan het huis van *Hendrik Herms Koning* zijnde, kwam aldaar *Jan Hollander*, die den geheelen nacht aan den zeedijk had doorgebragt. Zich met zijnen punter naar zijn huis, hetwelk niet meer dan een paar steenworpen van daar was, willende begeven, kon hij reeds tegen den stroom en de golven niet opkomen,

maar

maar moest de toevlugt tot het schip van TEN HEUVEL nemen. Deze deed nu zijn best, om het schip, met touwen, goed vast te maken; doch welke moeite dit hebad, en welke de kracht des woedenden vloeds was, kan men daaruit opmaken, dat boomen van omtrent 21 Nederl. duimen dik, aan welke hij een touw vastmaakte, uit den grond werden gerukt. Een half uur nadat de vloed begonnen was, zag men reeds huizen, molens, koeijen, schepen, huismeubelen en bouwmans gereedschappen, met zulk eene snelheid voorbijdrijven, dat het onmogelijk was, iets van het eene of andere te redden. Om 11 uren maakte TEN HEUVEL zich meester van eene met zand beladene brandschuit, welke hij zoo spoedig mogelijk ontlaadde. Nu een vaartuig hebbende, bevlijtigden hij en zijne beide knechten, BARRE ELLES VISSCHER en HARM LUBEN FLUKS, zich, zoo veel in hun vermogen was, de omliggende, in nood zijnde ingezetenen te hulp te komen. Eerst reddeden zij het huisgezin van *Gerrit Klaassen Grevelink*, zijne veertien koeijen, die eerst tegen eenen mesthoop moesten worden opgesleept, om ze in de schuit te kunnen krijgen, en zijnen ganschen inboedel, zijnde alleen zijn paard omgekomen. — Te vier uren in den namiddag was het water reeds 3,40 el gerezen. Van tijd tot tijd kwamen er lieden, die zelven vaartuigen hadden, daarmede aan het schip, waardoor er ten laatste 14 bokken en pinken bijeen waren. Toen vaartuigen

ge-

genoeg hebbende, waren TEN HEUVEL en zijne knechten den gaschen avond en nacht bezig, om hen, welke geene schuiten hadden, van de zolders en daken
hunner waggelende woningen af te halen, zoo dat er
zich des Zaturdags morgens ten minste 140, en gelijk
velen der geredden verklaard hebben, meer dan 150
menschen in het schip bevonden. Alles was daar als
volgepropt; in de kajuit telde TEN HEUVEL er 37, 74
lagen er in de kooijen, waarin anders 5 menschen slie-
pen. In de roef en het vooronder was het even vol;
en van het ruim, dat gelukkig bijna ledig geweest was,
was ⅔ vol goederen en het overige mede door menschen beslagen. Zoodanig was de verwarring, dat het
TEN HEUVEL niet mogelijk was, de aanwezigen te kunnen tellen. Gelukkig dat hij zich in staat bevond, op
drie plaatsen vuur te stoken, om de verkleumden weder te verwarmen, en dezelve eerst van eenen mond
vol brandewijn en daarna van warme koffij kon voorzien. — Des avonds te 11 uren kwam hij aan de woning van *Harm Jans Hollander*, oud 90, en *Aaltje Jans
Hollander*, oud 88 jaren, welke hij, benevens *Brigita
Harms Hollander*, met groote moeite overreedde, hunne
woning te verlaten, zonder hetwelk zij waarschijnlijk
het leven zouden hebben verloren; doch nu kwamen
zij behouden te Steenwijk aan en werden aldaar met
alle zorgvuldigheid behandeld. — Om één uur in den
nacht

nacht haalde hij het huisgezin van *Pieter Geerts de
Vries* af, waarbij zich een oud man van 85 jaren bevond, die wegens zwakheid gedragen moest worden. —
Des Zaturdags morgens te 5 uren was het huisgezin van
Jakob Andries Bas, uit 9 personen bestaande, door anderen afgehaald van eenen hooihoop, waarmede zij 14
uur ver waren komen drijven en tegen een boschje
blijven zitten. TEN HEUVEL ziende, dat deze menschen
het schip niet konden bereiken, kwam hun te hulp, en
zoo werden ook deze ongelukkigen behouden. — Des
Zaturdags voer TEN HEUVEL den geheelen dag heen en
weder, in die streken, van waar hij de geredden had
afgehaald, namelijk het einde van het Diep, de Wetering,
het noordeinde der Wetering en het Nederland, vier gehuchten uitmakende, en voorts langs de dijken van Blokzijl en Blankenham, waar de verwoestingen overal verschrikkelijk en niet te beschrijven waren. — Op Zondag
den 6den Februarij bragt TEN HEUVEL de geredden naar
Steenwijk over, alwaar hij in den voormiddag aankwam.
Onderscheidene personen hadden hem, bij hunne komst
in het schip, geld, zilver enz. in bewaring gegeven, en
voorts waren er vele andere goederen in geborgen, waarom
hij besloot, op dien dag aan niemand iets af te geven, ten
einde voor te komen, dat hierbij misslagen plaats vonden.
Hij verzocht daarom de officieren der rustende schutterij,
om eene schildwacht bij zijn schip te plaatsen, hetwelk

hem

hem werd toegestaan; en door deze voorzorgen kreeg des Maandags ieder het zijne terug, zonder dat er iets vermist werd. — Edel was dus het gedrag van den schipper TEN HEUVEL, welke, na zoo vele menschen, die, zonder hem, waarschijnlijk meest allen eene prooi der golven zouden geworden zijn, met gevaar van zijn eigen leven, en zonder daarvoor eenige, hoe dikwijls ook door de geredden aangebodene, belooning te genieten, gered te hebben, zich daarenboven nog met het onderhoud van geen gering aantal derzelver, te zijnen huize, belastte.

De Heer K. H. CRAVE, Leeraar der Doopsgezinde gemeente van Zuidveen en Steenwijk, begaf zich, door edele menschenliefde gedreven, op Zondag den 6den Februarij naar Giethoorn, van waar hij meer dan 90 menschen, wier woningen vernield waren, veilig naar Steenwijk overbragt.

Door dit alles vermeerderde het aantal der vlugtelingen in die stad zoodanig, dat hetzelve op den gemelden Zondag reeds tot 1600 gestegen was, waarvan het grootste deel, door de ingezetenen, vrijwillig werd geherbergd, zoo dat men in sommige huizen van 7 tot 15 vreemde gasten telde. Evenwel zag de Regering zich verpligt, ook tot het middel van inkwartiering de toevlugt te nemen, waarmede de Burgerij gewillig instemde.

Alle bijzondere stallen reeds met geborgen vee gevuld zijnde, werd de kleine Kerk tot berging van het verder aankomende geschikt, en bevatte al spoedig 180 stuks, waarom de Regering de vrijheid nam, de Schouten van *Vledder* en *Wapserveen*, in de provincie Drenthe, te verzoeken, een gedeelte van het vee in hunne gemeenten te willen overnemen. Deze volvaardig aan dit verzoek voldoende, werden, op Maandag den 7en en volgende dagen, meer dan 330 stuks runderen naar die gemeenten vervoerd, en door de bewerking der Heeren Schouten aldaar opgenomen en verzorgd.

Steenwijk was derhalve eene toevlugt voor alle ongelukkigen der omliggende streken, welke het geluk hadden, die stad te bereiken, en derzelver Regering en edeldenkende Burgerij hebben zich eene regtmatige aanspraak verworven, op de duurzame erkentenis van de inwoners der omliggende gemeenten.

De meer oostelijk en noordelijk gelegene deelen van *Steenwijkerwold*, welke in het eerst door den Steendijk voor de overstrooming beveiligd werden, deelden, schoon minder dan de andere, evenwel mede in derzelver schrikkelijke gevolgen. De meeste lanen van het buitengoed Den Bult, aan den Heer *van der Hoop* toebehoorende, en in Eesveen, op de grenzen van Drenthe gelegen, stonden 0.57 à 1.13 el onder water. De meer oostwaarts gelegene erven waren allen geïnundeerd, zoo dat de bewoners met hun vee moesten vlugten en nog eenige schapen in de stallen verdronken.

De inwoners van *Kallenkote* waren genoodzaakt, hun vee uit de stallen te drijven en op hoogere plaatsen, in en om de huizen, te bergen, ja sommige zelfs om hetzelve naar den kant van den Havelterberg te brengen, schoon ook daar nog eenige schapen in de stallen zijn omgekomen.

Na het overstorten van den Steendijk rees de vloed, die in den jare 1776, toen deze dijk overliep, niet hooger geworden was, nog gedurende 9 of 10 uren, en bereikte eerst zijne grootste hoogte op den 5den Februarij, des morgens te 1 a 2 uren, wanneer zij die van 1776, volgens alle waarnemingen van bejaarde lieden, 1,13 el (4 vt.) overtrof. Toen liepen de grenzen der overstroomingt van die der gemeente Oldemarkt oostwaarts langs den zuidkant der hooge landen van Steenwijkerwold, langs de noordzijde van de buurt den Tuk, verder noordwaarts langs de oostzijde van den Woldberg, door het landgoed den Bult, langs de westzijde der buurschap Eesveen tot aan Nijensleek, in Drenthe, en voorts tot aan de kolonie Frederiksoord; van daar oostwaarts ten zuiden van Wapsterveen, keerende zich verder langs de oost- en zuidzijde van Kallenkote tot aan Steenwijk, zijnde de oostzijde van deze stad van overstrooming bevrijd gebleven. Van deze stad liep de grens der inundatie weder oostwaarts, tusfchen de buurschappen Onna en Zuidveen, tot aan den Bisfchopsberg, onder Havelte, in Drenthe gelegen.

In

In eene der laagste huizen, bij den *eekmolen*, buiten de stad Steenwijk, stond het water 2.00, in het huis van *Bastiaan Paap*, in het *Nederland*, 1.70, op de laagste landerijen in *Muggenbeet* 2.00 en bij de stad *Steenwijk* 2.26 el. Op den 5den Februarij, des morgens te 2 uren, begon het water te zakken, en in het begin van Maart was de gemeente Steenwijkerwold van de overstrooming ontheven.

GIETHOORN.

De laagte en ongunstige gesteldheid dezer gemeente is te voren reeds aangemerkt. Het stormachtige jaargetijde, in de maanden October, November en December 1824, baarde derzelver ingezetenen menigen ongerusten oogenblik, daar men, telkens de seinschoten van Blokzijl en Blankenham hoorende, voor doorbraak der zeedijken moest vreezen. Vooral steeg deze ongerustheid ten top op den 14den en 15den November, zoo dat vele ingezetenen der buurschappen *Joonen* en de beide *Dwarsgrachten* met hun vee de vlugt namen, ten einde hetzelve bij tijds naar een veiliger oord te brengen; doch gelukkig werd men toen voor de gevreesde rampen bewaard. De menigvuldige regens en bestendige Westewinden deden deze gemeente onder water geraken, en veroorzaakmaakten vele doorbraken in het voetpad of de kade, ter lengte van bijkans een half uur, de waterkeering tegen eenen grooten en diepen veenplas uitmakende, waardoor alle gemeenschap, zonder vaartuig, tusschen de onderscheidene deelen der gemeente verbroken was. Men leed ook veel schade aan den rietoogst, dewijl er weinig aan denzelven gedaan konde worden, en de arbeiders, welke des winters hoofdzakelijk daarvan bestaan moeten, ledig liepen. Eindelijk bereikte het binnenwater, op den 25sten December, eene hoogte, welke men sedert de jaren 1775 en 1776 niet had beleefd, zoo dat de meeste landerijen wel 0,57 el onder water stonden, en aan de laagst staande turfhoopen reeds schade werd toegebragt. Na dien tijd begon het te zakken, en het Gemeentebestuur beijverde zich, de kade te doen herstellen, hetwelk ook gelukte. De inwoners begonnen zich meer en meer gerust te stellen, en vleiden zich met de hoop, van verdere rampen verschoond te zullen blijven.

Op Donderdag den 8den Februarij 1825 hoorde men, ten gevolge van den toen heerschenden storm, des avonds te 11¼ uur, twee seinschoten, welke het rijzen der Zee aankondigden. De wind aanhoudend doorwaaijende, hoorde men, des nachts te 2 uren, nog drie of vier schoten, het teeken van 13 voeten water, of 3,69 el boven den dagelijkschen vloed. Bij de menigvuldige stormen

in

in dezen winter, waren er echter te dikwijls seinschoten gedaan, om door dezelve eenen genoegzamen indruk op de ingezetenen van Giethoorn te maken, wijl zij er zeer daaraan gewoon waren geworden. — Het binnenwater werd, door den fellen wind, wel zeer opgestuwd; doch, daar men geene verdere noodschoten hoorde, vleide men zich, even als in de vorige stormen, met den schrik te zullen vrijkomen en onderstelde, dat de zee eenigzins begon te bedaren. Dan, helaas! omstreeks den middag van den 4den Februarij zag men eenige menschen van Joonen en de Dwarsgrachten, welke met hun vee, in zoogenaamde bokken, kwamen vlugten en de tijding bragten, dat hunne huizen reeds in het water stonden. Men begon terstond op middelen van redding te denken, doch reeds te laat, doordien men als met den slag gewaarschuwd werd en het water, tusschen 1 en 2 uren, reeds nabij zijne woningen zag. Van onderscheidene streken tusschen het Zuid- en Noordwesten kwam het water aanstroomen, hetwelk een gevolg was van de menigvuldige doorbraken, welke in alle dijken waren gevallen en het water zeer snel deden rijzen. Een ieder was overvallen en kon alleen bedacht zijn op zijne eigene redding. Elke veehouder, die een vaartuig bezat, borg daarin zijne beesten; doch velen werden van dit middel verstoken, dewijl, door den fellen wind en stroom, hunne vaartuigen van de touwen of boomen losgerukt werden en wegdreven.

De-

Dezen schoot dus niets anders over, dan hun vee, op
het in hunne huizen aanwezige hooi, of op iets anders
te bergen. Velen gelukte dit; doch anderen konden
daarin geenszins slagen, en moesten hun vee dadelijk
zien omkomen. Dit ongeluk overkwam mede aan de
zoodanige, welke het vee wel eerst in veiligheid kregen;
doch wier woningen naderhand door den vloed verbrijzeld werden. Al het in de vaartuigen geborgene vee
bleef gelukkig behouden, ofschoon men daarmede nacht
en dag in de opene lucht verblijven en al de koude en
ongemakken van het gure weder verdragen moest. —
Eenige inwoners van laag-gelegene huizen namen bij
tijds hunne toevlugt tot de hooger-staande, door welker bewoners zij met alle toegenegenheid werden ontvangen. Anderen, die hunne woningen ongaarne wilden verlaten, borgen zich op de zolders; en dit was
binnen kort het lot van allen; want vóór den avond
stonden reeds de hoogste huizen, zonder eenige uitzondering, diep onder water. Nog bij den dag bezweken onderscheidene woningen, waarvan de drijfbare
deelen door den vloed werden weggevoerd. Menigeen
geraakte, bij het uitslaan der muren en het invallen van
het achterste deel der huizen, in doodsgevaar; evenwel werden allen, die zich in het grootste gevaar
bevonden, nog vóór den avond naar veiligere verblijfplaatsen overgebragt. Ieder was vaardig, de vlugte-

lin-

lingen bij zich te ontvangen, zoo dat er zich in sommige huizen 20 tot 30 bevonden.

Het was een groot geluk voor velen, dat de vaartuigen van twee schippers, in deze gemeente wonende, namelijk *H. Hoogenkamp* en *Hendrik Evendik*, op de Dwarsgracht lagen, en aldaar tot eene toevlugt voor de noodlijdenden verstrekten; zijnde er in dat van den eerstgemelden 36, en in dat van den tweeden 19 menschen gered. Onder de eerstgenoemden bevond zich *Jakob Ram*, die met zijn huisgezin, uit 7 zielen bestaande, in eenen punter, uit Muggenbeet, onder Steenwijkerwold, op de Dwarsgracht kwam aandrijven en verhaalde, dat hij op het Giethoornsche meer eene hooimijt door de golven had zien slingeren, waarop zich twee menschen bevonden, welke door het omslaan der mijt aldaar hun leven verloren hadden. Het vaartuig van eenen Vrieschen schipper, *S. G. Dam*, toen ook te Giethoorn aanwezig, en de aan *D. Leeuw* en *J. L. Wildeboer* behoorende zompen, strekten tot eene toevlugt voor eene menigte anderen.

Vele ingezetenen geraakten, door het instorten hunner woningen, in doodsgevaar. Onder deze was de ontvanger *H. Kruis*, wonende in de middelkluft van Giethoorn, nabij den meergemelden diepen veenplas. In den namiddag te half vier was hij reeds genoodzaakt, met zijne vrouw, in eenen punter, het instortende huis te verlaten en zich aan de geweldige golven bloot te geven. Voorbij het huis van zijnen buurman *H. Boer*, die met zijne vrouw, meid en zes kinderen op den zolder zat en geenen punter had, komende, nam hij deze 9 personen mede in zijne schuit. Schoon zij nu twee dagen onder den blooten hemel vertoeven moesten, werden echter al deze personen behouden, die anders zeker, onder hunne ingestorte woningen, zouden omgekomen zijn. — De Leeraar der noorder Doopsgezinde gemeente liep niet minder gevaar. Aan denzelfden plas wonende, spanden hij en zijne dienstmaagd alle krachten in, om zijne vier runderen te behouden; dan te vergeefs, dewijl zij geen daartoe geschikt vaartuig bij de hand hadden. Dus alleen op eigen behoud bedacht zijnde, begaven zij zich eerst op den zolder, dewijl hun de punter ontdreven was; doch spoedig begon het geheele huis te scheuren en in te storten. Nu bleef hun niets over, dan te trachten, op eenen kleinen hooihoop, welke in het achterhuis was, te geraken, hetwelk hun, schoon met groot gevaar, gelukte. Dit hooi werd, door een gedeelte van den achterwand, dat staande gebleven was, voor wegdrijven behoed, en dus verbleven zij aldaar, in doodsangsten en zonder de minste verkwikking, tot den volgenden dag te drie uren, wanneer zij door den vader en oom der meid gelukkig gered werden.

R. Drost, bakker en veehouder, mede zeer gevaarlijk wo-

wonende, had bij het aankomen des waters niets tot redding van zijn vee bij de hand; doch in dezen oogenblik kwam een zijner broeders met eenen bok, om hem en zijn vee te redden. Deze nam de vrouw en twee kinderen in een ander vaartuig mede, terwijl *R. Drost*, met nog twee andere personen, bij de beesten bleef, die men terstond in den bok had gebragt, en waarmede men weldra eene veiligere plaats moest zoeken. Hierbij geraakte de bok op eene hoogte vast, waar zij zeker den dood zouden gevonden hebben, indien het spoedig aanwassende water het vaartuig niet weder vlot gemaakt hadde. Zij bereikten nu, in weerwil der woedende golven, het huis van eenen hunner buren, waar achter zij den slag des waters ontweken. Na verloop van weinig tijds begon ook dit huis, benevens de meeste andere, welke in dien omtrek stonden, te scheuren en weg te spoelen; weshalve zij genoodzaakt werden al weder een ander verblijf te zoeken. Hierbij hadden zij het geluk, een stuk drijfland aan te treffen, waardoor zij ingesloten en veilig voor de golven lagen. Kort na hunne aankomst aldaar kwam een stuk eener hooimijt bij hen drijven, waardoor zij in staat gesteld werden, den beesten voeder te geven, en op gelijke wijze verkregen zij, door het bestuur der Voorzienigheid, eene kruik met brandewijn, welke zeer tot hunne verkwikking strekte. Aldus bleven zij hier tot des morgens van den 6den, wanneer R. *Drost* weder bij zijne echtgenoote, die hem reeds voor verloren gehouden had, aankwam.

H. *Wiegman*, een timmerman, welke in denzelfden omtrek woonde, begaf zich insgelijks op den 4den Februarij, met zijne vrouw, zijnen ouden vader van 87 jaren en twee kinderen, in eenen ouden punter, en trachte daarmede de Giethoornsche Kerk te bereiken; doch te vergeefs: zij werden door den geweldigen wind en stroom weggevoerd, tot dat zij, na verloop van twee uren, aanlandden op *Kolderveen*, bij eenen boer *Klaas Koekoek* geheeten, wien zij nog zijne beesten hielpen redden, en waarna zij, met hun oude vaartuigje, nog meer dan 50 personen reddeden.

In den avond van den 4den kwamen negen personen, uit de veenderij van *C. Dedden*, onder Steenwijkerwold, in eenen punter aandrijven, bij het huis van *J. K. Piek*, inwoner van Giethoorn, door welken zij in huis genomen werden. Groot gevaar hadden deze menschen op de holle baren doorgestaan, dewijl zij geen zeil, roer of boom bij zich hadden; doch, met eene groote tegenwoordigheid van geest, hadden zij een zeil vervaardigd van een oud beddelaken, en eene soort van roer van eene plank, die zij drijvende vonden, en zich alzoo eenigzins in staat gesteld, eenen vasten koers te houden.

K. SCHUURMAN van Blokzijl, G. WIND, B. ENNIK en R. KUPPERS van Giethoorn, bevonden zich op dien nood-
lot-

lottigen dag, des namiddags te 4 uren, in eenen punter op het Giethoornsche meer. Zij werden in den gevaarvolsten toestand gewikkeld, doordien hun roer brak, hetwelk zij evenwel, zoo veel hun mogelijk was, herstelden. Dit naauwelijks geschied zijnde scheurde de zeilbank; dan, den moed niet verloren gevende, beproefden zij, ook deze schade eenigzins te herstellen. Hiermede bezig zijnde zagen zij eenen drijvenden hooiberg, op welken zij, in het midden van hunnen neteligen toestand, de oogen vestigden, om te ontwaren, of zich daarop ook menschen mogten bevinden, waarvan zij spoedig verzekerd werden, dewijl zij met eenen doek uit het dak zagen wuiven. Schoon nu tegen den geweldigen wind en stroom moetende opwerken, beproefden zij terstond derzelver redding. Na lang worstelen bereikten zij den hooiberg, en vonden op denzelven *Willem van der Werken*, uit Blankenham, met zijnen ouden vader, zijne zwangere vrouw, twee kinderen en eene dienstmeid. Deze 6 personen in hunnen punter overgenomen hebbende, kwamen zij, na het doorstaan van nog vele gevaren, des avonds omtrent half zeven uren in het noordereinde van Giethoorn aan, bij *J. D. Meester*, van waar zij de door hen geredden, op den volgenden dag, naar Steenwijk in veiligheid bragten.

De weduwe *T. J. Drost*, ruim 70 jaren oud, had zich, benevens hare twee huisgenooten, *G. K. Mande-*

maker en zijne vrouw, beide ook zeer bejaarde lieden, op den zolder harer woning begeven, en werd op den avond van denzelfden dag, door eenen harer buren, van daar in veiligheid gebragt. — Op den volgenden dag werd ook de turfmaker *H. W. Kalker*, nevens zijn huisgezin, door de Heeren KAEMPFF uit zijne woning afgehaald en te hunnen huize geherbergd.

Droevig was het vooruitzigt, in den avond van dezen zoo verschrikkelijken dag. Terwijl eene groote hoeveelheid turf, riet, hooi, verdronkene beesten, stukken van huizen, huisraad, ja geheele stukken lands, met het daarop staande hout en riet, voorbijdreven, en het water nog gedurig bleef rijzen, kwam de avond en werden de inwoners van Giethoorn door de duisternis overdekt. Hoe moesten zij nu te moede zijn, daar de vloed te middernacht nog bleef wasfen! Dan, nagenoeg te half twee ontbook bij hen op nieuw de hoop, toen men bespeurde, dat de rijzing des waters had opgehouden, en nog meer toen hetzelve, twee uren later, begon te dalen. Deze hoop scheen echter, in den morgen van den 5[den], weder te zullen verdwijnen, doordien het water andermaal begon te rijzen, te 10 uren bijna dezelfde hoogte weder bereikte, en dus de ingezetenen van Giethoorn met angst vervulde. Doch op den middag van dien dag begon het te zakken en bleef naderhand vallende, zoo dat op den 24[sten] Februarij de laagstgelegene huizen van water bevrijd waren. Op

Op het hoogste zijnde stond het water op de laagste landerijen 3.40 el, in de hoogste huizen, welke maar eenige weinige waren, 0.99 en in de laagste 2.83 el.

Men zal gemakkelijk beseffen hoeveel deze gemeente, welke zoo laag gelegen, zoo zeer verveend en door veenplassen beslagen is, door eene zoo zware overstrooming, waarbij het hoogste huis omtrent eene el onder water stond, geleden moet hebben. De buurschap Joonen is geheel, en het midden van Giethoorn bijkans geheel weggespoeld, zoo dat 48 woningen geheel verdwenen en 62 volstrekt onbewoonbaar zijn geworden, terwijl de overige, met uitzondering van slechts eenige weinige, zwaar beschadigd zijn. — De schade is ook zóó groot, dat men meent, dezelve veilig op eene som van meer dan f 119,000.00 te kunnen schatten. — Allergelukkigst was het evenwel, dat niemand van derzelver inwoners bij deze ramp het leven heeft verloren.

WANNEPERVEEN.

In deze gemeente had men, in den herfst van 1824, buitengewoon hoog binnenwater. Door de toen heerschende stormen bezweek, in het laatste van dat jaar, de Nieuwe dijk, zijnde een der beide wegen, welke de gemeenschap van den, door die gemeente loopenden, Veeneweg met den Zomerdijk, langs het Meppelandtep gelegen, daarstellen, en die tevens, op de grenzen van Drenthe liggende, het uit die provincie komende binnenwater keert. Hierdoor vermeerderde dit water, aan den zuidkant van den Veeneweg, zeer aanmerkelijk, en dewijl de Loozedijk, die mede van dien weg naar den Zomerdijk loopt, overstroomd werd, was de gemeenschap met den laatstgenoemden dijk, en dus ook met Meppel, eenen geruimen tijd verhinderd. Op den 14sten December werd het hooge binnenwater op de Staphorster landen, door zware stormen uit het Zuiden en Zuidwesten, met zulk een geweld tegen den Zomerdijk gestuwd, dat dezelve, niettegenstaande alle aangewende moeite om dit te verhoeden, overstroomde en op onderscheidene plaatsen bezweek, waardoor het binnenwater aan de zuidzijde van den Veeneweg weder zeer toenam, en de gemeenschap met den Zomerdijk, die reeds eenigzins hersteld was, op nieuw gestremd werd. Op den 2den Januarij 1825 overstroomde het binnenwater aan de noordzijde van den Veeneweg, door eenen sterken Noordwestewind, uit den grooten veenplas, onder den naam van het Noorder wijde bekend, door de groote breuk in den Giethoornschen weg voortgestuwd, de laagste gedeelten van den Veeneweg. Eenige huizen aan de Ronduze en de Blaauwe hand, in het westelijke en laagste gedeelte dezer gemeente gelegen, geraakten toen reeds daardoor onder

Wa-

water, zoo dat derzelver bewoners die voor eenigen tijd moesten verlaten. Vele verveeners hadden groote vreeze, dat hunne op het veld staande turfhoopen uit elkander slaan en wegdrijven zouden; welke vrees evenwel toen nog niet werd verwezenlijkt, doordien de wind weder naar het Westen en Zuiden liep, en het water aan de noordzijde des Veenewegs in zijnen vorigen stand konde terugkeeren. Dus hadden de ingezetenen van Wanneperveen reeds veel te verduren, door de gedurige stormen, in het einde van het vorige en het begin van dit jaar.

Naauwelijks hadden deze tegenspoeden eenigzins opgehouden, of de nootlottige dag van den 4den Februarij 1825 brak aan. Op dien dag, omstreeks 3½ uur des morgens, werden onderscheidene ingezetenen dezer gemeente gewekt, door een paar zeer zware donderslagen, vergezeld van eenen, boven alle beschrijving hevigen wind, die 12 à 15 minuten aanhield. Verschrikt verlieten zij hunne legersteden, daar de wind hunne woningen deed beven en kraken, en velen zich in den eersten schrik niets anders voorstelden, dan onder derzelver puinhoopen begraven te zullen worden. Schoon nu de wind, na dien tijd, veel bedaarde, bleef hij echter aanhouden, met fel uit het Noordwesten te waaijen. De Natuur had in dien oogenblik een schrikverwekkend aanzien. Duistere wolken en eene sneeuwjagt, voortgezweept

door

door den harden wind, verhinderden, tot op weinige schreden van zich te zien. Men verbeidde dus niet zonder angst den dageraad, de gevolgen van eenen zoo zwaren storm duchtende. Reeds in den voormiddag, tusschen 10 en 11 uren, bespeurden de inwoners van het westelijke deel der gemeente, door den snellen aanwas des waters, in den grooten veenplas ten noorden des Veenewegs, dat de vrees, voor het doorbreken der dijken, niet ongegrond was geweest. In den waan, dat het oostelijkste en hoogste gedeelte van Wanneperveen, even als in de jaren 1775 en 1776, van water bevrijd zouden blijven, trachtten de bewoners van de Blaauwe hand hun vee te redden, door het naar die hoogere streken te drijven, en een half uur na den middag kwamen zij aldaar met hetzelve aan. De aanwas des waters en de stroom uit het noordwesten waren zoo sterk, dat de menschen reeds tot aan de knieën door het water moesten waden, en eene koe door den stroom werd medegevoerd en verdronk. Het vee, zoo goed mogelijk, verzorgd en naar hunne gedachten in veiligheid gebragt hebbende, trachtten zij naar hunnen woningen terug te keeren, om hunne andere goederen te redden en voor de veiligheid hunner huisgezinnen te zorgen. Doch het water was reeds zoo zeer gerezen, dat zij weldra de onmogelijkheid bespeurden, om dien weg te voet af te leggen en zich, schoon van groote stokken

ken voorzien, tegen den stroom staande te houden. Een man stond op het punt, om door denzelven te worden weggevoerd, toen de andere hem nog gelukkig grepen en vasthielden, tot dat men pijlers konde aanvoeren, waarmede zij echter niet, dan na het grootste gevaar doorgestaan te hebben, bij de hunnen terugkwamen.

Op de *Schutsloot* en *Zandbelt*, twee gehuchten, onder Wanneperveen behoorende en door eenen grooten veenplas ten zuiden des Veenewegs, het Zuider wijde genoemd, van het overige der gemeente gescheiden, begon het water om 11 uren, van den kant van Zwartsluis, uit het zuiden te komen: vervolgens kwam het mede, gelijk elders in deze gemeente, ook uit het noordwesten, en later, waarschijnlijk wegens de tegenwerking der beide stroomen, uit verschillende streken. — In den namiddag nam de hoogte des waters gedurig toe, en van tijd tot tijd werden de hoogere gedeelten der gemeente almede geïnundeerd, zoo dat al de huizen, met uitzondering van slechts twee, in het hoogste van Dinxterveen gelegen, die echter nog geheel door hetzelve omringd werden, onder water geraakten. Schoon de eene vroeger en de andere later, was dus elk genoodzaakt, het vee, mede uit die stallen, welke men, wegens derzelver meerdere hoogte, als veilige verblijfplaatsen voor hetzelve had aangemerkt, te vervoeren, en had geene andere toevlugt, dan de hoogste gedeelten

zen van den Veeneweg, waarop die van de Blaauwe hand hunne beesten reeds vroeger hadden gebragt.

Hartroerende was, in den avond en vervolgens, het noodgeschrei van sommige landlieden, welke eene vrij hooge streek, de Bovenboer genoemd en ten noorden van den Veeneweg gelegen, bewonen. Het was echter, ook met den besten wil, volstrekt onmogelijk, om deze menschen, tegen wind en stroom, te hulp te komen.

De meeste vrees voedde men, in het eigenlijke Wanneperveen, voor de inwoners van voornoemde Schutsloot en Belt, die zeer laag wonen en rondom door water zijn omgeven. Dan, schoon zij ook in zeer groot gevaar geweest waren, bleek echter naderhand, dat aldaar niemand was omgekomen. Elk huisgezin bijna bezit aldaar een vaartuig, bok genoemd, dat tot vervoer van hooi en turf eene volstrekte behoefte is. Bij het begin van den vloed begaven de ingezetenen zich met hun vee, in deze ongedekte vaartuigen, zochten, zoo mogelijk, achter de huizen eene luwe plaats en wachtten aldus, in de opene lucht, aan al de ongemakken van den wind en het weder blootgesteld, den tijd af, dat het mogelijk zoude zijn, om naar het hoogere deel der landgemeente Vollenhove over te steken. Eerst op Zondag den 6den waagden zij het, met hunne zwaar beladene vaartuigen het Zuider wijde, dat toen, als ware het, peilloos diep was, te bevaren, en het gelukte hun, na eenen gevaarvollen togt, die de inspanning van alle krachten vorderde, in veiligheid te geraken. Twee Vriesche schippers, met hunne schepen bij deze gehuchten gelegen, hadden de menschlievendheid, zoo veel menschen en vee in hunne vaartuigen op te nemen, als zij maar eenigszins bergen konden.

Gelukkig was het voor de bewoners van de westelijke gedeelten dezer gemeente in het algemeen, dat aldaar eenige schepen lagen, in de gemeente te huis behoorende, dewijl bijna allen daartoe de toevlugt namen. Slechts een enkele toch durfde zich in zijne woning vertrouwen, en de meesten, die dit waagden, moesten dezelve naderhand nog verlaten.

In den avond van den 4den maakten J. VAN DER VEEN en JAN HOFF zich, bij hunne medeingezetenen, ten zeerste verdienstelijk. Gedreven door de edele zucht, om zoo veel menschen, als hun immer zoude mogelijk zijn, te redden, trotseerden zij met eenen punter het geweld van wind en stroom. In het oosten der gemeente voeren zij langs eene woning, waaruit erbarmelijk om hulp geroepen werd. Geene andere mogelijkheid ziende, om in dit huis te komen, sloegen zij eenige glasruiten in, voeren met het voorste deel der schuit in het huis en hadden het geluk, 1 man, 2 vrouwen en 1 kind, welke, door het water overvallen, zich in eene bedstede nabij het raam hadden geborgen

en

en in het grootste gevaar verkeerden, met veel moeite in de schuit te krijgen en voorts in veiligheid te brengen. — Daarna herinnerden zij zich, dat eene stokoude, hulpelooze vrouw in een huis, eenigzins bezuiden den Veeneweg, in eene laagte gelegen, woonde en zich misschien daarin nog zoude bevinden. Terstond voeren zij derwaarts en bereikten hetzelve gelukkig, doch kregen op hun eerste geroep geen gehoor. Na herhaald roepen nogtans meenden zij eenig antwoord te vernemen, en braken daarop een gat in het rieten dak. VAN DER VEEN begaf zich door hetzelve op den zolder en brak het beschot der bedstede, waarin de ongelukkige vrouw, reeds in het water liggende, zich bevond, open. Deze reeds genoegzaam bewusteloos zijnde werd hare redding zeer moeijelijk, daar zij zich niet konde optigten. VAN DER VEEN, welke geene hulp van HOFF konde hebben, wijl die de schuit moest vasthouden, begaf zich bij haar in het water, trachtte haar door de gemaakte opening naar boven te krijgen en bereikte, door inspanning van al zijne krachten, het voorgestelde doel; zoo das het aan deze beide menschenvrienden gelukte, die vrouw in hunne schuit te krijgen en in veiligheid te brengen. — Diep in den nacht, tusschen den 4den en 5den, kwam VAN DER VEEN aan een huis, waarin zich eene vrouw bevond, welke, derwaarts vlugtende, twee van hare kinderen had moeten achterlaten. Daar deze

kin-

kinderen zich, benevens eene krankzinnige vrouw, in eene bedstede achter in het huis geborgen hadden, bij welke plaats men met geen vaartuig konde komen, hadden de redders dier vrouw geene kans gezien, dezelve mede te helpen. Naauwelijks hoorde VAN DER VEEN, hoewel reeds ten halven lijve doornat, het klagen dezer vrouw, of hij zeide: ,,Is er dan niemand, die mij durft ,,bijstaan, om, zoo mogelijk, ook deze personen te red,,den?" Terstond bood zich iemand daartoe aan, en door dezen geholpen bereikte hij het bedoelde huis, klom toen, terwijl de andere den punter vasthield, bij het voorste gedeelte van hetzelve op, brak eerst een gat in het dak en vervolgens in het beschot der bedstede, trok daaruit drie noodlijdenden op, geleidde dezelve over het dak, in den punter en bragt hen, met behulp van zijnen togtgenoot, in veiligheid.

Ook EGBERT MENS en HARM JALVING toonden moedige menschenvrienden te zijn. Daar de personen, die in den Bovenboer in nood zaten, aanhoudend om hulp bleven roepen, beproefden zij des middags van den 5den Februarij, dezelve met een bootje af te halen. Tot twee malen toe werden zij, ofschoon beiden sterk zijnde en alle krachten inspannende, in hun oogmerk te leur gesteld, dewijl het hun onmogelijk was, tegen den geweldigen wind op te komen. Eene derde proef gelukte eindelijk, en zij hadden het genoegen, nog bij
tijds

tijds aldaar aan te komen en 7 personen van eenen oogenschijnlijken dood te bevrijden. Het huis, waarin deze zich bevonden, was reeds voor het grootste deel ingestort, terwijl het nog staande geblevene gedeelte, door deszelfs aanhoudende schuddingen, hen telkens met eenen gewissen ondergang dreigde. Daar allen te gelijk gered wilden zijn, was de terugtogt met het ranke en overladene bootje hoogst gevaarlijk; telkens sloegen de golven in hetzelve: doch met veel moeite en zorgvuldig overleg gelukte het hun, met de geredden in veiligheid te geraken. Dewijl JALVING zich dag noch nacht eenige verademing van zijne menschlievende pogingen, om elken noodlijdenden te hulp te komen, had gegund, was hij eindelijk, door natheid, koude en overspanning zijner krachten, des Zondags zoodanig verkleumd en afgemat, dat hij geen gevoel in handen of voeten meer had, bewusteloos te bed moest gelegd worden, en niet dan met moeite, en door kannetjes met heet water gevuld, aan onderscheidene deelen zijns ligchaams te leggen, langzamerhand weder verwarmd en eindelijk geheel hersteld werd.

De moedige jongeling JAN KRIJNS HUISMAN heeft zich mede, door zijne hulpvaardige menschenliefde, in het westen der gemeente, zeer verdienstelijk gemaakt. In den namiddag van den 4den Februarij zag hij, op den Veeneweg, eenen door het water overvallenen jongeling,

ling, tot aan de armen in hetzelve staan, die, niet meer kunnende vorderen, zijne laatste krachten inspande, om den geweldigen stroom tegenstand te bieden, waarvoor hij weldra zoude hebben moeten bezwijken, en dus eene prooi der golven geworden zijn. Zonder om het groote gevaar, waaraan hij zich ging bloot stellen, te denken, of te overwegen, dat zijne nog jeugdige krachten ligtelijk te kort konden schieten, vloog HUISMAN, zoodra hij dien ongelukkigen bespeurde, terstond in eenen punter, begaf zich in den vloed en had het geluk, denzelven nog even bij tijds in te nemen en in veiligheid te brengen. Den ganschen volgenden nacht was hij, geheel alleen, in een bootje, nu hier, dan daar, om de menschen, welke, van tijd tot tijd, hunne tot aan de daken geïnundeerde huizen moesten verlaten, af te halen en naar de schepen over te brengen.

Ook verdienen PETER RIEMER en HARM DOOSJEN, met lof vermeld te worden, dewijl zij, alle gevaren trotserende en, waar zij konden, hulp aanbrengende, zich ook bij hunne medeingezetenen zeer verdienstelijk hebben gemaakt.

Het water, in den namiddag en avond van den 4den Februarij, gedurig wasfende, bereikte op den 5den, des morgens te 2 uren, zijne grootste hoogte, zijnde toen de geheele gemeente overstroomd, zoo dat alleen twee

G hui-

huizen, in het hoogste gedeelte van Dinxterveen, die
echter ook geheel door het water omringd waren,
zijn vrij gebleven. In de laagste huizen stond het toen
ter hoogte van 2.80, op de laagste landerijen 3.50, en
op de hoogste nog 1.80 tot 2.00 el. Een half uur later
begon het te zakken, en sedert dien tijd bleef het steeds
vallende. Echter duurde het tot den 22sten of 23sten Februarij, eer hetzelve weder gedaald was tot de hoogte,
waarop het zich voor den vloed bevonden had.

Ofschoon er, gelukkig, zeer weinig menschen, naar
evenredigheid van het doorgestane gevaar, in deze gemeente zijn omgekomen, is in alle andere opzigten de geledene schade zeer groot. Ruim 25 woningen zijn weggespoeld, een groot aantal onbewoonbaar geworden, en
bijna allen grootelijks beschadigd. Voor meer dan
ƒ 25,000.00 turf, het voornaamste middel van bestaan
der ingezeten, is weggedreven. Treurig was des morgens van den 5den het gezigt van een groot getal runderen, die men op het hoogste van den Veeneweg veilig had gewaand, en nu aldaar verdronken in het water
lagen. Het getal van al de in deze gemeente omgekomene bedroeg ruim 300. In den morgen van den 6den,
toen het weder bedaarder was, en de hoogste plaatsen
van water ontbloot werden, waren deze, als ware
het, de verzamelplaatsen der ongelukkigen, die eene
treurige beschouwing aanboden, welker indruk zich alleen

een laat gevoelen, maar niet beschrijven. Het onaandoenlijkste hart toch moest zich getroffen gevoelen, bij de bittere klagten van zoo velen, die have en vee verloren en op zijn best een onbewoonbaar huis overgehouden hadden. Die slechts eenige kleederen en meubelen gered hadden, achtten zich gelukkig. Velen, en vooral uit het westen der gemeente, hadden volstrekt niets behouden en kwamen, uit de schepen en andere toevlugtsplaatsen, om brood tot stilling van den honger vragen, dat men hun, tot overmaat van ramp, niet genoegzaam konde verschaffen, daar de voorraad, door de plaats hebbende omstandigheden, gering en de behoefte zeer groot was. Akelig was dus het vooruitzigt: dan, dit werd vrij spoedig, verre boven alles, wat men te Wanneperveen had durven verwachten, door de liefderijke ondersteuning, welke men van onderscheidene plaatsen ontfing, gelenigd. Evenwel blijft het uitzigt in de toekomst kommervol, daar de schade, door de minstvermogende klasse geleden, zoo groot is, en de bijna geheele vernietiging der rietlanden, welke dezelve, in den winter en het vroege voorjaar, arbeid en dus een bestaan verschaffen, nog lang de schadelijkste gevolgen voor haar hebben zal.

HASSELT.

In deze stad herinnerde men zich, in welk jaren, geen zoo zwaren storm, als die, welke op den 14den October 1824 aldaar werd ondervonden en acht uren aanhield. Het water werd daardoor zoo zeer opgezet, dat het 2,72 el boven het dagelijksche zomerwater rees, op eenige lage plaatsen over de kruinen der dijken stroomde, over de deuren der hooge schutsluis liep, en op de grachten, boven dezelve, tegen de huizen stond. De bewoners dezer huizen, werden daarom verpligt, dezelve af te dammen, en de Regering der stad liet bekistingen aanleggen, in twee stegen, op die grachten uitkomende, om het water uit de lagere deelen der stad te weren. In de stad werd geene noemenswaardige schade veroorzaakt; doch de dijken werden op onderscheidene plaatsen beschadigd. — Door den storm van den 14den en 15den November, rees het water nog hooger, namelijk tot 2,78 el, zijnde toen, voor zoo ver men kan nagaan, 5 Nederlandsche duimen hooger dan in 1776. Het liep nu weder op onderscheidene plaatsen over de dijken, en binnen de stad moesten op nieuw bekistingen worden aangelegd. — Voor en na dezen laatsten storm waren er nog verscheiden andere, welke evenwel minder kracht hadden, en het water tot geene zoo groote hoogte opdreven.

Op Donderdag den 3den Februarij 1825, des avonds omstreeks 10 uren, toen de wind, die reeds den geheelen dag sterk uit het Westen had gewaaid, naar het Noordwesten was geloopen, bespeurde men eenen snellen aanwas des waters, en wel van 14 Nederlandsche dui-

men

men in een kwartier uurs, zoo dat het te middernacht reeds de hoogte des vloeds van den 14den November, en dus van 2,78 el boven dagelijksch zomerwater, had bereikt, en de vorige kistdammen weder moesten aangelegd worden.

Haafelt, te voren eene vesting geweest, is aan den waterkant nog met eenen zwaren muur, en aan de landzijde met aarden wallen en bastions voorzien. Schoon deze werken sedert verscheiden jaren niet onderhouden, en dus merkelijk vervallen zijn, vleide men zich evenwel, dat zij nog genoegzaam in staat zouden zijn, het water te keeren, zoo als bij de vorige stormen ook werkelijk had plaats gehad; dan, de droevige ondervinding leerde dit nu anders. In den morgen van Vrijdag den 4den Februarij, te 5 uren, had het steeds rijzende water zich eenen doortogt gebaand, in eenen der buitenmuren, bij de Enkpoort, waardoor een kolk, tusschen dezen muur en den dijk of weg naar die poort loopende, was vol geraakt, en het water over dien weg begon te stroomen. Niettegenstaande men alle middelen in het werk stelde, om dien overloop te beletten, was alles te vergeefs, en reeds te 7¼ uur kwam er eene doorbraak, van 21 el lengte en 1,98 diepte, in dezen weg. Een uur daarna stortte een gedeelte van den gemelden ringmuur, digt bij de plaats waar te voren de kruidtoren stond, in, waardoor de binnen denzelven gelegene wal doorbrak, en een gedeelte van het daaraan palende bastion omvergeworpen werd. Hierdoor kreeg het water eenen vrijen toegang in de stad, het stroomde als beken door de straten, en toen het op het hoogste was bleef er niet meer, dan de breedte van zes huizen in de Hoogstraat en de Ridderstraat van overstrooming bevrijd. Men voer met schuiten door de stad, om aan de bewoners, die allen de toevlugt op de bovenverdiepingen hunner huizen genomen hadden, het noodige te bezorgen. Veel goederen en provisie werden bedorven, daar men, eenen zoodanigen vloed niet verwachtende, geenen tijd tot berging had gehad. Reeds in den voormiddag te 9 uren waren er gaten gespoeld, in den dijk buiten de Veenepoort, bij den aldaar gelegenen steenen beer, juist op de begraafplaats der Israëliten, en wel zoodanig, dat er aan geen behoud van dezen dijk te denken was, zoo dat dezelve dan ook des middags te 1 uur bezweek en er aldaar eene doorbraak ontstond van 70 ellen lang en 14 ellen diep. Te half drie uren viel er nog eene doorbraak, in den dijk buiten de Enkpoort, tegen over het huis de Prins genoemd, ter lengte van 13 en ter diepte van 3 ellen. Gelukkig had de bewoner, *Egbert Koerhuis*, zich kort te voren, met zijn vee, naar den, tusschen zijn huis en de stad staanden, molen begeven, terwijl het huis terstond omvergeworpen en gedeeltelijk door den vloed medegesleept werd, en er voor hetzelve een diepe kolk

spoel-

spoelde. Het water stortte, door de beide doorbraken, met een groot geweld, naar binnen. Buiten de Veenepoort zag men de doodkisten uit den grond spoelen en door den stroom wegvoeren. Niets kon deszelfs geweld tegenstand bieden; eene nieuwe schuur, aan den mond der Dedemsvaart, werd weggevoerd en te dier plaatse spoelde een diepe kolk. Eene, door den Heer Z. *Tijl*, voor weinige jaren aangelegde kalkfabrijk leed zware schade. Van de beide ovens, waarvan de eene aangestoken, doch nog niet uitgebrand, en de andere gevuld was, geraakte meer dan een derde onder water: de voorraad van geleschte kalk in het leschhuis, nevens eenige pramen turf, werden door den stroom medegevoerd, en van het daarbij gebouwde huis stortte een gedeelte van het muurwerk in. De geheele omtrek der stad vertoonde, zoo ver het gezigt reiken konde, niets dan water en ingestorte of ten deele vernielde huizen.

Men merkte thans, even als in 1776, op, dat het water te Hasselt spoedig tot eene groote hoogte rijst, wanneer, de zeedijken des polders van Mastenbroek bezweken zijnde, die polder is volgeloopen en het water over den dijk in het Zwartewater valt. Thans geschiedde deze overstorting met een verval van wel 8 palmen, en het was dus geen wonder, dat de rijzing nu verbazende was, niettegenstaande de sterke lozing door de beide dijkbreuken bij Hasselt, en de menigvuldige andere, welke er in den dijk langs de regterzijde van de Vecht en het Zwartewater gevallen waren. De aanwas duurde tot des namiddags te 3 uren, toen het water tot de hoogte van 3.09 el boven dagelijksch zomerwater, of 0.36 el hooger dan in 1776 gestegen was. Na 4 uren was het water, met de ebbe, vallende, zonder dat er evenwel verandering in den wind was gekomen, behalve dat dezelve bij tusschenpozing wat bedaarder was. Des avonds te 9 uren begon het water op nieuw te rijzen, tot des nachts te 2 uren, wanneer het weder het hoogste punt bereikte. Op Zaturdag den 5den was het water, met het getij, geregeld wasfende en vallende, tot des avonds of nachts, wanneer de wind bedaarde en noordelijk werd; doch daarna is het vallende gebleven. Op het hoogste stond het water in de laagste huizen 1.80, in dat van den Heer Secretaris FREISLICH 1.21, op de hoogste landerijen, om de stad, 1.72 en op de laagste 3.09 el.

De stedelijke Regering had terstond, reeds in den morgen van den 4den Februarij, de Kerk doen opruimen ter berging van het vee, waardoor hetzelve binnen de stad is behouden gebleven, zoo als ook dat der veehouders even buiten de stad, hetwelk dadelijk, bij de eerste doorbraak, binnen dezelve gebragt en geborgen werd. Aan de overzijde van het Zwartewater, integendeel, bevonden zich de bewoners van eenige, onder de stad behoohoorende, aan en op den dijk staande huizen, in de treurigste omstandigheden. Derzelver huizen werden, door het inundatiewater van Mastenbroek, van achteren aangevallen en ingeslagen, waarom zij, met hun vee, de toevlugt tot den onder water staanden dijk moesten nemen. De jaagschuit van Hasselt op Kampen, door het binnenwater, op den dijk gezet zijnde, begaven zich de vrouwen en kinderen in dezelve, terwijl de mannen bij de beesten moesten blijven. In dezen toestand moesten deze menschen, onder het angstigste vooruitzigt, den geheelen nacht en een gedeelte van Zaturdag den 5den doorbrengen, daar men hun met geene mogelijkheid eenige hulp konde verschaffen, tot dat eindelijk, des namiddags te half twee uren, de wind iets bedarende, de zompschipper HARM VAN DOORN het waagde, zich, met zijn vaartuig, naar den overkant te begeven, en het genoegen had, een aantal van 40 menschen behouden naar de stad over te brengen. Deze, van alles beroofd zijnde, werden in de consistoriekamer der Kerk geplaatst en van het noodige voorzien. Twaalf beesten zijn aldaar verongelukt, doch de overige behouden.

In een huis aan den mond der Dedemsvaart was eene aldaar wonende weduwe, met hare kinderen, op den zolder gevlugt. Aldaar hadden de bewoners van een nabij staand huisje, de Fortuin genaamd, mede eene schuilplaats gezocht. Het water zoo zeer toenemende, dat het bereids op den zolder begon te komen, de zijden achtermuur ingestort en de hooiberg weggedreven was, waren deze ongelukkigen, elken oogenblik, niets anders, dan den dood te wachten. Binnen de stads gracht bevond zich een Vriesche schipper, FRANS JANSSEN, welks beide zonen het waagden, zich met hun bootje naar het gemelde huis te begeven. Zij werden, in een ander bootje, vergezeld door twee inwoners van Hasselt, E. FRERIKS en J. Z. KERS; en deze vier menschenvrienden hadden het genoegen, de ongelukkigen, door eene in het rieten dak gemaakte opening, te redden en binnen de stad in veiligheid te brengen.

Hoe bekommerd men hier ook ware, wegens de verdere bewoners van de omstreken dezer stad, het was echter in de eerste oogenblikken niet mogelijk, hun hulp of ondersteuning toe te brengen. Niet voor den 5den mogt dit aan de Regering en andere menschenvrienden gelukken.

Overal, in den omtrek der stad, is een groot aantal paarden en runderen verongelukt, vele huizen zijn verwoest, en de schade is in allen opzigte zeer groot. Binnen de stad zijn zeven gaten in de straten gespoeld, het eene grooter dan het andere, hebbende één van dezelve eene lengte van 20 en eene diepte 1.10 el. Twee vaste bruggen, ééne vlotbrug enz. zijn, door het geweld van den stroom, losgerukt en weggedreven.

Als

Als eene bijzonderheid heeft men opgemerkt, dat eenige pompen, door de werking der wel, zijn opgeligt, zoo dat er zijn, die eene el en meer zijn opgerezen geweest.

STAPHORST.

In deze gemeente, uit de dorpen *Staphorst*, *Rouveen* en *IJhorst* met derzelver buurschappen bestaande, was het binnenwater, gedurende de laatste drie maanden van 1824, reeds zeer hoog. Op den 26sten December wies het zeer sterk, zoo dat de weg overliep en het binnenland van Rouveen onder water geraakte, waardoor vele aardappelen bedierven en de inwoners der laagst liggende huizen genoodzaakt werden, zich met hun vee naar elders te begeven. Het water behield, met afwisseling, dien stand, tot den 7den of 8sten Januarij 1825, wanneer het begon te vallen en het meeste land door den tijd weder ontbloot geraakte.

Op den 4den Februarij ontdekte men, tot zelfs in den laten namiddag, geene rijzing in het water, niettegenstaande den sterken Noordwestenwind, en hierom was ieder gerust. Omstreeks half vier uren ontdekte *Herm Buitenhuis*, op zijne eendenkooi, te Rouveen, bezig zijnde, dat er eenige bagger- of spontijrven kwamen aandrijven; waaruit hij terstond besloot, dat er eene dijkbreuk

breuk ontstaan was, zich naar huis spoedde en de eerste aankondiger was van het nakende onheil. Meer westwaarts op Rouveen bespeurde men, op denzelfden tijd, het verschijnsel van den turf en het aanwasfen des waters in de verte. Velen, die achteraf woonden, en anderen, die niet op den weg waren, maar in hunne huizen het vee voederden, werden niet van het gevaar onderrigt, voor dat het water reeds met geweld in de huizen kwam rollen. — De overlevering wilde, dat het zeewater, bij den vloed van 1776, niet verder was gekomen, dan tot aan het huis van *Hendrik Brand*, in het zuidelijke of zoogenoemde westeinde van Staphorst. De eerste toevlugt was dus Staphorst, en die nog zoo veel tijd hadden spoedden zich, het reeds in het water staande vee los te snijden, uit het huis te drijven en zich op weg te begeven. Schoon nu de weg of zoogenoemde dijk aanmerkelijk hooger is, dan de lage stegen, en in den eersten oogenblik niet aan het overloopen was, geraakte dezelve echter in korten tijd geheel onder, en alles, zoo boven of ten oosten, als beneden of ten westen van den weg, was aan eene zee gelijk. Weg en slooten waren niet meer te onderscheiden: de runderen sloegen bij tienen en twintigen ter neder en verdronken. Eenigen kregen nog bij tijds den inval om, in de rigting van den stroom, met het water mede te loopen, en aldus naar de oost- en zuidoostelijk gelegene hooge-

WATERSNOOD.

gere streken te vlugten. Dit scheen wel allergevaarlijkst, dewijl de stegen, akkers en velden, op welke zij zich begaven, lager en oneffener zijn, dan de weg; doch zij hadden, daarentegen, ook niet met de golven, welke hoe langer zoo sterker werden, te kampen. Die dezen weg insloegen hadden dan ook het geluk, grootendeels met hun vee op het drooge en, schoon afgemat en verkleumd, in den laten avond, op het hoogere deel van Nieuwleussen of daaromstreeks aan te komen. Dit waren er echter, met het geheel vergeleken, zeer weinige, en een nog kleiner getal geraakte te Staphorst op het drooge.

Door het overloopen en doorbreken van den Zomerdijk, waren de *Buitenkwartieren*, die buurschappen en erven namelijk, welke langs het Meppelerdiep, aan deszelfs linkeroever, liggen, reeds te drie uren onder water geraakt. Te Staphorst kwam het water niet alleen, even als te Rouveen, van den kant des Zwartenwaters, maar tevens ook van dien des Meppelerdieps, weshalve het daar in het eerst spoediger toenam, dan te Rouveen.

In de Buitenkwartieren was het droevig gesteld: wegens de laagte der omliggende landerijen, die allen onder water stonden, was het vlugten van daar onmogelijk. De inwoners bragten hun vee op hoogten, of op kelderkamers in de huizen, en die deze redmiddelen niet hadden, moesten het laten verdrinken. Dus verloor de

land-

weduwe *Klaas Hilligjes*, in de buurschap Hesselingen, 40 runderen. — Sommige huizen spoelden geheel weg, zoo als oude Dingstede, de Werkhorst enz. De fabrijk, leerlooijerij en zaagmolen, van de Heeren *Duifen* en *Ten Wolde*, bij Meppel, aan de Drentsche zijde van het riviertje de *Reest* gelegen, doch tot deze gemeente behoorende, leden aanmerkelijke schade.

Te Staphorst waren des avonds te 9 uren al de huizen geinundeerd. In het eerst geloofde men niet, dat het water te hoog zoude rijzen, om het vee in de voorste of bewoonde gedeelten der huizen te behouden, en toen men dit anders ondervond, was het vlugten onmogelijk geworden. Alleen de keukens of voorste gedeelten der woningen van den bakker *Jan van der Haar*, den landbouwer *Roelof Meesters* en den daglooner *Klaas Schra*, en misschien één of twee anderen, bleven bevrijd. De Kerk te Staphorst was opgevuld met vee, en hoewel dezelve op het hoogste gedeelte staat, stond het water ter hoogte van 2 palmen in dezelve. Het vee verdronk dus in menigte, en de luide jammerklagten der ingezetenen waren overal te hooren. Redmiddelen waren er niet bij de hand, daar er op gansch Staphorst en Rouveen slechts ééne zomp aanwezig was, die door den bezitter tot zijne eigene veiligheid gebruikt werd. Te middernacht was het water op het hoogste, en toen stond de geheele gemeente onder, behalve alleen het hooge gedeelte van IJhorst, ofschoon

schoon de groenlanden aldaar mede ondergeloopen waren. In het Gemeentehuis stond het 0,20, in de Kerk te Staphorst 0,20, in het huis van *Harm Batens* te Rouveen 1,90 en op de laagste landerijen 2,50 el.

Op Zaturdag den 5den, des morgens te 5 uren, begon het water te vallen, doch naderhand weder rijzende, bereikte het om 11 uren andermaal de vorige hoogte, en bleef in dien stand tot des namiddags te 3 uren. Na dien tijd bleef het gedurig vallen, zoo dat enkele woningen, op het hooge van Staphorst, spoedig van het water ontlast werden. Op Zondag morgen week het zigtbaar, en des avonds van dien dag kon men den weg op Staphorst meestal te voet weder gebruiken, zijnde toen ook de meeste huizen aldaar van het water ontlast. Te Rouveen week het langzamer en duurde het tot Donderdag den 10den Februarij, eer al de huizen van het water verlost werden.

Eerst in den nanacht van den 5den Februarij gelukte het den Heer Schout, F. A. EBBINGE WUBBEN, welke den noodlijdenden zijner gemeente de meest mogelijke hulp en menschlievendheid heeft betoond, een rank schuitje te bekomen, waarmede hij zich naar Rouveen begaf. Reeds in de verte liet zich het akelige jammergeschrei der ongelukkigen, die, hunne hoofden uit de daken der bouwvallen en van onderen weggespoelde woningen stekende, om brood riepen. Moeijelijk

was

was het, bij sommigen te komen, door de belemmering van het ijs, en eene opstapeling van allerhande drijfgoed. De nood, door de ongelukkige ingezetenen van het lage Rouveen geleden, is ligtelijk te beseffen, indien men zich voorstelle, hoe onverwachts zij door den snel opkomenden vloed werden overvallen, en daarbij in aanmerking neme de hoogte en het geweld des waters, de langdurigheid der overstrooming en het volstrekte gebrek aan vaartuigen, dat alle gemeenschap met de noodlijdenden afsneedt en veroorzaakte, dat zij zoo lang geheel aan hun rampzalig lot moesten overgelaten worden.

Op den 6den Februarij kwam de Heer o. NOOT, controleur der belastingen te Meppel, door menschenliefde aangespoord, met eene schuit in deze gemeente, niet alleen om den noodlijdenden brood en andere levensmiddelen te brengen, maar ook om dezelve uit hunne bouwvallige huizen te redden. Hij reddede onder anderen, uit de herberg het Molentje te Rouveen, 13 personen, zoo mannen, vrouwen als kinderen, die anders allen zouden hebben moeten omkomen, doordien zij geene schuit hadden en het huis dreigde in te storten, hetwelk een uur later ook werkelijk gebeurde. De ingezetenen dezer gemeente zijn dien edelen menschenvriend, welke zijn eigen leven, op eene zoo gevaarvolle reis over het nog onstuimige water, waagde, alleen om het hun-

hunne te behouden, eene onuitwischbare erkentenis verschuldigd.

De kooihouder HARM BUITENHUIS, die te Rouveen het eerst den aankomenden vloed ontwaar werd, heeft in den grootsten nood, met zijn schuitje, zoo velen gered, als hij immer konde: dus reddede hij in den nacht tusschen den 4den en 5den eene vrouw en 3 kinderen, die zoo lang hun leven hadden behouden, door op een dwarshout te zitten, met de beenen in het water, en, zonder zijne hulp, zekerlijk door de koude zouden omgekomen zijn.

Die ingezetenen van IJhorst, welke van het water verschoond bleven, betoonden zich ook zeer gereed en volvaardig, tot het bergen en verzorgen van menschen en vee, waarin zij door hunnen Leeraar F. J. SMIT ijverig werden voorgegaan.

Niet alleen was het gevaar en lijden der ingezetenen van de gemeente Staphorst groot, maar de ontzettende schade stond ook daarmede in evenredigheid. 21 menschen verloren het leven; 5 huizen werden geheel weggespoeld, 86 verwoest en onbewoonbaar gemaakt en vele andere zwaar beschadigd. Het verlies aan vee bedroeg 1775 runderen, 120 paarden, 470 varkens en 218 schapen.

OVERIJSSELS

NIEUWLEUSSEN.

In deze gemeente hadden de lage landerijen, gedurende de drie laatste maanden van 1824 en Januarij 1825, wel onder water gestaan, uit hoofde der, door den hoogen stand der rivier de Vecht, belemmerde waterlozing; doch men had toen, door water noch stormen, iets geleden. Op Vrijdag den 4den Februarij 1825, des avonds te 8 uren, zagen de inwoners van het westelijke en laagste deel dezer gemeente hunne woningen door het water omringen, terwijl het met zulk een geweld kwam aanstroomen en in de huizen dringen, dat zij terstond op redding van hun vee bedacht moesten zijn. Dit wilde velen niet gelukken, doordien het binnen een kwartier uurs zoodanig rees, dat er geen middel was, de beesten, uit de meestal lage stallen, te redden, en de bewoners de vlugt naar de zolders en balken moesten nemen. De stroom kwam uit het noordwesten, van den kant van Rouveen en Zwartsluis, zoo als men terstond meende op te merken en naderhand bevestigd werd, dewijl de meeste aangespoelde goederen van die plaatsen waren gekomen. Het water bleef rijzen tot des nachts te 2 uren, wanneer het eenigzins begon te vallen; doch tegen den morgenstond van den 5den Februarij rees het weder iets. Daarna bleef het steeds vallende, zoo dat men des morgens van den 6den, langs den gewonen weg, weder communicatie tusschen de huizen en met het overige der gemeente konde hebben. De landerijen bleven echter geïnundeerd, en werden eerst in het midden van Maart geheel van water bevrijd.

Toen dezelve op het hoogste was, strekte zich de overstrooming uit over het gansche westelijke deel der gemeente, tot aan het erve van *Berend de Boer*, een klein kwartier uurs ten westen der Kerk van Nieuwleusfen liggende. Op de laagste landerijen stond het water ter hoogte van 2.20 tot 2.50 en in de laagste huizen van 1.26 tot 1.41 el; waarbij men in het oog moet houden, dat de huizen zeer ongelijk van hoogte zijn, zoo dat sommige inwoners hun vee en alles behielden, terwijl hunne wederzijdsche buren alderzelver beesten in hunne woningen moesten zien verdrinken.

Menschen zijn in deze gemeente niet verongelukt. Een huis is bijna geheel vernield en 9 andere zijn zeer beschadigd; terwijl het verdronkene vee bestaat in 249 runderen, 5 paarden, 494 schapen en 75 varkens. Hierdoor zijn onderscheidene ingezetenen in armoede gedompeld, welke, geen bouwland bezittende, geheel van de veefokkerij moeten bestaan, waarvan die der zwijnen een voornaam gedeelte uitmaakt; weshalve het verdrinken van zoo vele, waaronder wel 30 dragtige, eene zeer gevoelige schade heeft veroorzaakt.

Zeer aanzienlijk was de hoeveelheid van aangespoelde meubelen, turf, brand- en timmerhout, riet enz., welke bij het afloopen des waters op de landerijen bleef liggen.

DALFSEN.

In dat gedeelte van deze gemeente, hetwelk ten noorden van de rivier de Vecht gelegen is, begon de overstrooming op Vrijdag den 4den Februarij, des avonds te 5 uren, en wel het eerst in de Broekhuizen, met eenen zeer schielijken aanwas. De Vecht was toen door den storm zeer opgezet, zoo dat zelfs het water in de grachten van het huis Rechteren, een half uur boven het dorp Dalfsen, 9 palmen à 1 el opliep. De ingezetenen vreesden dus voor eene doorbraak van den Vechtdijk, schoon daarvoor ook alleen: doch daar zich deze, aan die zijde, in eenen goeden staat bevond, was die vrees echter gering. Toen er eenige aanwas des waters in de slooten bespeurd werd, dacht men derhalve, dat de dijk benedenwaarts, bij de Berkummer mars, overliep of doorgebroken was. Daar nu de vloed, even als overal, hier zeer snel aankwam, werden de ingezetenen daardoor zoodanig overvallen, dat hun geen genoegzame tijd tot redding van hun vee overschoot. Die onmiddelijk aan den dijk woonden zelfs, moesten hetzelve met gevaar redden, en er nog veel van zien verdrinken. De landbouwer G. *Hendriksen*, op Beze wonende, ging in den avond naar den Vecht-dijk, van waar men eeniglijk gevaar verwachtte, om te zien hoe het daar gesteld was. Eenigen tijd aldaar vertoefd hebbende, was de vloed inmiddels begonnen en hij belet geworden, naar zijn huis terug te keeren. Hij moest dus zijne huisgenooten en zijn vee aan hun noodlot overlaten, en heeft ook 17 runderen en 7 varkens verloren, terwijl zijn huisgezin, volstrekt onkundig van zijn lot, door op den zolder te vlugten, het leven trachtte te behouden. *Jan Dorgelo*, aan den zoogenoemden Ankummerdijk wonende, dien avond bij den Heer *Ridderin'hof*, op Hofwijk zijnde, wilde, toen men daar het water ook onverwachts bespeurde, naar huis gaan, maar was geheel buiten staat, door het met geweld aanstroomende water te komen, liep groot gevaar van zijn leven te verliezen, moest naar Hofwijk terugkeeren, en verloor niet minder dan 15 stuks rundvee en 88 schapen, welke in zijne stallen verdronken. Even zoo werden al de ingezetenen der buurschappen Ankum en Gerner, en daaronder vele, die reeds te bed lagen, door den vloed overvallen. Er was dus geen tijd te verliezen, om te trachten het vee te behouden, hetwelk velen nog gelukte, door hetzelve, zoo veel doenlijk, in de hoogte, en al wat maar bij de hand was, zelfs ongedorschte roggeschoven, onder hetzelve te brengen, of er mede naar hoogere plaatsen te vlugten.

Velen echter konden enkel hun eigen leven redden, door zich ten spoedigste naar de zolders te begeven, van welke zij des nachts angstig om hulp riepen. Het is dus zeer te verwonderen, dat er slechts 2 menschen, namelijk een man van 55 en een knaapje van 11 jaren, zijn omgekomen.

Het water bleef rijzen tot des nachts te 2 uren, wanneer het zijne grootste hoogte bereikte, in de laagste huizen van Ankum 1.40 en in die van Gerner 0.85 el stond. In de herberg het Roode Hert, in Ankum, bereikte het 0.81 el, en de bewoneres verloor 8 runderen en 51 schapen, schoon men zich daar geheel veilig voor hetzelve had gewaand. Op den 5den daalde het, van 2 tot 10 uren in den voormiddag, waarna het weder begon te rijzen, tot 2 à 3 uren, wanneer het andermaal de vorige hoogte bereikte: doch van toen af zakte het, en de hoogste huizen waren op den 6den, doch de laagste eerst den 8sten Februarij van water verlost.

De Schout dezer gemeente werd in den nacht van het ongeval verwittigd, met bijvoeging, dat de dijk tusschen Broekhuizen en de Berkummer brug was doorgebroken, hetwelk men zeker stelde, wijl men meende, dat het water van nergens elders, dan van de Vecht konde komen. De Schout bevolen hebbende, dat de schippers van Dalfsen zich, met hunne schuiten, door die gewaande doorbraak, naar het binnenland zouden begeven, bevond

vond eenigen tijd later, aan de Broekhuizen komende, het binnenwater aldaar even hoog, zoo niet hooger, dan dat der Vecht, en vond reeds eenige schippers, die te voet, langs den dijk, van Dalfsen derwaarts gekomen waren, bezig, met de in de Vecht aanwezige schuitjes over den dijk naar binnen te brengen, om daarmede de noodlijdenden te hulp te komen. Onderwijl waren de schippers met hunne schuiten van Dalfsen vertrokken, hoewel het midden in den nacht was, vreesselijk waaide en sterk sneeuwde. Dan, geene doorbraak boven de Berkummer brug ontwarende, en dus aldaar niet naar binnen kunnende komen, vonden zij eerst, bij het Nieuwe verlaat, aan den mond der Nieuwe Vecht, menschen en vee op den dijk staan, die zij innamen en waarmede zij vervolgens de Vecht afvoeren, tot dat zij door de eerste wade, bij het Haarster veer, naar binnen geraakten, en in de buurschappen Haarst en Berkum, onder de gemeente *Zwollerkerspel*, een twintigtal personen, zoo mannen, vrouwen als kinderen, van de daken en zolders verlosten, en op het buitengoed Broekhuizen bragten. Velen dezer ongelukkigen waren zonder kousen, schoenen of klompen, waarom zij door het Gemeentebestuur, daarvan voorzien werden. De schippers waren verder den geheelen dag van den 5den, tot laat in den avond, bezig, om menschen en vee, in Ankum en Gerner, te redden. De geredde personen werden op de huizen Beze, Hof

wijk

wijk en Ankum gebragt, terwijl het vee bij den Heer Schout MULERT, op den huize Leemkuile, en naar het dorp Dalfsen werd gevoerd, daar ieder bereidwillig was, om menschen en vee te huisvesten en te verzorgen. Op Zondag den 6den werden de grootere schuiten, zoo door het ijs en de sneeuw als door het zakken des waters, belet, bij de huizen in de beide gemelde buurschappen te komen, weshalve de schippers zich, langs Beze, in de hooilanden begaven. Toen in de ruimte zijnde, zeilden zij naar het Tolhuis, Ruitenveen en de Ligtmis, onder *Nieuwleusfen* behoorende, en voorts naar *Rouveen*, waar zij een veertigtal menschen uit de bouwvalligste huizen verlosten en naar den Hulst, onder Nieuwleusfen, bragten. Voorst bragten zij nog acht runderen mede, welke naar Dalfsen werden gezonden; terwijl zij aan de noodlijdenden de levensbehoeften uitdeelden, waarmede het Gemeentebestuur hen voorzien had.

De overstrooming heeft zich, in het noordelijke gedeelte der gemeente Dalfsen, uitgestrekt over de geheele buurschap Ankum, behalve alleen over den hoogen esch, voorts over het grootste deel van Gerner en een gedeelte der landerijen onder het kerkdorp Dalfsen behoorende. — Door opgeworpene dammen in de stegen, welke, uit de buurschappen Ooster-Dalfsen en Welsum, naar het heideveld loopen, is de overstrooming uit die buurschappen geweerd. Ook is door het opwerpen van dammen

in

in de Koesteeg, bij Polhaars huis en naar den kant van de Leemkuile, voorgekomen, dat de laagste huizen van het dorp geïnundeerd werden.

De grenslijn der inundatie liep, aan de oostzijde, van de grenzen der gemeente Nieuwleusfen, bij het guste beestenland of de Meente van Oudleusfen, in eene gebogene zuidwestelijke rigting, door het Vosfenerveld, tot tegen over Welsum, bij de Jochemsfteeg; van daar om en bij den duiker, in den Hesfenweg tegen Posts steeg, in welke een dam was opgeworpen; van hier tot tegen Ooster-Dalfsen, in de steeg van welke buurschap mede een dam was gemaakt, langs de al mede afgedamd geweest zijnde Groene steeg; van daar op Houten en Jutten, tot tegen den Gernerschen esch; vervolgens langs dien esch tot de Koesteeg, en voorts tot digt bij het dorp, voorbij de huizen van B. Langenkamp en Boutenboer, onder Dalfsen, Polhaar en Westerhof onder Gerner, en van daar over de Leemkuile, tusfchen de boerderij van de Leemkuile en Otterman, tegen den Vechtdijk stuitende.

In de buurschap Ankum zijn twee woonhuizen beschadigd, 84 runderen, 27 varkens en 163 schapen omgekomen en 48 korven met bijen verloren. In Gerner bestond het verlies in slechts 1 varken en 8 schapen.

OVERIJSSELS

HET NOORDOOSTELIJKE
van
ZWOLLERKERSPEL.

Onder het overstroomde gedeelte van Overijsfel, aan den regter oever van het Zwartewater en de Vecht gelegen, behooren mede de tot de gemeente Zwollerkerspel behoorende buurschappen *Streukel*, *Genne* en *Holten*, *Haarst* en een gedeelte van *Berkum*. Tusschen Hasfelt en het Haarster veer, ruim vijf kwartier uurs van elkander gelegen, niet minder dan 11 doorbraken gevallen zijnde, kan men gemakkelijk beseffen, dat deze, digt aan de dijken gelegene, buurschappen zeer zijn geteisterd geworden. Voor het huis den Doorn spoelde een groot gat, waardoor de zijl weggevoerd, verscheidene boomen omvergeworpen en de brug voor de plaats vernield werd. In den gang van dat huis klom het water tot 0.34 el. Door het zand, dat uit de eerste wade, bij het Haarster veer, spoelde, werd eene groote uitgestrektheid graanland geheel overdekt.

Ongelukkig was het lot der moeder, vrouw en kinderen van *Arend Hendrik Arends*, omtrent 225 ellen van de Streukeler zijl wonende. In den namiddag, omstreeks half vier uren, bragt hij zijn rundbeest naar den

hoo-

hoogen belt, in Streukel. Dit aldaar bezorgd hebbende, was het water reeds zoo zeer gewassen, dat hij genoodzaakt was, door eenen omweg, over den dijk naar zijne woning terug te keeren. Aldaar gekomen, vond hij zijne vrouw en verdere huisgenooten in het water staan, en begreep dus eene veiligere schuilplaats te moeten zoeken. De weg naar Hasselt, door eene gevallene doorbraak, reeds gestremd zijnde, nam het geheele gezin, uit den man, zijne moeder, vrouw en drie kinderen bestaande, de vlugt naar de Streukeler zijl, schoon de dijk in dien korten tijd, aan de binnenzijde, reeds zeer weggeslagen en dus bij de aanhoudende overstorting des waters zeer gevaarlijk was. Hij geraakte evenwel, met een meisje van omtrent 10 jaren, buiten gevaar; doch niet zonder dat hij viel en in een gat geraakte, waaruit hij zich alleen redden konde, omdat hij met het gezigt naar buiten gekeerd gevallen was, en daardoor gelegenheid had gevonden zich vast te houden. Weder opgestaan zijnde, zag hij, dat zijne moeder en vrouw, benevens een kind, pas negen maanden oud, door den stroom waren weggevoerd en zijn zoon, ruim 12 jaren oud, zich aan eenen boom vasthield. Spoedig begaf hij zich naar de Streukeler zijl, en deed van daar pogingen, om, door middel van eene schuit, zijnen zoon te redden; dan te vergeefs; weinig tijds daarna was de dijk geheel doorgebroken, en zijn zoon met den boom, aan welken hij zich vastgehouden had, verdwenen. Dus moest *Arends* 4 zijner dierbaarste betrekkingen jammerlijk zien verdrinken.

Thans moeten wij overgaan tot het tusschen den IJsfel en het Zwartewater gelegene gedeelte van Overijsfel, en wel in de eerste plaats tot

DEN POLDER VAN MASTENBROEK.

Was de toestand der laagste gemeenten in het kwartier Vollenhove, gedurende den watervloed, allerbeklagelijkst, die van dezen polder was niet minder ongelukkig. Het geweld, waarmede de zee, in den voormiddag van den 4den Februarij, door en over de dijken stoof, was zóó groot, dat niets daaraan weerstand konde bieden. De huizen langs den zeedijk gelegen, die den eersten aanval moesten verduren, werden meestal geheel vernield of zwaar beschadigd, waardoor een aanmerkelijk aantal van derzelver bewoners jammerlijk het leven verloor. De meer binnenwaarts, langs de weteringen, gelegene huizen leden wel iets minder; evenwel was de verwoesting aldaar ook verschrikkelijk. Eenige huizen werden geheel vernield, alle meer of min en vele zeer zwaar beschadigd. Het geweld des waters werd zeer vermeerderd door eene menigte

pa-

palen, welke, uit de zeeweringen van Schokland geslagen en door den stroom medegevoerd, alles, waar zij tegen aansloegen, verbrijzelden. De bewoners moesten allen, zonder uitzondering, de toevlugt nemen tot de zolders hunner huizen en velen tot de hooibergen, waar zij één of twee etmalen, verkleumd van koude en meestal zonder eenige verkwikking, doorbrengen moesten.

Binnen den omtrek van dezen polder komt in de eerste plaats voor de gemeente

GENEMUIDEN,

welke zich uitstrekt, langs den zeedijk, van het Zwartewater tot aan de Luterzijl, terwijl de stad Genemuiden zelve, niet verre van het Zwartewater, op het einde van den zeedijk gelegen is; waarom deze gemeente, naar mate harer grootte, meer dan de meeste andere van den vloed geleden heeft.

Op den 14den October 1824 woei het ook hier eenen zeer hevigen storm, uit het Westen en Zuidwesten, door welken de buitendijks gelegene landerijen zeer beschadigd werden, schoon het water niet zoo hoog rees, dat de Mastenbroeker zeedijken overliepen.

Bij den storm van den 14den en 15den November was de wind meer naar het Noordwesten, en deed het water rijzen tot 2,68 el boven het Amsterdamsche peil.

Schoon

Schoon nu de Mastenbroeker zeedijk, volgens de waarneming van Zijne Excellentie den Generaal KRAIJENHOFF, eene hoogte heeft van 3.07 el boven dat peil, liep dezelve evenwel over, hetwelk denkelijk door den slag der golven veroorzaakt werd. Hierdoor werd de binnenzijde van denzelven aanmerkelijk beschadigd, waarom het Dijkbestuur noodig oordeelde, de buitenzijde bijna geheel te doen bekrammen. De polder van Mastenbroek werd toen ook voor een gedeelte geïnundeerd; doch de huizen bleven, door derzelver meerdere hoogte, van water bevrijd.

In den morgen van Donderdag den 3den Februarij stond het water op de hoogte van 0.684 el boven het Amsterdamsche peil; doch gedurig rijzende, verhief het zich in den namiddag ver over deszelfs oevers, zonder dat zulks den ingezetenen van Genemuiden veel gevaars deed duchten, dewijl dit gedurende eenigen tijd, bij de menigvuldige stormen, reeds dikwijls had plaats gevonden. Het water blijvende rijzen, bereikte op den 4den, des nachts omtrent 2 uren, de grootste hoogte, waarop het in November was geweest, namelijk 4.68 el; en daar er nu nog geene teekenen van daling werden bespeurd, begonnen sommige ingezetenen hunne goederen naar boven te brengen, terwijl evenwel vele dit nalieten, in vertrouwen, dat het water niet veel hooger zoude komen. Des morgens te 6 à 7 uren rees het

met

met eene ongedachte snelheid, en toen was er aan geen bergen van goederen meer te denken, terwijl een ieder alleen op het behoud van zijn eigen leven bedacht moest zijn. Velen namen toen en naderhand, uit hunne woningen, de vlugt naar de hoogtsgelegene gebouwen, vooral naar het stadhuis en de woning van den Heer Secretaris FLORISON, in welke beide op dien dag wel tusschen 3 en 400 personen opgenomen werden. Deze gebouwen bleven evenwel ook niet van het water verschoond, daar de geheele stad werd geïnundeerd en er geene enkele plek boven water bleef, behalve een klein gedeelte van den boog der uitwateringsfluis van den polder van Mastenbroek. Ontzettend was de toestand, waarin zich nu Genemuiden bevond. Toen het water des voormiddags te 10 uren zijne grootste hoogte had bereikt, stond het bij het stadhuis, in het hoogste der stad, 0.47 el op de straat, in het huis van den Heer FLORISON 0.14, in de Kerk 0.90, in het Stadhuis 0.16, in de herberg de Paauw 1.60 en in de laagste huizen 2.50 el. Door de straten liep een zeer felle stroom, welke stukken van huizen, allerlei huisraad, hooimijten enz. medevoerde en, met eenen geweldigen val, in den polder van Mastenbroek stortte. Hierdoor werd de gemeenschap tusschen onderscheidene deelen der stad, reeds des morgens te 8 uren, zoo goed als geheel afgebroken, daar het varen met schuiten door de straten, wegens den

ge-

geweldigen stroom, overal hoogst gevaarlijk was, ja op sommige punten, door het instorten der huizen, volstrekt onmogelijk gemaakt werd.

Des voormiddags, na 10 uren, begon het water eerst te zakken; doch naderhand weder rijzende, bereikte het des namiddags op nieuw dezelfde hoogte. In den avond zakte het eerst langzaam en naderhand met groote snelheid, zoo dat de stad in den morgen van Zaturdag den 5den genoegzaam van water bevrijd was.

In het overige der gemeente, buiten de stad, was het niet beter gesteld, daar de inwoners, allen aan den dijk wonende, het volle geweld der zee moesten verduren en nergens eene schuilplaats konden vinden. De Mastenbroeker dijk heeft, gelijk reeds is aangemerkt, eene hoogte van 3.07 el boven het Amsterdamsche peil, de hoogte der zee te Genemuiden was op het hoogste 3.60, en die aan de Venerijter zijl 3.35 el; derhalve moest de dijk ter hoogte van 28 tot 53 duimen overstorten, buiten en behalve den geweldigen slag der golven. Daar nu tegen een dergelijk geweld niets bestand kan zijn, werden er in deze gemeente, wier bevolking 1384 zielen bedraagt, 48 huizen weggespoeld, 46 onbewoonbaar gemaakt en 72, sommige zeer zwaar en andere minder, beschadigd, waarvan ook het gevolg was, dat 22 menschen het leven verloren. De straten werden zoodanig door den stroom vernield, dat men in dezelve 12, zoo groote, als kleine, kolken telde.

On-

"Onder de treffende voorvallen, in deze gemeente, behooren ontegenzeggelijk de volgende:

Roelofje Herms Visscher, oud 82 jaren, weduwe van *Jan Keppel*, te Genemuiden, bij haren zoon *Harm Keppel* inwonende, was sedert lang in eenen zwakken en ziekelijken toestand. Tijdens den watervloed lag zij op eene legerstede op den zolder, en in den avond van Donderdag den 3den Februarij meende men stellig, dat zij overleden was. In den nacht verlieten de bewoners hunne, der woede van den wind en de golven geheel blootstaande, woning, welke van onderen geheel uit elkander werd geslagen, terwijl de zolder ook gedeeltelijk instortte. Op den middag van den 5den zocht de zoon het gewaande lijk op den zolder, en bespeurde met verbazing, dat zijne moeder nog in leven was, terwijl zij hem verhaalde, hoe zij, van allen verlaten, met volkomene bewustheid, eenen doodelijken angst, gedurende den storm, had doorgestaan. Men vervoerde haar nu behoedzaam uit de ingestorte woning naar elders; doch naauwelijks was zij in een ander huis overgebragt en, zoo men meende, eenigzins bekomen, of zij blies, onder het lozen van eenen zucht, werkelijk den laatsten adem uit.

Korst Beens, oud 74 jaren, wonende te Genemuiden, vlugtte met zijnen zoon, eene, bij hem inwonende, bejaarde weduwe en drie zijner kleinkinderen naar den

zol-

zolder van zijne woning. Deze weldra door den stroom omvergeworpen zijnde, schoot het geheele huisgezin, met den vallenden zolder op de puinhoopen ter neder, waarbij de zoon in den kelder geraakte, doch het geluk had, spoedig mede op den puinhoop te kruipen. Deze jongeling werd nu, op eene zeer gevaarlijke wijze, met een touw, in een venster van een belendend huis opgetrokken, en de overige huisgenooten, die, gelukkig, geen van allen in den val gekwetst waren, werden, na omtrent een uur in den verschrikkelijksten angst en het grootste gevaar doorgebragt te hebben, met veel moeite, door middel van eene schuit gered, door LOUW en SIMON AARTS BOS, JAN WILLEMS FINTE en JAN HARMS MULDER.

Albert Hendriks Plasier, oud omtrent 71 jaren, het water met geweld in zijne, op de Hoofdstraat te Genemuiden staande, woning ziende stroomen, zocht het dreigende gevaar te ontvlugten, door het bereiken van een huis aan de overzijde der straat. Deze reeds van 57 tot 85 duimen diep onder water zijnde, en de oude man den geweldigen stroom niet kunnende wederstaan, viel hij op de knieën en werd, weder opgestaan zijnde, tegen den gevel van een huis geworpen. Hier trachtte hij zich staande te houden en riep erbarmelijk om hulp; doch, schoon men zijnen gevaarvollen toestand zag en hem trachtte te redden, kon dit niet schielijk genoeg geschiescheiden. Hij werd andermaal door den woedenden stroom nedergeworpen en in eenen oogenblik over den dijk gevoerd, waar zijn lijk eenige dagen later is wedergevonden.

 Hendrik Roelofs Hartman, aan den zeedijk, een half kwartier uurs van de Venerijter zijl, naar den kant van Genemuiden, wonende, was in den morgen van den 4den Februarij met zijne vrouw en twee kinderen, benevens eenen stokouden man, *Hendrik Peters* of *Boksen* genoemd, die daar in huis gekomen was, om zich te verwarmen, gevlugt op eenen hoop biezen, welke op zijnen zolder lagen. Het huis instortende, geraakte de zolder met het dak aan het drijven, en de biezen, waarop zij zich bevonden, rezen in de hoogte. Dit noodzaakte hen, een gat in het dak te maken en boven op hetzelve te klimmen, waarbij *Hendrik Peters* daaraf geraakte en het leven verloor. *Hartman* bond zijne vrouw, zijn oudste kind en zich zelven, met een beddelaken, aan het spoorwerk of de sparren vast en hield zijn jongste kind in de armen. Aldus voortgedreven zijnde, tot bij het huis van *Willem Beusepol* aan de Nieuwe wetering, tusschen de Drie bruggen en de Groene steeg, op den afstand van een half uur in eene regte lijn, werd de zolder tegen de kruinen van eenige boomen verbrijzeld. De nood nu op het hoogste zijnde, was echter de eerste redding nabij; want in denzelfden oogenblik kwamen zij bij een verdrevene hooimijt. De man rukte nu zich zelven, zijne vrouw en zijn kind los, wierp de kinderen op het hooi en had, gelukkig, nog den tijd, zelf daar op te springen en zijne vrouw, die bijna geheel bewusteloos was, er op te trekken. Naauwelijks was dit geschied, of ook het dak werd geheel uit elkander geslagen en verbrijzeld. Op Zaturdag den 5^{den}, des morgens te 8 uren, werden deze menschen, welke sedert Donderdag avond geenerhande voedsel gebruikt hadden, door WILLEM BEUSEPOL met een schuitje afgehaald en dus behouden, waarop zij vervolgens naar Genemuiden werden overgebragt.

Onderscheidene huisgezinnen, in de buurt van *Hendrik Hartman*, hunne huizen moetende verlaten, namelijk die van *Jannes Rietberg*, *Jan Klaassen*, *Jan Beusepol*, *Hendrik Koetsier* en *Klaas Rijzebosch*, vlugtten dezelve naar het huis van *Arend Jans Naberman*, waar zij allen op den zolder behouden bleven, tot dat zij des Zaturdags middags door HARM POST en JAN LUBBERTS DEKKER afgehaald en naar de Urker schuit, achter het huis van *Derk van de Wal* liggende, gebragt werden. Het water blijvende zakken, begaven zij zich weder naar het huis van *Arend Jans Naberman* en werden des Zondags naar Genemuiden vervoerd.

Voornoemde J. L. DEKKER, op eenen kleinen afstand, westwaarts van de Venerijter zijl wonende, vlugtte, met zijne

hoog-

hoogbejaarde moeder, naar het huis van zijnen buurman, *Engbert Doorn den Jongen*, waar zij zich met het huisgezin van *Doorn* en andere aldaar gevlugten, te zamen 13 personen uitmakende, naar den zolder moesten begeven. Een gat in het dak gemaakt hebbende, klom DEKKER op hetzelve en zat aldaar, gedurende 8 of 10 uren, naar redding om te zien. Eindelijk zag hij van verre eene verdrevene Urker vischschuit aankomen en wenschte hartelijk, dat dezelve zijn verblijf mogte bereiken. Deze, gedurig tegen den dijk stootende, maakte eindelijk een gat in denzelven, waardoor zij naar binnen geraakte en langs het huis van *Doorn* dreef. Zijn wensch dus wezenlijk vervuld zijnde, had DEKKER het geluk, in die schuit te geraken. Met inspanning van al zijne krachten hield hij zich nu aan het dak vast, en riep zijne moeder en de anderen toe, dat zij zouden trachten een gat in het achterste gedeelte van het dak te breken, ten einde daardoor bij hem in de schuit te komen. Ongelukkig verstonden zij hem niet, en hij, zich niet langer kunnende houden, dreef met de schuit weg, tot achter eenig geboomte, bij het huis van *Derk van de Wal*. Hierop wierp hij eene dreg, die hij in de schuit vond, in het water, welke terstond vatte, en zoo bleef hij alleen den geheelen nacht liggen. Des Zaturdags, omstreeks den middag, toen het weder wat bedaarder geworden was, kwam HARM POST met een schuit-

schuitje bij hem. Hierin overgegaan zijnde, voeren zij naar het huis van *Doorn* en bragten al de daar aanwezige personen in de Urker schuit over. Daarna haalden zij het huisgezin van *Van de Wal*, en vervolgens die, welke in het huis van *A. J. Noberman* gevlugt waren, die evenwel nog des avonds derwaarts terugkeerden. Den volgenden dag vertrok DEKKER naar Genemuiden.

Hendrik Willems Snijder, een weinig verder van de Venerijter zijl wonende, vlugtte in zijn schuitje. Zijn buurman *Roelof Tap* kwam daarop bij hem, met een ander schuitje, waarin zich zijn huisgezin, uit 6 personen bestaande, benevens de weduwe van *Dalfsen* met hare dochter en haren schoonzoon, *Jannes Riesberg*, bevond. Hier bleven zij eenigen tijd bij elkander, terwijl *Tap* zijne kinderen in het schuitje van *Snijder* plaatste en dien in het zijne overnam, om dat deszelfs schuitje oud en klein was. Des namiddags ging *Snijder* weder in zijn eigen schuitje over, en wilde daar niet langer blijven liggen, maar naar het huis van *Peter Rijzebosch* varen. Dit evenwel alleen niet durvende ondernemen, verzocht hij *Jannes Westenberg* om hem te vergezellen, die zich daartoe eindelijk liet overhalen. Niet ver waren zij met het zwakke schuitje gevorderd, of hetzelve werd door eene zware golf omgeworpen, waardoor de 4 personen, welke zich in hetzelve bevonden, omkwamen. *Roelof Tap*, schoon eene betere schuit hebbende, durfde het voorbeeld van

Snij-

Snijder niet volgen, maar hield zich aan de takken van eenen appelboom vast, hetwelk hij 16 uren, tot Zaturdag morgen namelijk, met eene groote inspanning van krachten volhield, terwijl hij gedurig, met het rijzen en dalen der golven, eenen hoogeren of lageren tak moest aanvatten, ten einde zijne schuit boven water te houden. Daarna waagde hij het, naar het huis van *Peter Rijzebosch* te varen, hetwelk hij met veel moeite en gevaar bereikte, en waar bij meer de 7 bij hem zijnde personen, in den hooiberg vlugtte, uit welken zij door eene schuit van *Zwolle* werden afgehaald en naar die stad overgebragt.

De herberg *Het witte Schaap*, leed mede veel van het water; evenwel diende dezelve tot eene schuilplaats voor eenige personen, zoo als *Herinen Ligger*, *Hendrik Koopman* en de vrouw van *Jan Willems*, met hunne huisgezinnen, welke, op Maandag den 7den Februarij, door eene schuit van *Zwolle* werden afgehaald en derwaarts overgebragt.

Dirk Ekkel, een weinig verder van de Venerijter zijl wonende, vlugtte met zijn huisgezin naar zijnen buurman *Gerrit Jan Winter*. Het huis van dezen in storten de, verloren de beide huisgezinnen, te zamen 9 zielen uitmakende, jammerlijk het leven.

De weduwe van *Jan Klaasen*, mede niet ver van daar aan den dijk wonende, begaf zich met hare zonen,

hen, eerst op den zolder, toen in den hooiberg en ten laatste in een klein schuitje, waarin zij tot Zaturdag avond bleven. Toen voeren zij naar hunnen buurman HERMEN JANS VAN DER KOLK, ten einde van denzelven eenig brood te verzoeken. Deze weigerde dit te geven, en dwong hen daardoor, hunne schuit te verlaten en eene veiligere verblijfplaats bij hem in den hooiberg te nemen, waartoe zij anders niet waren over te halen: doch daarop zijn zij, gedurende 9 weken, in zijn huis verbleven.

Hermen Gerrits van der Maat en zijn huisgezin, uitmakende 8 personen, vlugtten in zijnen hooiberg. Deze op zijde schietende, sneed hij een gat in het dak, op hetwelk zij allen vlugtten en, zonder eenige verkwikking, moesten blijven tot des Zondags morgens, zijnde het eenige, wat zij in dien tijd genoten, een weinig melk, welke zij uit de uijers eener verdronkene koe molken.

Niet ver van het huis des laatstgenoemden, is de groote doorbraak, van 110 ellen lang en 14 ellen diep, ontstaan.

Engbert Doorn de Oude, een half kwartier uurs verder van de Venerijter zijl, aan den anderen kant der gemelde doorbraak, wonende, vlugtte met zijn huisgezin naar den zolder zijner woning, op welken zij verbleven tot des Zaturdags morgens, wanneer zij, het aldaar niet langer durvende wagen, zich in den hooiberg begaven, en tot Zondag morgen, zonder eenige verkwikking, daarin moesten vertoeven. Toen werden hun, door eene schuit van Gehetwuiden, vuur en brood aangebragt. Evenwel moesten zij nog tot Dingsdag den 5den Februarij in deze hunne schuilplaats verblijven; doch toen vonden zij gelegenheid, om, door middel van planken, eene opkamer van het huis te bereiken.

Jan Gerrits Kanis, nabij de Luter zijl wonende, ontvlugtte met zijne hoog zwangere vrouw, zijne bij hem inwonende krankzinnige en half verlamde zuster; vier kinderen, twee runderen, een kalf en twee geiten, zijne, door het water overstelpt wordende en weldra geheel weggeslagene, woning en bereikte den dijk. Hier bevond hij zich besloten op een klein stuk dijks, tusschen de eerste doorbraak ten oosten der Luter zijl en eene doorspoeling nog nader bij dezelve. De molenaar van den watermolen, bij de gemelde zijl, zag den benaauwden toestand van dit huisgezin, zonder hetzelve eenige hulp te kunnen toebrengen. Hij zag, hoe eerst een kind, toen eene der koeijen, daarna de wanhopige, angstig gillende moeder en voorts al de overigen, de eene na den anderen, door den fellen stroom van den dijk werden geworpen en ellendiglijk omkwamen. Ten laatste bleef de man alleen, welke, zijn geheele gezin voor zijne oogen hebbende om zien komen, in de schrikkelijkste vertwijfeling op den dijk omloopende en vrugteloos om hulp roepende, hetwelk des nachts te half drie nog gehoord werd, eindelijk naderderviel. Den volgenden dag werd zijn lijk aldaar, met de handen in de aarde gekleend, wedergevonden.

De vrouw van *Goosen Knol* aan de Luter zijl, vlugtte met hare 4 kinderen naar den nabij zijnden watermolen, terwijl hij zelf, met zijnen knecht en drie paarden, zonder eenige verkwikking, op de zijl in het water heeft vertoefd, van Vrijdag morgen tot Zaturdag middag, en evenwel nog is behouden gebleven.

Hendrik Rigtering, veerman van de overvaart of het veer te Genemuiden, welks woning, geheel alleen en voor de gansche woede der golven bloot staande, spoedig van achteren en aan de zijden was ingeslagen, bevond zich, op den zolder, in gevaar, om daarmede ook spoedig naar beneden te storten. In dezen nood stond hij, door een open dakvenster, naar redding uit te zien en werd aldaar opgemerkt door den Kapitein van 's Lands vaartuig, belast met de recherche van 's Rijks middelen op de Zuiderzee, hetwelk, op eenen geruimen afstand, tegen over het veerhuis, ten anker lag. De Kapitein trachtte dadelijk middelen te zijner redding aan te wenden, en op zijne gedane teekenen wierp de veerman een stuk houts, waaraan hij eene lijn had vastgemaakt, in het water. Dit hout, door de golven naar het schip gedreven zijnde, werd aldaar opgevischt en aan hetzelve eene sterkere lijn vastgemaakt. De veerman haalde nu het hout weder naar zich en bond de daaraan vast zijnde lijn zoo zeker en zoo hoog mogelijk, aan zijn ligchaam vast, waarna hij zich uit het venster in den vloed nederwierp en door 7 of 8 mannen, die daartoe op het dek van het schip gereed stonden, naar zich getrokken en op het schip gehaald werd. Spoedig bekwam hij van de bedwelming, waarin hij geraakt was, en werd aldus van eenen anderen zekeren dood gered.

Neetje Mooijen, te Genemuiden, werd in den namiddag van den 5den Februarij gevonden op den zolder van een, door dezelfs bewoners, reeds vroeg verlaten en zeer beschadigd huis, na dat men haar reeds in hare eigene, daar tegenoverstaande woning, te vergeefs had gezocht en daaruit besloten, dat zij eene prooi der golven zou de geworden zijn. Gevraagd zijnde hoe zij daar gekomen was, antwoordde zij, door den geweldigen stroom uit haar eigen huisje geslagen en in het andere gedreven te zijn, waar zij het geluk had gehad, bij eene ladder te komen, dezelve te grijpen, aldus op den zolder te geraken, en zoo haar leven te behouden; doch den juisten tijd, waarop dit gebeurd was, kon zij zich niet herinneren.

Het huisgezin van *Harm Jakobs Buising* te Genemuiden, uit man, vrouw en drie kinderen bestaande, riep, met een angstig geschrei, van den zolder hunner woning, om redding. Schoon nu de verschrikkelijke hoogte, het bijna onmogelijk maakte, die gevaarlijke woning

ning te naderen, waagden het echter LOUW AARTS BOS, SIMON AARTS BOS, WOLTER SCHUURMAN en JAN ALBERTS RENKHOORN, zich met eene schuit derwaarts te begeven; en hadden het geluk, hunne menschlievende pogingen met eenen goeden uitslag bekroond te zien; want zij kregen, schoon met groote moeite, de bewoners dier gevaarlijke woning, door middel van eene ladder, in hunne schuit en bragten dezelve, onder het doorstaan van de grootste gevaren, in veiligheid.

In den laten avond van Vrijdag den 4den, toen het water nog genoegzaam op het hoogste was, ontwaarde de Heer A. H. FLORISON, stads Med. Doctor en Secretaris der gemeente, die, op het hoogste van de stad wonende, een honderdtal personen herbergde en verzorgde, dat er nog enkele menschen in groot gevaar waren, in het zuidelijkste deel der Hoofdstraat, welk gedeelte der stad anders genoegzaam geheel verlaten was. Op zijne dringende aansporing, om deze ongelukkigen te hulp te komen, waagden zich EGBERT STADHOUDER, EGBERT VAN OLST en JAKOB VAN LENTE met hem, in een klein schuitje. Van eene lantaren voorzien, begaven zij zich naar het einde der stad, met het grootste gevaar over en tusschen geheel en gedeeltelijk ingestorte en nog instortende huizen doorwerkende. Zij hadden echter het geluk, hunne menschlievendheid door de redding van 5 personen, waaronder twee hoogbejaarde vrouwen, wel-

ke

ke zij, in een bijkans geheel verwoest huisje, op een reeds opgedreven bed vonden, behouden te zien, en dezelve naar het huis van den Heer schoemaker over te brengen.

Voorts hebben, behalve de reeds genoemde personen, KLAAS EVERTS, een Urker schipper, welke zich met zijne schuit te Genemuiden bevond, LAMMERT JANS VAN DALFSEN, RUTH JAGER, JASPER JANS, SIMON GERRITS BOE en ALBERT VAN DEN BERG, alle gevaren getrotseerd, en zich door het redden van noodlijdenden zeer verdienstelijk gemaakt.

Op den 9den Maart 1825 werd, door den zoon eens landmans, in tegenwoordigheid van meergemelden Heer FLORISON, op den afstand van omtrent 1 Nederl. mijl of 1000 ellen, in eene Zuid-Zuidoostelijke rigting van de groote doorbraak, 110 ellen lang en 14 ellen diep; omtrent een kwartier uurs oostwaarts van de Luner zijl ontstaan, op een stuk lands tot de geestelijke goederen der stad Zwolle behoorende, gevonden *een gedeelte van den Kop eens grooten diers* van het rundveren geslacht, van welken kop eene naauwkeurige, door den Heer Jr. SCHOEMAKER, nader geteekende, afbeelding hier is bijgevoegd. Dit gebeente lag toen droog op het land, tusschen eene menigte derrijkluiten en welzandhoopen, uit de voormelde doorbraak gespoeld, met welke aardsoorten, ook al deszelfs holligheden gevuld

waren, zoo dat den Heer BOERS veel moeite
kostte, het daarvan volkomen te zuiveren. Jammer is
het voor den Natuuronderzoeker, dat hetzelve, aan de
linkerzijde bij de oogholte en aan de regter veel hooger, is afgebroken, schoon het bovenste deel, met de
horens, zeer wel is bewaard gebleven. De teekening
is zoodanig ingerigt, dat dezelve het juiste tiende deel
der natuurlijke grootte vertoont, zoo dat de lengte van
eene Nederlandsche streep, op de teekening, met eenen Nederlandschen duim van het oorspronkelijke,
overeenkomt. Het onderste, flaauw geschetste deel,
dat aan het oorspronkelijke ontbreekt, is er door den
Heer DOIJER bijgevoegd, om den Lezer een meer aan-
schouwelijk denkbeeld te geven van de gedaante, welke dit gebeente, in deszelfs volkomenheid, zal gehad
hebben, ofschoon men die met geene volledige zekerheid
kan bepalen, en dit bijvoegsel dus enkel als een ten
naaste bij moet aangemerkt worden. — Het fraaiste van
dit stuk zijn de horens, welke eene bijzonder schoone,
regelmatige gedaante en tevens eene verbazende grootte
hebben. Ofschoon dezelve thans alleen uit de inwendige
kern bestaan, dewijl het buitenste bekleedsel verdwenen
is, hebben zij evenwel, volgens de uitwendige, langste
kromte gemeten, eene lengte van 80 Nederl. duimen
(63½ Amsterd. duim.) Het grondvlak der horens, op
den kop, is eirond, in den omtrek 42 Nederl. duimen

(16⅝ Amsterd. duim), in de grootste middellijn 15 Nederl. duimen (5⅞ Amsterd. duim) en in de kleinste 12 Nederl. duimen (⅘ Amsterd. duim) houdende. De onderlinge afstand der horens, op den kop, bedraagt 31 Nederl. duimen (12 1/15 Amsterd. duim), de beide punten der horens, in den tegenwoordigen toestand, zijn 65 Nederl. duimen (25 7/15 Amsterd. duim) van elkander verwijderd, en de grootste wijdte der vlugt, tusschen het buitenste der horens, beloopt 98 Nederl. duimen (38½ Amsterd. duim).

Ten opzigte van de soort, komt deze kop volmaakt overeen met dien, welke in den jare 1816, uit eenen veengrond in het Canton van *Arpajon*, in Frankrijk, werd opgegraven, en waarvan men de beschrijving, vergezeld van eene naauwkeurige afbeelding, vindt in het werk van den beroemden CUVIER, getiteld *Recherches sur les ossemens fossiles*, en wel in het 4de deel, bladz. 151. Hij bezit ook de kenteekenen, welke de Heer CUVIER op bladz. 109 opgeeft, waardoor het ras der runderen onderscheiden is van dat der Averossen en Buffels, als zijnde het voorhoofd, van het bovenste van den kop tot aan de oogen, bijna vierkant, terwijl dit in de Averossen meer breed dan hoog is, in de reden van 3 tot 2. Aldus is ook de hoogst uitstekende lijn van den kop, juist tusschen de horens, daar deze lijn in de Averossen meer naar achteren is geplaatst.

Om

Om nu eenigzins de grootte van het dier, waartoe de gevondene kop heeft behoord, te bepalen, bedien ik mij van een gezegde van den Heer CUVIER, welke, van nog andere dergelijke koppen sprekende, er eenen aanhaalt, die reeds te voren door den Heer FAUJAS DE ST. FOND was beschreven, en waarin de afstand der horens op den kop 33.2 Nederl. duim bedroeg, terwijl hij daarop laat volgen: ,, Hetwelk, naar de evenredigheden in den stier, ,, een dier zoude aanduiden van 12 voeten lengte en ,, 6½ voet hoogte op de schoft." Deze voeten Fransche zijnde, bedragen dezelve 3.90 en 2.112 el. In onzen kop bedraagt de afstand der horens 31 Nederl. duimen, en dus 2.2 duim minder, dan in den Franschen, waarom ons dier dan ook iets kleiner, en naar evenredigheid 3.64 el (12 Amsterd. voeten en 9⅔ duim) lang en 1.97 el (6 Amsterd. voeten en 10½ duim), op de schoft, hoog zoude zijn geweest.

In meerdere landen van Europa zijn beenderen van dezelfde soort van dieren gevonden. De Heer BALLEN-STADT verhaalt in zijn werk, *De Voorwereld* getiteld, 1ste deel, bladz. 197 en volgende, het uitgraven van den kop en andere beenderen van eenen dergelijken stier, bij *Offleben*, in het Hertogdom Brunswijk. De breedte van den achterkop was 1 voet en 2 duim, of ruim 36.5 Nederl. duim; weshalve die kop grooter, dan de alhier gevondene, moest zijn, daar dezelfde breedte in den laatst-ge-

gemelden 33 Nederl. duimen bedraagt. Deszelfs horens, 2 voeten 3½ duim of 72 Nederl. duimen lang zijnde, waren integendeel merkelijk korter, dan die van den hier gevondenen.

Deze schrijver maakt, in hetzelfde werk, bladz. 203, van eenen anderen, dergelijken kop gewag, welke in den jare 1779, bij *Rome*, aan den *Tiber* gevonden werd, en tusschen de horens 2 voeten en 2 duimen breed was, schoon hij niet zegt, welke soort van voeten daardoor bedoeld worden. Zijn het nu Rijnlandsche, dan zoude die kop eene breedte van 68 Nederl. duimen (26⅜ Amst. duim) gehad hebben en het dier, waartoe dezelve had behoord, ruim tweemaal zoo lang en hoog geweest zijn als dat, waarvan de kop thans gevonden is. Men zoude echter ook kunnen denken, dat daardoor Romeinsche voeten verstaan moeten worden; en dan zoude de breedte des kops 64.5 Nederl. duim bedragen, hetwelk van het vorige niet zeer veel verschilt. Indien dit berigt echt zij, moet dat dier eene verbazende grootte gehad hebben. Ook waren de horens 4 voeten, of (op Rijnl. voeten gerekend) 1.255 el (4 Amsterd. voeten en 4½ duim) lang.

In andere landen van Europa zijn mede, van tijd tot tijd, zoodanige overblijfselen van deze dierensoort gevonden, waaruit men moet opmaken, dat dezelve te eenigen tijde over dit gansche werelddeel verspreid

K was,

was, schoon zij thans nergens meer aangetroffen wordt. BALLENSTEDT brengt haar tot de zoogenoemde Voorwereld, of eene vroegere orde van zaken op deze Aarde. Dit schijnt evenwel het gevoelen niet te zijn van den Heer CUVIER, maar wel, dat deze dierensoort tot de tegenwoordige Schepping behoort, doch thans uitgestorven is, schoon, als ware het, in onze runderen voortlevende; want hij zegt in het genoemde werk, bladz. 150: "Al de kenteekenen van het rund, die ik heb opgegeven, worden in deze schedels aangetroffen, en ik "twijfel geenszins of dezelve hebben behoord tot een "wild ras, geheel onderscheiden van den Averos, en "dat het echte stamras van onze tamme runderen heeft "uitgemaakt, welk ras door den voortgang der beschaving zal zijn vernietigd, zoo als thans ook met dat "van den Kameel en den Dromedaris plaats vindt." Dat deze kolossale dieren, even als vele andere, eens op dezen Aardbol hebben bestaan, leert ons het vinden van hunne overblijfselen. Dat zij thans niet meer aanwezig zijn, lijdt mede geenen twijfel: dan, wie zal bepalen, wanneer dezelve bestonden en door welke omwentelingen zij verdwenen zijn? Al wat hiervan gezegd kan worden, zijn gissingen, waaromtrent niet de minste zekerheid te bekomen is, zoo als de hemelsbreed uit elkander loopende geologische stelsels der vermaardste Natuurkenners genoegzaam bewijzen. On-

der

J. Schoemaker Doyer, del.   A. L. Zeelander

dertusschen schijnt het denkbeeld van den Heer CUVIER, omtrent deze diersoort, wel de meeste waarschijnlijkheid voor zich te hebben.

Dit merkwaardig overblijfsel is door den Heer FLORIson, die daarvan eigenaar geworden was, ter dispositie gesteld van Zijne Excellentie den Heere Gouverneur der provincie Overijssel, welke daarvan berigt aan het Gouvernement heeft ingezonden, waarna hetzelve, voor het Rijk, van den Heer FLORISON overgenomen en in het Museum der Hooge School te *Leijden* is geplaatst geworden.

GRAFHORST.

Deze kleine gemeente grenst zuidwaarts aan die van Genemuiden, en ligt aan den dijk van den oostelijksten mond des IJssels.

Op Vrijdag den 4den Februarij, des morgens te 4 uren, begon de dijk over te loopen, en om 6 uren was dezelve algemeen overstroomd. Men stelde alle middelen te werk, om menschen en vee uit de laagststaande huizen te redden, hetwelk, niet zonder gevaar, gelukte. Omstreeks 9 uren spoelden 10 huizen, aan den Branderdijk, geheel weg, zoo dat er geen spoor van overbleef. Te 7 uren begon de dijk, op welken het stadje Grafhorst gelegen is, in deszelfs achterste gedeelte over te loopen, waarom een tweede, dat hij zoude bezwijken, hetwelk ook door de ondervinding werkelijk bevestigd werd. Om 10 uren spoelde aldaar eene wade en om 11 uren eene tweede, waarna het ééne huis vóór en het andere na geheel werd weggeslagen. Des namiddags te 4½ uur was het water op het hoogste, en de geheele gemeente geïnundeerd, met uitzondering van 17 woningen en derzelver tuintjes, het Gemeentehuis en de School; staande het toen in de herberg het Wapen van Kampen 0.81, in een der laagste huizen, namelijk dat van J. Wijnbergen, 2.80 en op de laagste landerijen 3.08 el, 0.56 el boven den vloed van 1776 gerezen zijnde.

Verschrikkelijk was dus de toestand der inwoneren van deze gemeente, daar er, van de 64 aanwezige woningen, 46 geheel weggespoeld en 14 zwaar geteisterd zijn. Er verdronken 37 runderen; doch het verlies van menschen was gelukkig minder, dan men zoude verwachten, dewijl alleen het huisgezin van *Menze Brand*, nabij de Luter zijl, aan den zeedijk wonende en uit 6 personen bestaande, is omgekomen.

Des namiddags omtrent 2 uren sloeg, bij de twee gespoelde gaten, eene schuit om, waarin zich *Jan Aarts Dekker*, en *Jan Penninkhof Kz.* bevonden, bezig zijnde om meubelen te redden. Het gelukte hun de takken van eenen boom te grijpen, waardoor zij wel behouden werden, doch meer dan een uur in den fellen stroom moesten

ten verblijven. ADOLF en JAKOB PENNINKHOF, wier huizen reeds waren weggespoeld, trachtten deze personen met eenen punter te redden, doch konden, wegens den sterken stroom, hun oogmerk niet bereiken en moesten het, na herhaalde vergeefsche pogingen, opgeven. ADOLF PENNINKHOF waagde het echter, op aansporing van den Burgemeester, nogmaals, tevens met JAKOB VAN DEN BELD; en toen mogten zij het genoegen smaken, de beide noodlijdende personen, na het doorstaan van groot gevaar, te redden en behouden aan wal te brengen.

Derk Lingeman of Doorn, in het tweede huis van af de Luter zijl wonende, heeft zich met zijn huisgezin en dat van *Jan Vifscher*, welke nabij hem, in de Koekoekshagen, onder IJsselmuiden, woonde en met zijne vrouw en vijf kinderen naar hem was komen vlugten, benevens dat van zijnen anderen buurman, *Bart Tuinman*, moeten begeven op het dak van zijne woning, waar zij 24 uren, zonder eten of drinken, moesten verblijven, tot dat zij door GOOSSEN KNOL, zijnen knecht en GERRIT VOERMAN, met eene schuit aan den knecht behoorende, van daar gehaald en naar den Luter watermolen overgebragt werden. — Het huisgezin van *Jan Vifcher* is vervolgens, door eene schuit van *Zwolle*, afgehaald en naar die stad overgebragt, zijnde hij zelf, wegens de doorgestane ongemakken, overleden en aldaar begraven.

K 3 *Derk*

Derk Lingeman is zoo lang in den molen gebleven, tot dat hij weder een gedeelte van zijn huis konde betrekken, en *Bart Twinman* heeft zich, eenige dagen in den molen geweest zijnde, naar Oosterhout, onder IJsselmuiden, begeven.

Mense Brand en zijn huisgezin, te zamen 6 personen uitmakende, in het naaste huis aan de Linter zijl wonende, waren genoodzaakt zich op het dak te begeven, dat, toen het huis instortte, aan het drijven geraakte. Op eenigen afstand van den dijk begaf *Brand* zich in eenen boom, waaruit hij in het water geraakte en verdronk, zijnde zijn lijk, eenige weken daarna, in den Koekoek gevonden. Het dak dreef verder voort, tot nabij het huis van *Gerrit Last*, alwaar hetzelve in stukken werd geslagen en het geheele huisgezin het leven verloor. Het lijk van eene dochter, oud 25 jaren, werd eenigen tijd na het ongeval gevonden, naar *Zwolle* gevoerd en aldaar begraven. Een der paarden van *Brand* trachtte bij *Gerrit Last* in den bok, waarin deze gevlugt was, te geraken, en moest met geweld daarin wederhouden worden. *Gerrit Last* naderhand, op eenigen afstand, een gehuil hoorende, hetwelk, zoo hij meende, door eenen in nood zijnden mensch veroorzaakt werd, voer hij zuidwaarts, met zijne vrouw, naar de Koekoeksteeg, doch ontdekte, dat het de hond was van *Mense Brand*, die op eene rietkragge zat te huilen, en nu door hem medegenomen werd. *Jen-*

Jennigje Gerrits, op het dak van haar huisje, van den Branderdijk naar den hoogen Kattenberg, dus bijna ¾ uurs, weidzeven zijnde werd, na verloop van 24 uren, op den 5den, door *Jan Marts Dekker* en *Hendrik Kants*, die, met de eerste schuit, door den Burgemeester naar den Plas gezonden waren, gered en tevens met het huisgezin van *Jan Gerrits*, aan den Plas wonende, behouden te Grafhorst aangebragt.

In den morgen van den 5den Februarij beijverden zich de ingezetenen van Grafhorst, hoe ongelukkig ook hunne eigene omstandigheden waren, om die van het tegenoverliggende *Kamper eiland* te hulp te komen. A. PENNINKHOF, JAN PENNINKHOF KZ. en JAKOB VAN DEN BELD staken reeds te 5 uren derwaarts over. De Heer Burgemeester, R. VAN DER WOUDE JR., trachtte hen spoedig, met JAN PENNINKHOF GZ. en JAKOB PENNINKHOF te volgen, hetwelk echter mislukte, dewijl zij, door eene zware bui, genoodzaakt werden, terug te keeren; doch om 8 uren begaven zij zich, benevens WILLEM KLOOSTER, met beter gevolg weder derwaarts. Omstreeks 7 uren werd reeds, door de eerste schuit, het huisgezin van *Hendrik Plas* te Grafhorst aangebragt. Vóór des namiddags te 1 uur waren, door die beide schuiten, 60 personen van het genoemde eiland gered. Storm en vermoeidheid beletteden toen, meer te verrigten.

IJSSELMUIDEN.

Deze gemeente grenst aan het zuiden en westen der gemeente van Grafhorst, en is uitgestrekter dan deze en die van Genemuiden; want terwijl die beide gemeenten enkel in de lengte langs den dijk liggen, en meestal weinige schreden binnenwaarts eindigen, strekt IJsſelmuiden zich tot in het midden des polders van Mastenbroek uit. Regtstreeks werd deze gemeente geinundeerd, door de doorbraken onder Grafhorst niet alleen, maar ook door eene andere, tuſſchen Kampen en Grafhorst, binnen dezelve ontstaan. Daar deze gemeente veelal zeer laag is, geraakte zij, op 5 of 6 huizen na, geheel onder het water, dat aldaar te middernacht, tuſſchen den 4den en 5den Februarij, zijne grootste hoogte bereikte. Geweldig werd IJſelmuiden door den vloed geteisterd: 32 woningen werden weggespoeld en 130 meer of min beschadigd; 35 menschen verloren ongelukkig het leven; van de 1084 runderen, welke, bij de telling in 1824, alhier aanwezig waren, verdronken er 745 en tevens 32 paarden.

Het lot der inwoneren van den, tot deze gemeente behoorenden, *Koekoek* was inzonderheid allerverschrikkelijkst. Van de 13 aldaar aanwezige huizen, zijn er 12 geheel weggespoeld, terwijl van het 13de ſlechts een gedeelte is blijven staan.

De-

Daniël Langenberg, bij den hoogen vonder, aan het westelijke einde van den Koekoek, wonende, nam, met zijne hoogzwangere vrouw en vier kinderen, de toevlugt in eenen bok, welken zij aan dien vonder vastmaakten. Deze, door den slag der golven, met de palen uit den grond gerukt zijnde, moesten zij zich daarvan losmaken en dreven nu ruim 1¼ uur ver, tot bij het huis Werkeren, waar de bok naderhand, in eene kolk gezonken zijnde, benevens de lijken der 6, zich daarin bevonden hebbende, personen gevonden is. De vonder is mede door de Konijnenbelten tot nabij het Frankhuis gedreven.

Jakob Korthof de Oude, *Jakob Korthof de Jonge*, *Hendrik Schut*, *Jan Jans Koekoek* en *Jan Roelofs Koekoek* hadden zich, met hunne huisgezinnen, te zamen 21 personen uitmakende, verzameld in het huis van *Jakob Korthof den Jongen*. Dit huis door de woede der golven bezwijkende, na dat zij niet langer dan een kwartier uurs op den zolder hadden vertoefd, begaven zij zich in eenen bok. Nu dreven zij eerst door geheel Mastenbroek, daarna over de Stads hagen, niet ver van het huis van *Hendrik Hullen*, welke hen, uit zijnen hooiberg, zag voorbijdrijven, en voorts, een klein kwartier uurs van de Rademakerszijl, over den Zwartewaters dijk, waarna zij, door den stroom, dwars over die rivier, tegen den dijk der Dieser mark geworpen werden. De bok met geweld tegen dezen dijk stootende, maakte half op denzelven en half vol water. Al de daarin zijnde personen moesten nu denzelven verlaten, en zich op den dijk begeven, waar zij, zoo veel mogelijk, achter den bok gingen zitten, om minder van de golven te lijden te hebben. Van de 21 personen waren er te middernacht, tusschen den 4den en 5den Februarij, reeds 18, door het water en de koude, omgekomen, terwijl de drie overige, namelijk *Jan Roelofs Koekoek*, *Femmigjen de Vries*, huisvrouw van Jan Jans Koekoek, en *Derkjen Post*, huisvrouw van Hendrik Schut, zich, zoo digt mogelijk, tot onderlinge verwarming bij elkander hielden, en zich verder, zoo veel doenlijk, trachtten te beschutten door een stuk van eene mat, hetwelk in den bok gevonden werd. In dezen ellendigen toestand bleven zij, zonder eenige verkwikking, tot Zondag den 6den, wanneer zij, door eene schuit, naar *Zwolle* werden overgebragt, met de lijken van 16 der omgekomene, zijnde die der twee overige eerst op den 21sten en 22sten Februarij, in Diese wedergevonden.

Berend Hollander, *Douwe de Vries*, de weduwe van *Hendrik Timens* en *Rouke Lau* begaven zich, met hunne huisgezinnen, in eenen bok, aan den laatstgemelden toebehoorende. Met dezen dreven zij tot aan het huis van *L. Hengeveld*, aan de Bisschopswetering, tusschen de Drie bruggen en den Papekop wonende. Aldaar begaven

ven zij zich in den hooiberg, in welken zij bleven tot des morgens van den 5den, toen de hooiberg bezweek, waardoor zij genoodzaakt werden, weder in den bok te gaan en, onder den blooten hemel, in denzelven te verblijven, tot den morgen van den 6den, toen zij bij *Hengeveld* in huis kwamen. De beide eerstgemelde huisgezinnen werden op Dingsdag den 8sten, met eene schuit, van daar naar *Zwolle* gebragt. De beide andere bleven aldaar, tot dat het water zoo veel gezakt was, dat zij zich weder met den bok op hetzelve durfden begeven en naar *Kampen* vertrekken. Deze vier huisgezinnen werden aldus, na het doorstaan van vele wederwaardigheden, gelukkig behouden.

De weduwe van *Bartelt Lass* werd, niettegenstaande haar huis in hoogte met den dijk gelijk stond, met haar huisgezin genoodzaakt, hetzelve te verlaten, zijnde het huis, de berg en de turfschuren geheel vernield. Zij begaf zich naar de woning van *Timen Hollander*, waar zij ook haren buurman *Geert Hollander* en zijn gezin vond. Vervolgens begaven zich deze drie huisgezinnen in eenen bok, en lagen daarmede achter eenen hooiberg, tot den morgen van den 5den Februarij, wanneer zij, hier niets te eten of te drinken hebbende, naar 's Heerenbroek voeren en aldaar gelukkig aankwamen. Naderhand voeren zij met denzelfden bok naar *Kampen*, en bleven derhalve het leven behouden.

Arend

Arend Hofstede, door het water overvallen wordende, verdronk met een zijner kinderen. Zijne vrouw bragt daarop het haar nog overige kind, een jongetje van 7 of 8 jaren, op den zolder. Naar beneden willende klimmen, om nog eens naar de verdronkenen om te zien, ontschoot haar de ladder, zoo dat zij, zich aan den zolder vasthoudende, hangen bleef. Het jongetje schoot toe ter hulp van zijne moeder, en had het geluk, niettegenstaande zijne nog geringe krachten, haar bij de armen naar boven te trekken; waardoor zij dus, op eene bijna wonderdadige wijze, behouden werd.

Lubbert Hageman, aan de Bisfchopswetering, bij de Drie bruggen, bevond zich op den 4^{den} Februarij, des avonds te 11 uren, met zijne vrouw en zijn kind op den zolder van zijne woning. Deze instortende, sneed hij een gat in het dak, klom met zijne vrouw op hetzelve en haalde het kind mede naar boven. Toen zij daar waren, bezweek het dak hoe langer zoo meer, waarom zij de vlugt namen in eenen nabijstaanden boom. De vrouw en het kind stierven weldra, door natheid en koude verkleumd zijnde; doch hij zelf werd, door zijnen buurman HERMEN VAN BRUGGEN, geholpen door GERRIT LEFERTS SCHUTTE en HENDRIK DOORN, met veel moeite geréd.

Gerrit Leferts Schutte, mede bij de Drie bruggen, aan de Bisfchopswetering, wonende, was bij het begin der
over-

overstrooming ten huize van zijnen buurman *Hermen van Bruggen*. Zijne vrouw vlugtte, met drie kinderen, op eenen balk van het achterhuis, en moest aldaar 24 uren, zonder eenige verkwikking, doorbrengen. Daarna werden zij, door *van Bruggen*, met een schuitje afgehaald en in deszelfs hooiberg gebragt, uit welken de vrouw en kinderen den volgenden dag, door eene schuit, naar *Zwolle* vervoerd werden, terwijl de man in denzelven bleef, om, zoo mogelijk, nog iets van zijne goederen te redden. Dit ondoenlijk bevonden zijnde, begaf hij zich, twee dagen later, mede naar *Zwolle*.

Berend Davids Vink, wonende aan de Bisschopswetering, omtrent 9 minuten gaans van de Drie bruggen, naar de zijde van den Koekoeksteeg, vlugtte met zijne vrouw, twee kinderen en eenen, bij hem inwonenden, bovenlandschen arbeider naar den zolder. Aldaar een paar uren vertoefd hebbende, stortte het huis in en klommen zij op het dak. Daar zijnde wist de bovenlander, door middel eener hooivork, schoon met levensgevaar, eenen turfbak naar zich toe te halen. Hiermede begaven zij zich op eene hooimijt, die, tusschen de bij het huis staande boomen, was vastgeraakt, waarop zij tot Zaturdagmorgen bleven, toen zij, door ROUKE LAST, DOUWE DE VRIES en HENDRIK TIMENS gered en naar *Hengeveld* overgebragt werden. Maandag den 7den Februarij werd dit huisgezin naar *Zwolle* vervoerd.

De

De weduwe van *Klaas Knol*, aan dezelfde wetering, naast Berend Davids Vink, bezuiden naar de Drie Bruggen, wonende, had insgelijks met haar gezin de vlugt moeten nemen naar den zolder, van waar zij ook door ROUKE LAST, DOUWE DE VRIES en HENDRIK TIMENS naar *Hengeveld* werd overgebragt. Op Donderdag den 10den Februarij werd ook dit gezin naar *Zwolle* vervoerd.

Gerrit Last, wonende aan de Bisschopswetering, tusschen den dijk en de Koekoekssteeg, vlugtte eerst in zijnen hooiberg, en toen deze begon te bezwijken in eenen bok. Des Zaturdags morgens trachtte hij met denzelven de Lunerwatermolen te bereiken, doch konde niet verder komen, dan tot op de helft van dien afstand. In den namiddag werd hij geholpen door GOOSSEN KNOL, DERK ?, en GERRIT VOORMAN, kwam derhalve in den avond aan den molen en bleef aldaar, terwijl zijne vrouw en kinderen, op Maandag den 7den Februarij naar *Zwolle* werden overgebragt.

WILSUM.

Deze gemeente ligt, ten zuiden van IJsselmuiden, aan den IJssel, grootendeels aan dezelfs regteroever, alwaar ook derzelver hoofdplaats, of het stadje Wilsum, gelegen is. Schoon de dijk, in deze gemeente, niet zeer

WATERSNOOD.

gear veel geleden had door den vloed van den 14den en 15den November 1824, bezweek hij echter op den 4den Februarij 1825, even ten noorden van *Wilsum*, op vijf plaatsen, en dat op den geringen afstand van omtrent eene Nederlandsche mijl of 1000 ellen. Reeds des morgens te 9 uren was de overloop van den dijk algemeen, waardoor dezelve, hoe langer zoo meer, verzwakt en het binnenland geïnundeerd werd. Om 11 uren bespeurde de Heer Burgemeester, F. H. VAN LIER, die, een weinig boven *Wilsum*, eenen kistdam op een laag gedeelte van den dijk deed aanleggen, dat het binnenwater sterk rees, waaruit hij besloot, dat er reeds eene doorbraak moest bestaan, en in welk gevoelen hij versterkt werd, op het zien van eene noodvlag, op den hooiberg van *Aalt van der Waa*. De Burgemeester deed terstond eene schuit naar binnen brengen en begaf zich, met den Assessor W. KLOEK en twee schippers, derwaarts. Aldaar gekomen zijnde, vond hij de meeste bewoners der omliggende huizen bijeen, welke daar hunne toevlugt, als tot het hoogstgelegene huis, genomen hadden, terwijl andere, die niet hadden kunnen vlugten, in den grootsten angst, op de zolders hunner woningen zaten. Deze werden evenwel allen aan het gevaar onttrokken, behalve het ongelukkige huisgezin van *Jan Rietberg*, uit den man, de vrouw en eene dochter bestaande. Dit gezin had ook de toevlugt genomen tot den zolder; doch, onbestand te-

gen

gen den aanval van eene verschrikkelijke massa waters, welke, door eene groote doorbraak, onmiddelijk op hetzelve kwam aanstroomen, bezweek het huis, de zolder en het dak geraakten aan het drijven, de vrouw en dochter werden eene prooi der golven, en de man alleen had het geluk, zich ter naauwernood te redden, op eenen wilg, waar hij tegen aan was gedreven. De Burgemeester deed hem, terstond na zijne aankomst, van daar afhalen, door drie schippers, namelijk EVERT VISSCHER, BRAND BASTIAAN en WOLTER PELKHOF. Deze onderneming was echter van geen gering gevaar vergezeld, daar zij zich voor eene doorbraak moesten begeven, en dus het vereenigde geweld van eenen fellen stroom en den storm doorstaan; weshalve de drie gemelde personen zich in dezen zeer verdienstelijk hebben gedragen.

Behalve het hooggelegene stadje, dat nog aanmerkelijk boven het water verheven was, werd de geheele gemeente geïnundeerd, en toen het water, des namiddags te 4 of 5 uren, op het hoogste was, stond het in het laagste huis, namelijk dat van *Hendrik ten Brinke*, op Uiterwijk, ter hoogte van 2.07 en op de laagste landerijen 3.14 el. Door dezen verschrikkelijken vloed spoelden 11 huizen geheel weg, terwijl er 5 gansch onbewoonbaar en 10 grootelijks beschadigd werden, 40 hoornbeesten en 4 paarden verdronken. Eene menigte meubelen, landmansgereedschappen, hooi, stroo, aardappelen enz.

spoel-

spoelden weg of bedierven, en vele bunders best groenland werden, of tot kolken weggespoeld, of diep onder het zand begraven.

Ten zuiden van de gemeente Wilsum ligt, langs den IJsseldijk, de buurschap

VEECATEN,

mede onder den polder van Mastenbroek begrepen zijnde, doch tot de, aan de andere zijde des IJsfels gelegene, gemeente ZALK behoorende.

Schoon de dijk alhier behouden bleef, geraakte Veecaten echter ook diep onder water. De huizen stortten grootendeels in, terwijl er weinig onbeschadigd bleven, bijna al het vee verdronk en verscheiden bewoners naar *Zwolle* gebragt en aldaar eenigen tijd verzorgd werden.

De weduwe van *H^k. Bastiaan*, op den 4^{den} Februarij, des middags te half één, door het water overvallen wordende, was genoodzaakt naar boven te vlugten, met haren zoon en drie, door de diakonie van Zalk bij haar bestéde, kinderen, van welke de oudste, *Harm Knol* geheeten, die 18 en de tweede, *Jan Knol*, welke 15 jaren oud was, beide krankzinnig waren, zijnde het derde, *Johanna Knol*, een meisje van 7 jaren. Den eersten dezer drie, reeds langen tijd ziek geweest zijnde en nu, met den dood worstelende, konde men niet naar boven krijgen. Hij moest dus op zijn leger worden achtergelaten, en alzoo nog in het water zijn leven eindigen. De overige op de balken of zoogenoemde sleten zijnde, maakte de zoon een gat in het dak, ten einde zich daardoor op hetzelve te begeven; doch intusschen ontzakte *Jan Knol* zijner, aan de daksparren hangende en bijna verkleumde, verzorgster en verdsonk. De drie overige werden vervolgens, door *K. Koerts, D. van Dijk, W. Bijman, G. Vlikamp* en *G. Visscher* van het dak der wiggelende woning afgehaald en naar den dijk gebragt, waar het meisje, wegens de doorgestane ongemakken, ten huize van *Mattes van Dijk* overleden is.

"Van de ingezetenen dezer buurschap, welke door hulpvaardigheid hebben uitgemunt, behooren inzonderheid DERK NIEUWBROEK, WILLEM WESTRA, GOSEN MEULMAN, JAN WARNERS STOEL en JAN VISSCHER genoemd te worden. Deze voeren des Zaturdags morgens te 3 uren, moeite noch gevaar ontziende, naar de nog onbezochte Veenster woningen, bragten sommige huisgezinnen naar den dijk en voorzagen anderen, die op hunne zolders bleven, van vuur en licht. Zij bevonden allen in den akeligsten toestand: hier vonden zij een gansch gezin op eenen bijna drijvenden wagen, in de schuur; daar vrouwen, die uren lang te zamen op ééne ladder hadden moeten staan, en wedere elders andere verschijnselen van dien aard. Het

Het overige en grootste gedeelte van den polder van Mastenbroek behoort tot de gemeente van

ZWOLLERKERSPEL.

Schoon dit gedeelte zich voornamelijk uitstrekt over het binnenste van den polder, grenst het echter ook zeer na aan een groot deel van den zeedijk, tegen de gemeente van Genemuiden. De huizen ten opsten der Luter zijl, welke eenige weinige schreden van den dijk verwijderd zijn, behooren meestal tot deze gemeente. Derzelver bewoners deelden in denzelfden rampspoed, welke hunne, onder Genemuiden wonende, naburen trof; terwijl die van meer binnenwaarts gelegene huizen, ofschoon minder aan den eersten aanval blootgesteld zijnde, evenwel, wegens de ontzettende hoogte en het geweld des vloeds, weinig minder te lijden hadden.

Peter Schaapman, niet ver van den zeedijk, tusschen de Luter en Venerijter zijl, omtrent 12 minuten gaans van de laatste, wonende, vlugtte met zijne vrouw en elfjarige dochter naar den zolder van zijn huis. Het huis ingestort zijnde klommen zij op het dak, en dreven, een klein uur gaans in eene regte lijn, met hetzelve voort, tot bij het huis van *Willem Overkamp*, aan de Nieuwe wetering, een half kwartier uurs zuidoostwaarts van de Drie bruggen. Hier stiet het dak tegen eenen boom, waardoor het in twee stukken gebroken werd.

De man bleef op het eene, de vrouw en dochter op het andere stuk; hij vlugtte in eenen boom en de vrouw en dochter in eenen anderen. *Schaapman* werd door *Overkamp* gered, door middel van een schuitje, dat deze, hetzelve met een touw vasthoudende, naar hem toe liet drijven, en waarmede hij hem naar zich toe haalde en in zijnen hooiberg deed komen. Er was geene mogelijkheid, om zijne vrouw en dochter hulp toe te brengen, weshalve dezelve beide in den boom verkleumden. Na verloop van twee etmalen werd *Schaapman* door eene Zwolsche schuit afgehaald, en de beide lijken, die in den boom waren blijven hangen, mede naar die stad vervoerd en aldaar begraven.

Willem Kamphof, wonende in den Papekop, aan de Bisschopswetering, op den hoek van de Riek- of Groene steeg, vlugtte met zijn huisgezin, bestaande uit hem, zijne vrouw, twee kinderen, eenen knecht en eene meid, op den 4den Februarij, des morgens te 11 uren, in zijnen hooiberg. Met hem vlugtten derwaarts zijn buurman *Lute Hendriks Bakker*, deszelfs vrouw en 5 kinderen. Na verloop van eenige uren scheurde de hooiberg van een en de 13, zich daarin bevindende, personen begaven zich in een klein schuitje, dat zij bij zich hadden. Hiermede zochten zij beschutting achter eene groote schuur; doch deze ook spoedig bezwijkende, moesten zij zich laten drijven. Bij eenige wilgen boomen geko-

men

men zijnde, konden zij het schuitje niet langer boven water houden, en *Willem Kamphof*, zijn knecht en zijne meid hadden het geluk, in eenen boom te geraken, terwijl de overige 10 personen, welke zij geenerhande hulp konden toebrengen, het leven verloren. De meid stierf evenwel door de koude, in den boom, en *Willem Kamphof* en de knecht werden des Zaturdags morgens, door R. en J. LAST en TIMEN HOLLANDER, met een klein schuitje gered, zijnde het lijk der meid des Maandags naar *Zwolle* vervoerd en aldaar begraven.

De Wed. van *Derk Hendriks van de Riete*, aan de Oude wetering, niet verre van de Mastenbroeker kerk, naar den kant van den zeedijk wonende, moest op den 4den Februarij, des voormiddags te 10 uren, naar den zolder vlugten, met haar huisgezin, bestaande uit *Gerrit Doorn*, deszelfs vrouw, 4 kinderen, een knecht, eene meid en 2 oude lieden. Deze 11 personen hebben allen, zonder eenige verkwikking, twee etmalen op eenen balk moeten zitten, tot dat zij op Zondag, in den voormiddag, door eene Zwolsche schuit gered werden.

Klaas Egberts van Haarst, in het Hanenrik, aan de Oude wetering, bij de brug van de Groene steeg, wonende, was met zijn huisgezin op den zolder, toen het huis door palen van Schokland werd uiteengeslagen. Al de huisgenooten hadden het geluk, door middel van eene plank, uit het dak in den hooiberg te komen en aldaar het leven te behouden, met uitzondering van een anderhalfjarig kind, hetwelk, zijn gewone voedsel missende, overleed, vervolgens naar *Zwolle* gevoerd en aldaar begraven werd.

Ten huize van *Hendrik Timmerman*, bij de Mastenbroeker kerk, bevond zich op den 4den Februarij *Willem Bruinier*, een scheepstimmerman, te Zwolle wonende. In den morgen van dien dag stoot deze zijn gereedschap in eene kist, zettede dezelve van buiten tegen den kerkmuur en begaf zich op weg naar Zwolle, om het water te ontwijken, dat hem ook, schoon te naauwernood, gelukte. Zijne kist werd vervolgens door het water medegevoerd, dwars over het Zwartewater, tot bij den Boerendans, eene herberg aan de Nieuwe Vecht, een kwartier uurs ten noordoosten van Zwolle, waar dezelve naderhand is wedergevonden. Ook uit het zóó ver voortstuwen van eene kist met zoodanige gereedschappen, kan men eenig denkbeeld vormen van den geweldigen vloed. — *Hendrik Timmerman* vlugtte, toen het water hem overviel, met zijne vrouw, drie kinderen en twee knechten naar de kerk. Deze diep in het water gerakende, klommen deze 7 personen, door middel van eene aldaar staande brandladder, op eenen balk, waarop zij, zonder eenige verkwikking, bleven zitten, tot Zondag den 6den, wanneer zij door de, het eerst aldaar aankomende, Zwolsche schuit, waarin gemelde *Willem Bruinier* zich mede bevond, gered werden.

Daniël van Dijk, in het Boschje, aan de Boschjessteeg wonende, moest met zijn huisgezin de vlugt nemen naar den zolder. Daar zijnde stortte het voorste gedeelte van den zolder in, waarbij drie kinderen in het water geraakten, van welke er twee gered werden, terwijl het derde verdronk. De overige leden van dit huisgezin hadden het geluk, hun leven te behouden op het achterste gedeelte van den zolder, tot dat zij door eene schuit van *Willum* werden afgehaald.

Hendrik Hulleman, aan de Nieuwe wetering, niet ver van de Groenesteeg, moest ook met zijn huisgezin, te zamen 9 personen uitmakende, de vlugt nemen naar de balken boven zijn achterhuis. Hier zijnde verdronken zijne runderen en één der paarden, terwijl het tweede op de deel rondzwom en alle pogingen aanwendde, om bij hen boven te komen. Uit vrees voor hun eigen leven, hetwelk groot gevaar zoude geloopen hebben, indien het paard zijn oogmerk hadde bereikt, waren zij wel verpligt dit te beletten, ofschoon de knecht werks genoeg daarmede had, tot dat hij de ladder optrok en over de opening der balken leide. Hierdoor tegengehouden, moest het eindelijk verdrinken, terwijl het voor *Hulleman* en de zijnen zeer gevoelig was, dit dier aldus aan hun eigen behoud te moeten opofferen, en zij naderhand meer daarover klaagden, dan over hunne eigene ongevallen.

Hendrik Bouwman, mede aan de Nieuwe wetering, doch iets verder naar den kant der Drie bruggen, wonende, en ruim 70 jaren oud zijnde, had weinig lust, om zich naar boven te begeven, toen dit door zijne huisgenooten noodzakelijk geoordeeld werd, en wel, dewijl hij in den waan was, dat het water niet hooger zoude rijzen, dan in het jaar 1776. Zijne zoons kregen hem evenwel naar den zolder, met eenen pot met vuur, waarbij hij ging zitten. Het gevaar grooter wordende, achtte men het noodig, zich in den hooiberg te begeven: dan, daartoe wilde de oude man al weder niet overgaan. De zoons bragten daarop hare moeder naar den berg, en al de overige huisgenooten gingen mede derwaarts. Terstond daarna wilde een der zoons, zijnen vader mede gaan halen: doch, op den zolder komende, zag hij dien even min als de ladder, waarmede zij naar boven geklommen waren. Twee dagen later werd het lijk beneden in huis wedergevonden.

Aan de Nieuwe wetering, een kwartier uurs van den Zwartewaters dijk, bevindt zich het huis *Ruimzigt*, thans bewoond wordende door den landman *Gerrit Arents van Spijker*, en nabij hetzelve een ander, toen door *Gerrit Willems Knol* bewoond. Laatstgemelde was in den morgen van den 4 Februarij, ter bijwoning der weekmarkt, naar Zwolle gegaan, met zijnen oudsten zoon, *Willem*, 16 jaren oud zijnde. Weder naar huis keerende overviel hen

het

het water, bij den 13den paal, van Ruimzigt afgerekend, weinige minuten gaans van hunne woning. Zij waren genoodzaakt, zich aan dien paal vast te houden en konden niet verder komen. De vrouw dit ziende, wilde, door hare meid, eene schuit van de brug bij Ruimzigt doen halen: dan, dit was deze onmogelijk, en zij kwam zelfs niet zonder gevaar weder in huis. Er was dus geene mogelijkheid, om *Knol* of zijnen zoon eenige hulp toe te brengen, en zijne vrouw moest man en zoon zien verdrinken. Deze, nu diep bedroefde weduwe, moest zich, terstond daarna, met hare dienstmeid en 5 overige kinderen, een van welke nog zuigeling was, naar den zolder van haar huis begeven, van welken zij, na verloop van weinig tijds, naar den hooiberg moesten vlugten, waarin zij, door middel van eene uit het dak gelegde plank, geraakten. Hier waren zij genoodzaakt, zonder eenige verkwikking, te verblijven tot des Zondags morgens, toen zij, door *Willem Barschap*, deszelfs knecht, *Jan Rietman* en diens broeder, met veel moeite van daar naar Ruimzigt werden overgebragt, waar zij meer dan 14 dagen zijn verbleven. Het lijk van den zoon werd, 7 weken later, op eenigen afstand van de plaats, waar hij verdronken was, en dat van den vader niet voor den 2den Mei, in de wetering, nabij die plaats, wedergevonden.

Van Ruimzigt loopt een weg, de *Milligersteeg* genaamd,

daamid, naar den Boksen, aan de Oude wetering, zijnde een afstand van een klein half uur gaans. Aan dezen weg, niet ver van den Boksen, woonde, in een klein, laagstaand huisje, *Hendrik van den Berg*, getrouwd met *Eghertje Arents van Spijker*, zuster van GERRIT ARENTS VAN SPIJKER, op Ruimzigt wonende. Gehoord hebbende, dat de zeedijk dreigde door te breken, reed VAN SPIJKER, in den voormiddag van den 4den Februarij, met zijnen knecht, op eenen boeren wagen, met twee paarden bespannen, naar het huis van zijnen zwager *van den Berg*, om dien met deszelfs huisgezin af te halen en naar zijn huis, dat veel hooger ligt, over te brengen. Aldaar gekomen zijnde, nam hij zijne zuster, met 3 kleine kinderen, op den wagen mede, terwijl haar man, *Van den Berg*, in huis bleef, om, zoo mogelijk, zijne beesten en goederen te redden. Toen VAN SPIJKER van daar afreed, was er nog geen water te zien: dan, het grootste gedeelte van den weg afgelegd hebbende, werd hij eensklaps door hetzelve overvallen, zijnde toen tot op ongeveer 500 schreden afstands genaderd aan Milligen, eene landmans woning, niet ver van Ruimzigt, aan de daarnaar genoemde Milligersteeg gelegen. Het water bereikte plotseling zulk eene hoogte, dat de knecht, van den wagen springende, middellijf in hetzelve geraakte en met moeite weder op den wagen kwam, welke nu aanstonds opgeligt en van den weg, op het naast

den-

denzelven liggende land, gedreven werd. Verschrikkelijk was nu de toestand, in welken de daarop zittende personen zich bevonden. De knecht zat voorop, VAN SPIJKER lag, op zijne knieën, achter de voorbank, en zijne zuster lag met hare drie kinderen op een bed, dat zij op den wagen had medegenomen. Met het water kwam eene groote hoeveelheid bevroren schuim aandrijven, waardoor de wagen en paarden bezet werden en met hetwelke dezelve wegdreven, volgens de rigting van den stroom, die van den kant van Hasselt scheen te komen. Hierdoor kwamen zij een eind verder van het huis Milligen, naar den kant van het Luibuis, aan de Oude wetering. Na eenigen tijd, toen zij misschien 1000 schreden van Milligen verwijderd waren, werden de wagen en paarden van het ijs bevrijd, dat, waarschijnlijk door de verschillende rigting van den stroom en de golven, losgemaakt werd. Hierdoor kregen de paarden gelegenheid, om tegen den stroom te kunnen zwemmen, waarin VAN SPIJKER hen eerst wilde besturen; doch, spoedig bemerkende, dat hij daarin verkeerd handelde, liet hij de teugels los en gaf den paarden volkomene vrijheid. Deze dieren spanden nu al hunne krachten in, om het huis Milligen te bereiken, hetwelk ook scheen te zullen gelukken. Dan hier ontstond weder eene zwarigheid, welke VAN SPIJKER en de zijnen bijna geheel aan hun behoud deed wanhopen. Het huis Milligen, namelijk,

is

is op eenigen afstand geheel door geboomte omringd, waarom het niet anders, dan door eene opening in het geboomte, van den kant der Milligersteeg, en door eene andere, van achteren aan het weideland, kan genaderd worden. De wagen van den weg gedreven zijnde, was de eerste opening niet te bereiken, en men vreesde, dat, de paarden de tweede misfende, de wagen tegen het geboomte zoude geraken, wanneer zij niets dan eenen gewisfen dood zouden hebben te wachten gehad. (In dezen tijd hadden zij ook nog het akelige schouwspel, van hunnen buurman *Knol*, en deszelfs zoon in het gezigt, daar zij dezen voor hunne oogen zagen verdrinken.) Het eene paard begon ook reeds zijne krachten te verliezen, en hield telkens op met zwemmen, waarop de knecht hetzelve met den voet aanstiet en aldus weder aan den gang deed geraken, terwijl, gelukkig, het andere zulks beter scheen vol te kunnen houden. Hoewel nu de paarden geheel aan zich zelven waren overgelaten, zwommen zij regt op de eenige opening, aan die zijde in het geboomte, aan, welke zij ook gelukkig bereikten en doorzwommen; waarna zij, het huis naderende, weder grond kregen en den wagen op het drooge trokken, dewijl het huis op eene hoogte staat, welke toen nog niet onder water stond. Aldus bleven deze 6 personen, op eene bijna wonderdadige wijze behouden, na dat een der kinderen reeds van den wagen in het wa-

ter

ter geraakt, doch nog gelukkig wedergegrepen was. Hunne wederwaardigheden waren echter hiermede nog niet geëindigd. Naauwelijks waren de paarden uitgespannen en op stal gezet, of het huis liep onder water. De bewoner, *Hillebrand Jans*, moest met zijn gezin en de aangekomene, te zamen 13 personen uitmakende, naar den zolder vlugten. Het huis, schoon door het geboomte beschermd, werd, door palen van Schokland, geweldig geteisterd, en het muurwerk bijna geheel vernield, al de op stal staande runderen, behalve 4, en een paard verdronken, terwijl evenwel de paarden, die voor den wagen gezwommen hadden, het leven behielden. Zich nu niet langer op den zolder vertrouwende, vlugtte men naar eenen enkelen balk, en daarop hebben deze 13 personen van Vrijdag namiddag tot Zaturdag avond, zonder eenige verkwikking, moeten vertoeven.

De vrouw van VAN SPIJKER had haren man met den wagen zien aankomen en van den weg drijven, tot dat dezelve, achter het geboomte van Milligen, uit haar gezigt was verdwenen. Zij moest zich, met hare overige huisgenooten, almede naar den zolder begeven, en bleef inmiddels tot Zaturdag avond in eene doodelijke ongerustheid, over het lot van haren man. Toen haalde zij hare dienstmeid over, het te wagen, om, vergezeld van een jongetje van 9 jaren, met een schuitje naar het

huis

huis Milligen te varen, om te zien hoe het daar gesteld was, en of haar man zich daar ook mogte bevinden. Hierdoor werden nu de 13 aldaar zijnde personen uit den nood gered en begaven zich dezelve, door middel van het schuitje, naar Ruimzigt, waar zij wel eenigen tijd op den zolder moesten vertoeven, doch buiten gevaar waren.

Hendrik van den Berg, die, toen zijne vrouw vertrok, in huis gebleven was, werd mede spoedig door het water overvallen, waarom hij pogingen deed, om naar een hooger gelegen huis, aan den Boksen, te vlugten; doch naauwelijks halfweg gekomen zijnde, moest hij, om het schielijk rijzen des waters, weder terug keeren en op den zolder zijner woning vlugten. Het huis daarna instortende, klom hij op het dak en kwam daarmede aan het drijven. Hier scheen de stroom van den kant der groote doorbraken in den zeedijk, tusſchen de Luter en Venerijter zijl, te komen, ten minste *van den Berg* werd in die rigting voortgedreven naar den Zwartewaters dijk, voorts over dezen dijk en het Zwartewater, niet ver van het huis van *Hendrik Hullen*, welke hem uit zijnen hooiberg zag voorbij drijven en de hand in de hoogte steken. Aan den overkant van het Zwartewater stiet het dak op den Dieser dijk en verdween uit het gezigt, waarbij *van den Berg* waarschijnlijk in het water is geraakt. Zijn lijk is, eerst op den 18^{den} Maart, in Diese wedergevonden en te *Zwolle* begraven.

Ge-

Gerrit Braakman, aan den Boksen, bragt zijne runderen naar het huis van zijnen buurman *Albert Stoel*. Daar zijnde moest hij, met dezen en zijn gezin, naar den zolder vlugten, op welken zij bleven tot in den nacht van Zondag, wanneer zij door A. VAN DER VOORT, m^r. metselaar te Zwolle, naar het derde aan den Boksen staande huis, namelijk dat van *Willem Kok*, werden overgebragt, even als dezelve, op Zaturdag, reeds de vrouw van *Gerrit Braakman*, die in haren hooiberg gevlugt was, gedaan had. De vrouw van *Albert Stoel* en hare kinderen werden des Zondags naar *Zwolle* vervoerd. —

Langs den *Zwartewaters dijk* werden de meeste huizen mede zeer geteisterd. Het water kwam aldaar, uit den polder van Mastenbroek, met eene zoodanige snelheid aanstroomen, dat de bewoners naauwelijks den tijd hadden, om hun vee op den dijk te brengen. Déze stond geheel onder het water, dat met groot geweld over denzelven, in het Zwartewater, stroomde. Door de golven werd veel vee van den dijk geslagen, of ten minste om verre geworpen; zoo dat er eene groote hoeveelheid verdronk.

Harmen Oosten, in het schippershuis aan den gemelden dijk, en wel buitendijks, wonende, omtrent op de helft van den weg tusschen den Rijzebosch en de stad Hasselt, had des namiddags te 3 uren het grootste geweld des waters door te staan, daar de onderscheidene doorbraken in den dijk der buurschap Genne, aan de overzijde

van

van het Zwartewater, eenen geweldigen stroom derwaarts deden ontstaan. Het voorste gedeelte van zijn huis, naar den dijk staande, werd beveiligd door eene vóór hetzelve gedrevene rietkragge, doch het achterhuis was aan al het geweld des waters blootgesteld. — Zijne vrouw vlugtte, met hare moeder en drie kinderen, in eene bedstede, en de eene knecht terstond naar den zolder, terwijl *Oosten* zelf, met den anderen knecht, op de deel, in het achterhuis was, waar hij drie en de knecht twee paarden bij de hand vasthield. Het achterhuis weldra ingeslagen zijnde, gaf *Oosten* de paarden aan den knecht over en droeg zijne vrouw, schoonmoeder en drie kinderen, benevens twee kinderen van *Klaas Kiers Bos*, welke daar naar toe gevlugt waren, uit de bedstede naar den zolder. Dit gedaan hebbende, nam hij de 5 paarden van den knecht over, zond deze medé naar den zolder en bragt de paarden naar den dijk. Zoo dra hij daar gekomen was, wierp eene zware golf de paarden van den dijk, in het Zwartewater. Een van dezelve keerde echter naar den stal terug, daar het, terwijl de 10 runderen allen verdronken, het leven wist te behouden. De vier overige zwommen terug naar den dijk, en behielden aldaar ook het leven. *Oosten* zelf werd door eene golf tegen zijn huis geworpen, waar hij zich vasthield, tot dat hij door eene tweede golf weder in hetzelve, tegen eenen stijl sloeg, dien hij gelukkig greep. De vrouw hem hier

een

een touw toegeworpen hebbende, trok men hem vervolgens naar boven. Het geheele gezin nu aldaar te zamen zijnde, stak *Oosten* eene noodvlag uit, waarop hij en zijn gezin door den Zwolschen beurtschipper, HENDRIK RONGE, met deszelfs zoon en knecht, afgehaald en in het schip, dat gelukkig in de nabijheid lag, gebragt werden. Hier verbleven zij tot Zondag den 6den, toen zij weder naar hun huis terugkeerden.

De weduwe van *Berend Oosten*, aan denzelfden dijk, 10 minuten gaans van den Rijzebosch, wonende, vlugtte, op den 4den Februarij, dewijl haar huis dreigde in te storten, zoo als naderhand ook gebeurde, naar haren zwager *Hendrik van der Horst*, schoonzoon van *Oosten Jakobs*, ook bij hem inwonende. Aldaar gekomen zijnde, begaf zij zich met hare 3 kinderen, benevens de vrouw, en 2 kinderen van *Hendrik van der Horst*, de meid en eene naaister naar den zolder. De broeder van *van der Horst*, die als knecht bij hem woonde, vlugtte met twee beesten, naar zijnen buurman *Arend Jans Kijk in de Vegt*, waar hij mede zijn leven op den zolder behield. De vrouw van *van der Horst* begaf zich, eenigen tijd daarna, nog eens naar beneden, om, zoo mogelijk, eenig beddegoed en kleederen te redden: doch, zoodra zij beneden was, stortte het huis van voren in en de kast om ver, zoo dat hare poging vruchteloos was. Daarna haalden *van der Horst* en *Oosten Jakobs* de gevlugte personen van den zolder, en bragten dezelve in een klein schuitje, waarmede zij zich achter eenen der hooibergen begaven. Naauwelijks waren zij daar, of één van dezelve bezweek, terwijl eene zware golf het touw van het schuitje losrukte, zoo dat hetzelve, dwars over het Zwartewater, naar den Genner dijk, niet ver van het huis van de weduwe *Veldhuis*, dreef. Hier geraakte het spoedig vol water; zoo dat de personen, die zich in hetzelve bevonden, naar den dijk moesten vlugten en van daar, middelijfs door het water, naar het huis van de weduwe *Veldhuis*. *Oosten Jakobs* alleen, buiten staat zijnde om de overige te vergezellen, bleef nog bij het schuitje en werd kort daarna, door middel van een hem toegeworpen touw, dat hij om zijn lijf bond, door eene wade getrokken en toen naar het huis van *Wolter Bosch* gebragt. De overige personen, welke zich naar de weduwe *Veldhuis* hadden begeven, moesten in den nacht, wegens de woede des waters, weder van daar en mede naar het huis van *W. Bosch* vertrekken en vervolgens nog iets verder, naar dat van *Egbert Dubs*, waar zij bleven tot dat zij weder naar hunne eigene woning terug konden keeren.

De weduwe van *Jan Tap*, mede aan den Zwartewaters dijk, iets ten noorden van den Koestaart, wonende, werd reeds vroeg in den morgen van den 4den Februarij door het water overvallen. Hare 5 runderen, zoo veel mogelijk, in de hoogte gebragt hebbende, was zij bezig,

met

niet eenig goed naar den zolder te brengen. Onderwijl begon het water zoo spoedig te rijzen, dat zij genoodzaakt werd, met hare dochter, *Hermina Tap*, en een bij haar besteed jongetje van 7 jaren, naar boven te vlugten, wanneer zij hare dochter zeide, dat men moest trachten, hulp van eenen der buren te krijgen. Deze gaf zich daarop terstond, uit het dakvenster, naar het huis van *Klaas Gerrits Timmerman*, dien zij bezig vond, met zijne beesten op den dijk te brengen, en wien zij verzocht, hare moeder de noodige hulp te bewijzen. *Timmerman* beloofde haar, terstond mede te zullen gaan, zoodra hij nog een paar beesten op den dijk gebragt zoude hebben. Dit geschied zijnde, wilde hij zijn woord gestand doen; doch het water was reeds, in dien tusschentijd, zoo zeer toegenomen, dat men het huis van de weduwe *Tap* niet meer konde bereiken. Hare dochter was derhalve genoodzaakt, bij *Timmerman* te blijven en hare moeder aan derzelver noodlot over te laten. Dit huisgezin werd, op den 5den Februarij, door eene schuit van Hasselt gered en de wateren overgebragt, van waar *Hermina Tap*, door haren broeder *R. Tap*, van wien reeds onder de gemeente Genemuiden is gewaagd, op den volgenden Dingsdag weder afgehaald en naar *Zwolle*, bij de overige, aldaar aanwezige vlugtelingen, gebragt werd. Bij het vallen des waters bevond men, dat de woning van de weduwe *Tap* bijna geheel was ingestort, al hare runderen verdronken waren en zij zelve, benevens het bij haar inwonende jongetje, ongelukkig was omgekomen; wordende haar lijk bij het huis wedergevonden, terwijl dat van het jongetje door den stroom was medegevoerd, en in de stad Hasselt, op de stoep van den Heer *Sluiterman*, gevonden is.

Klaas Duutman, wonende in Westenholte, een weinig ten noorden van het Zalker veer, op den 4^{den} Februarij, des namiddags te 2 uren, door het water beloopen wordende, bragt drie zijner kinderen naar den dijk, tegenover het genoemde veer en vervolgens, met behulp van zijnen zoon GERRIT DUUTMAN, vijf runderen naar den stouwdijk, achter zijn huis. Teruggekeerd zijnde, bevond hij, dat zijne vrouw en dochter reeds naar den zolder gevlugt waren, werwaarts hij zelf zich ook begaf en zijnen zoon wilde medenemen. Deze moedige jongeling echter weigerde, daar henen te gaan, zeggende, dat hij de twee jonge runderen, die nog in huis waren, ook naar den dijk wilde brengen. Schoon nu zijn vader dit te gevaarlijk oordeelde, volvoerde hij evenwel gelukkig zijn voornemen. Het water te diep zijnde, om te voet doorwaad te kunnen worden, zettede hij zich op een paard, maakte een rund aan hetzelve vast en zwom dus naar den dijk, waarna hij het tweede rund op gelijke wijze ging afhalen. Vervolgens dreef hij de 7, nu bijeengebragte runderen naar den IJsseldijk, hetwelk mede van levensgevaar vergegezeld ging. Voorts vertoefde hij den ganschen volgenden nacht bij het vee, op den dijk, en bragt hetzelve des morgens in het huis van *Mannes van Dijk*, waar hij bleef tot den volgenden Donderdag, toen hij naar de woning van zijnen vader terugkeerde. — Het vee van *Klaas Duutman* werd dus, door den moed en de volharding van zijnen zoon, behouden.

Toen het water op het hoogste was, stond het in de kerk van *Mastenbroek* van 1.414 tot 1.646 el; in het voorhuis van den onderwijzer *Bouwman*, nabij deze kerk, 2.18; in het voorhuis van de herberg de Kroon, op 's Heerenbroek, 1.49, dat 0.41 el hooger was, dan in 1776; in het huis van genoemden *Klaas Duutman*, in Westenholte, 1.70 en in dat van *Wiebert Zwakenberg*, in dezelfde buurschap, 0.86 el.

ZWOLLE.

Onder de jurisdictie van deze stad behoort nog een gedeelte van den ringdijk des polders van Mastenbroek, van af de Rademakers zijl tot voorbij de herberg den Rijzebosch. Voorts behoort tot dezelve de mark *Diese*, daartegenover, aan de oostzijde des Zwartenwaters liggende en meestal uit lage weilanden bestaande. Deze mark strekt zich verder, langs de oostzijde der stad, uit tot aan den Wipstrik, een groot kwartier uurs zuidoostwaarts van dezelve. Aan den anderen kant, of de west- en zuidzijde der stad, ligt de daaronder behoorende mark van *Assendorp*. Voorts is de gemeente van Zwolle, aan alle zijden, door die van Zwollerkerspel ingesloten.

Het water was, gelijk te voren reeds is verhaald, in den morgen van den 4den Februarij zeer hoog, evenwel eenige Nederlandsche duimen lager, dan op den 15den November 1824, en bleef tot 2 uren, bijna onveranderd, op dezelfde hoogte. Na dien tijd begon het op eene verbazende wijze te rijzen, hetwelk, gelijk reeds is opgemerkt, door de algemeene overstorting van het inundatiewater uit den polder van Mastenbroek, over den Zwartewatersdijk, werd veroorzaakt. De omstreken aan de westzijde der stad werden nu ook, met groote snelheid, zeer diep geïnundeerd, door het uit Mastenbroek, door de waden in de Konijnenbelten, aanstroomende water.

Bijna gelijktijdig, met deze sterke rijzing van het water, vernam men den gevaarlijken toestand, waarin de Heer *A. Polier*, op het buitengoed de Ketelkolk, bij het eerste Frankhuis, wonende, zich bevond. Deze, des voormiddags in de stad zijnde, begaf zich, toen het water sterk begon te rijzen, naar buiten en bevond, dat de kadijk, welke van het Frankhuis naar den Katerdijk, aan het Zwartewater, loopt, toen nog ruim een voet boven water en er dus nog geen oogenblikkelijk gevaar aanwezig was. Een uur daarna, zijnde omtrent 2 uren in den na-
mid-

middag, buiten zijn huis komende, zag hij, dat het water wel een voet hoog over die kade stroomde, riep daarom zijnen arbeider, om zijn melkbeest naar den dijk te brengen, hetwelk dezen gelukte, wordende hij echter, door den sterken aandrang des waters, belet terug te keeren. De Heer *Poler*, terstond in huis gegaan zijnde, bragt eenig beddegoed naar boven en haalde daarop zijne twee geiten uit den stal, om dezelve mede naar den dijk te brengen. Toen stond hij zijnen stuin slechts een paar handbreedten onder water; doch, aan deszelfs einde gekomen zijnde, konde hij de deur niet open krijgen; en in dien oogenblik viel er eene groote doorbraak in den reeds vermelden bedijk, waardoor het water, met een verval van tegen dan a el, regt op hem aanstroomde. Hierdoor omgeslagen zijnde, liet hij de geiten los, die terstond door den stroom werden weggevoerd, doch had zelf het geluk, eene heg te grijpen, zich daardoor weder op de been te helpen en vervolgens in eenen lindeboom te klimmen. Omtrent denzelfden tijd was *Dirk Kruisinga*, nabij de Ketelkolk aan den dijk wonende, bezig zijn goed in zijn achterhuis, zoo veel mogelijk te bergen. Hier door het water overvallen en medegevoerd wordende, werd hij ook tegen eene heg van het genoemde buitengoed geworpen, en had mede het geluk, zich in eenen boom te redden. De geweldige stroom, door het sterker verval des waters veroorzaakt,

ver-

verhinderde in het begin, de beide noodlijdenden te hulp te komen. Eerst omtrent 4½ uur gelukte het aan JAN NIJHUIS en zijnen buurman GERRIT BIXTERMAN, in het eerste Frankhuis wonende, met een klein schuitje bij den Heer *Polier* te komen en hem, door de koude van het water en de guurheid des weders reeds half verkleumd, uit den boom te redden en naar zijn huis te brengen. Intusschen was er mede eene schuit uit de stad gekomen, door welke men *Derk Kruisinga*, van wiens ongeluk JAN NIJHUIS onkundig was, uit den boom redde, daarop naar het huis van de Ketelkolk varende, om de echtgenoote van den Heer *Polier* van daar af te halen. Deze was gelukkig in het denkbeeld geweest, dat haar man den dijk bereikt had, en dus onkundig van zijn ongeluk, hebbende zij zich naar boven begeven, terwijl er beneden in huis wel omtrent twee el water stond. Naauwelijks was Mejufvrouw *Polier* in de schuit overgenomen, of JAN NIJHUIS en GERRIT BIXTERMAN kwamen met den Heer *Polier* aanvaren, die nu ook in de uit de stad gekomene schuit overging, met welke men toen, dwars over den Katerdijk, in het Zwartewater voer en de geredden naar de stad in veiligheid bragt.

De mark Diesa geraakte mede diep onder water, door de overstorting der Zwartewaters dijken, uit Mastenbroek. De voorsteden buiten de drie poorten, welke een groot aantal zielen bevatten, werden insgelijks bijna

ge-

geheel overstroomd. — De spoedige aanwas van het water ontstelde de anders vrij geruste ingezetenen der stad zeer, en deze ontsteltenis werd spoedig nog vergroot, door de aankomst van een groot aantal vlugtelingen, uit de voorsteden enz., die zich en hun vee binnen de stad in veiligheid zochten te stellen. De Bethlehemsche kerk werd dadelijk opgeruimd, ter berging van het vee, daar in alle stads- en bijzondere stallen niet geborgen konde worden, en de Regering zorgde, dat de vlugtelingen, welke geene toevlugt tot hunne bekenden in de stad genomen hadden, aldaar van het noodige werden voorzien. Hoe zeer nu de omstreken in de nabijheid der stad, in vergelijking met Mastenbroek en andere plaatsen, weinig hebben geleden, en binnen de gemeente Zwolle, gelukkig, niemand het leven heeft verloren, waren evenwel vele bewoners van laag gelegene huizen, vooral aan de oostzijde der stad, in den akeligen nacht van den 4den op den 5den Februarij, gansch niet buiten gevaar, en liet er zich van die zijde een angstig noodgeschrei hooren. Er werden daarom maatregelen genomen, om door middel van schuiten aldaar hulp toe te brengen, waarin zich onderscheidene ingezetenen van de voorstad, buiten de Dieserpoort, zeer verdienstelijk hebben gedragen.

Jan Hendrik Mensink, wonende in Diese, in het huis *de Hemel* genoemd, werd op den 4den Februarij, te 3 uren in den namiddag, door het water beloopen. Hij was alléén met eenen zoon te huis, terwijl zijne vrouw, zijn andere zoon en eene dochter met eene schuit naar de stad gevaren waren, om de weekmarkt te bezoeken. Deze deden vergeefsche pogingen, om weder te huis te komen, en landden aan bij *Barteld Hatfevoort*, waar de vrouw bleef. De zoon en dochter beproefden nog eens het huis te bereiken, en kwamen des avonds bij hunnen buurman, *Mannes Alferink*, waar zij tot den anderen morgen verbleven, toen zij weder bij hunnen vader te huis kwamen. Op den vorigen dag waren reeds drie personen, met eenen bok, van den zaagmolen van den Heer *Schoepman* aan dit huis gekomen, namelijk HENDRIK NIJ-BOER, BAREND MEIJER en HENDRIK HEGTHUIS, welke er met levensgevaar den nacht overbleven, terwijl een gedeelte der koeijen in den bok bewaard bleef en 7 andere verdronken. Toen de tweede zoon des morgens met eene schuit te huis was gekomen, nam hij vier koeijen met zich naar de stad. Daarna voeren *J. H. Mensink* en de drie voormelde personen, met twee koeijen in den bok en een achteraanzwemmend paard, hetwelk men niet in denzelven had kunnen krijgen, naar het huis van *Herman Bos*. Dit huisgezin werd derhalve, na het uitstaan van veel gevaar, nog gelukkig gered.

Willem Koelen, insgelijks in Diese, in het huis *de Hel* genoemd, wonende, werd mede te huis door het wa-

water overvallen, en moest met zijn huisgezin naar den zolder vlugten, zonder zelfs een stuk brood mede te kunnen nemen. Hier hielden zij zich op tot des Zaturdags morgens te half acht uren, wanneer zij gered werden door den schipper HORREBEEK, JANNES KOELMAN, JAN JANSEN en HENDRIK JAN JANSEN, welke hen overbragten naar *Jannes Pot*, in de Vechtstraat, voor de Dieserpoort, waar zij verbleven zijn tot dat het water genoegzaam gezakt was, om naar hunne woning terug te keeren.

Jan Antonie, wonende mede in Diese, in een klein huisje, nabij de beide vorige, moest om 8 uren, bij de komst van het water, met zijne vrouw, terstond naar boven op het dak zijner woning vlugten, werwaarts hij een bed, drie varkens en eene kleine geit medenamen. Hier moesten zij, in groot gevaar, blijven zitten tot in den morgen van den 5den, toen zij gered werden, door den schipper HORREBEEK en verdere bij zich hebbende, welke hen naar de stad overbragten. Hier zijn zij twee dagen in het binnen Gasthuis geweest, en toen weder naar hunne zeer vernielde woning teruggekeerd.

Tot redding in Mastenbroek, was op den 4den Februarij geene mogelijkheid; dewijl het, uit hoofde van den stroom en den storm, niet mogelijk was, met eenig vaartuig derwaarts te komen.

Sommigen meenen, dat het water tegen den avond van dien dag zijne grootste hoogte heeft bereikt, en anderen,

dat

dat het te middernacht, of zelfs later, nog iets hooger is gestegen. Dit zal echter wel niet overal hetzelfde geweest zijn; dewijl het, van onderscheidene kanten aanstroomende, en zich niet gelijkelijk naar alle zijden verspreidende, niet overal gelijktijdig de grootste hoogte bereikt zal hebben; even zoo min als deze aan alle kanten der stad dezelfde is geweest, daar het, geenen oogenblik stilstaande, maar altoos naar de eene of andere zijde stroomende, nimmer eenen waterpassen stand konde aannemen.

Toen het water op het hoogste was, waren de volgende straten en pleinen dezer stad geïnundeerd: de *Waterstraat*, de *Vischpoorten plas*, een gedeelte van de *Roggenstraat*, de *Broerenstraat*, het *Eiland*, de *Bitterstraat*, *Nieuwstraat* en *Steenstraat* gedeeltelijk, de straten langs beide zijden van de *Groote Aa*, de *Roodeleeuwensteeg* voor een gedeelte, de *Houtmarkt*, de *Wolweyersstraat*, de *Walstraat*, de *Papenstraat* en de *Blij-* of *Oude Varkenmarkt* gedeeltelijk, de *Bollenhoek* (het plein, namelijk, bij het Luttike veer), de *Voorstraten* gedeeltelijk, de *Buitenkant*, de *Dijk* en de *Breede hoeken*, benevens het daarachter gelegene terrein, meestal tot aan den wal, terwijl ook de Ruiters stal in het water stond.

De hoogte des waters is geweest:

In de *Steenspoort* . . . . 1.00 el.
Aan de noordwestzijde in de *Vischpoort* . . 0,68 „

In

In het laagste huis in den *Posthoorns-Breedenhoek*, namelijk dat van *Timen van Dijk*,
D. D. No. 109 . . . . 1.33 el.
Bij het huis van den Heer *Metelerkamp*, op de voorstad, tegenover de buitenste *Dieserpoorten-brug* . . . . 0.06 „
Bij het huis van den Kastelein *E. van Diffelen*, in de herberg den Dubbelen Arend, buiten de *Sassenpoort*, schuins tegen over de brug 0.075 „
In den *Voortmolen*, buiten dezelfde poort . . 0.28 „
Bij de *Kamperpoort*, van buiten tegen het kleine poortje . . . . 0.05 „
Bij de herberg *Regtuit-Best*, aan de Willemsvaart . . . . 1.33 „
Op de laagste landerijen in de stads jurisdictie . . . . 2.30 à 2.40 „

Op Zaturdag den 5den was de wind nog wel zeer sterk, evenwel minder dan op den vorigen dag. Van tijd tot tijd werd men meer bekend met de uitgestrektheid der ramp, welke de angstigste verwachting nog ver te boven ging. De stedelijke Regering en onderscheidéne ingezetenen der stad beijverden zich, schuiten naar Mastenbroek te zenden, om deszelfs ongelukkige inwoners te hulp te komen. Moeijelijk was het in het begin, met vaartuigen in dien polder te komen, waartoe gebruik moest gemaakt worden van de waden in de Konijoenbelten en die, welke in den zeedijk, tusschen de Venerijter en Luter zijl, ontstaan waren. — Deze afzending van schuiten had ten gevolge, dat er, reeds op Zondag den 6den, niet alleen vlugtelingen, maar ook lijken werden aangebragt. Dus werden in den voormiddag van dien dag de drie overgeblevene, nevens 16 lijken, van omgekomene inwoners van den Koekoek, die met eenen bok tegen den dijk der Dieser mark geworpen waren, zoo als te voren reeds is verhaald, in de stad gebragt, hetwelk een akelig schouwspel opleverde. De Regering bestemde nu het Reventer, aan het Bethlehemsche kerkhof, tot eene verblijfplaats der vlugtelingen, en benoemde eene Commissie, om voor derzelver onderhoud te zorgen, terwijl de ingezetenen zich beijverden, deze door milde bijdragen daartoe in staat te stellen. Dagelijks vermeerderde dat getal, en klom ten laatste wel tot 200. De zieken werden in het binnen Gasthuis geplaatst. Tot half April werden de meesten alhier onderhouden, tot dat de subcommissiën van onderscheidene gemeenten zich in staat bevonden, dezelve over te nemen. Van tijd tot tijd werden er ook nog lijken gevonden, naar de stad vervoerd en aldaar begraven, hebbende het gansche getal van dezelve ten minste 28 bedragen. — De Bethlehemsche kerk werd bestemd tot berging van aangespoelde goederen, welke overal in den omtrek der stad werden opgezameld. Groot

Groot was het medelijden met de ongelukkigen; vele ingezetenen, beijverden zich daagons, aan dezelve kleedingstukken, spijzen enz. te brengen, zoo dat zij aan niets gebrek leden; maar in tegendeel overvloedig verzorgd werden. Bovendien werd gedurende de geheele maand Februarij voortgegaan, met het afzenden van schuiten, om de ingezetenen van Mastenbroek en andere omstreken der stad, welke in hunne huizen gebleven waren, van de noodzakelijkste behoeften te voorzien.

Tot de schippers en schuitevoerders, welke zich het meest beijverd hebben, de noodlijdenden te hulp te komen, behooren: de drie broeders W., D. en J. DE GRAAF; J. W. WOLTERS, TIMEN WAALDERINK, JAN EN WILLEM RIGTER, A. LUTTENBERG, W. en D. MACHIELS, H. WESSELINK, S. BOON, R. TEN BRINK van Enter, en J. en R. JONKER van Schokland.

Op Zondag, den 6den Februarij was het water zoo veel gezakt, dat de gemeenschap met de Rademakers zijl weder hersteld was. Akelig was het in dien omtrek gesteld; al de huizen, voorbij het Frankhuis, waren of geheel vernield of aanmerkelijk beschadigd. De ringdijk van Mastenbroek, bij het Frankhuis, was zeer vernield, schoon er geene doorbraken in gevallen waren, behalve eene in den stouwdijk op den weg naar Kampen, bij de laatste woning in het Frankhuis. Den

dijk

dijk kon men niet, dan met moeite, pasferen, uit hoofde van de menigte aangespoelde rietkraggen, hout enz. op denzelven gelegen. Naast den dijk, tegen het geboomte, lag een jagtje aan het Rijk behoorende, hetwelk, van Schokland, door Mastenbroek gedreven en aldaar geftuit was. De herberg aan de Rademakers zijl, efchoon mede van achteren ingeslagen zijnde, was evenwel grootendeels behouden gebleven. Langs den Zwartewaters dijk was de verwoesting insgelijks algemeen. Deszelfs kruin was zeer gehavend, en op denzelven, maar nog meer aan de binnenzijde, lag eene groote hoeveelheid rietkraggen, turf uit den Koekoek, hout, huisraad en verdronken vee. Het eenige huis aldaar, dat niets geleden had, is de berberg de Rijzeboseh, aan den buitenkant des dijks, welke beschut was door eenen dam, meest uit bevroren schuim bestaande, hetwelk zich aan den binnenkant, van waar de stroom kwam, tusfchen het geboomte had gezet. Deze dam was zoo vast in elkander, dat er, niettegenstaande het opvolgende zachte weder, op den 19den April nog genoegzaam ijs gevonden werd, om daarmede eetbaar ijs te bereiden.

In *Asfendorp*, buiten de Sasfenpoort, hadden de ingezetenen wel veel last van het water, zoo dat, velen met hun vee naar de stad moesten vlugten; doch er gebeurden niet veel ongelukken, terwijl er ook geene zeer groote schade veroorzaakt werd. Alleen hebben

Jo-

Jakob Schuurman, aan het einde van den Asfendorper Enk, in een klein huisje wonende, met zijne vrouw en twee dochters, als mede de huisgezinnen van *Arend Gelderman* en *Wichem Gerrits Sneelooper*, wonende in twee huizen aan den Deventer weg, het eerste en tweede Kolthoorn genoemd, groot gevaar doorgestaan.

Jakob Schuurman, om drie uren in den namiddag van den 4den Februarij, door het water beloopen wordende, trachtte, zoo mogelijk, zijne beesten te behouden: dan, dit door het sterke rijzen des waters onmogelijk bevindende, moest hij met zijne huisgenooten naar den zolder vlugten, terwijl zijne vrouw, tot overmaat van ongeluk, te dier tijde ziek was. Zijne oudste dochter naar buiten gegaan zijnde, ten einde naar redding om te zien, liep daar gevaar van verdrinken en konde, zonder zijne hulp, niet weder binnen komen. Des nachts te 2 uren begon het huis te bezwijken, waarop *Schuurman* een gat in het dak sneed, en zij met het dak tot tegen eenen wilgen boom dreven, die nabij het huis stond. Aldaar moesten zij blijven zitten tot den 5den, te 10 uren in den voormiddag, wanneer zij, door A. DE KASTE en twee andere personen, met een schuitje werden gered, eerst naar het huis van *Eyert Otten* en toen naar dat van *J. H. Stegeman* overgebragt. Hier bleven zij tot den 6den, wanneer zij door dezelfde personen, welke hen gered hadden, afgehaald en naar het Reventer gebragt werden.

Arend Gelderman, in het eerste Kolthoorn wonende, vlugtte met zijne vrouw en 6 kinderen naar den zolder. Daar eenigen tijd geweest zijnde, werden al de muren van het huis omvergeworpen, terwijl het dak en de zolder, alleen op de stijlen, bleven staan. Hij stak eene noodvlag uit en riep den ganschen nacht jammerlijk om hulp. Zaturdag den 5^{den}, bij het aanbreken van den dag, begaven JANNES BUISMAN, kastelein in den Engel, buiten de Sassenpoort, HENDRIK BUISMAN en een schippers knecht, JAN VAN DER VEGT geheeten, zich met eene boot op weg, voornamelijk om te zien, hoe het ten huize van der beide eersten vader, *Gerrit Buisman*, in de herberg den Rozeboom, een kwartier uurs van Zwolle, gesteld mogte zijn. Met levensgevaar kwamen zij tot aan het eerste Kolthoorn, waar zij *Gelderman* en zijn huisgezin op den zolder, boven op eenig hooi, vonden zitten. Van hier begaven zij zich naar het tweede Kolthoorn, waarna zij terugkeerden; dewijl de zware golfslag hen belette, volgens hun voornemen, naar den Rozeboom te varen. Aan het eerste Kolthoorn teruggekomen, namen zij de vrouw en kinderen van *Gelderman* mede en bragten dezelve, schoon met veel gevaar, behouden naar de stad over. Hier gekomen zijnde waagden zij het, nog eens naar het eerste Kolthoorn te varen en hadden het geluk, *Arend Gelderman* mede in veiligheid te brengen.

Toen

Toen zij in de stad teruggekomen waren en van hunne bevinding kennis gegeven hadden, begaven WILLEM BENNEBOOM, kastelein in den Bruinvisch te Zwolle, schoonzoon van *Gerrit Buitman* in den Rozeboom, DERK MULDER, H. VAN DEN BERG FZ., A. VELDKAMP, B. TER HORST, J. VAN RAALTE, J. ANGEN, H. DE VRIES en H. LEFERTS van Dalfsen, alle varenlieden, zich met eenen bok op weg naar den Rozeboom. Bij hunne terugkomst namen zij de bewoners van het tweede Kolhoorn mede, namelijk: *Willem Gerrits Sneeloopen*, oud 85, zijne vrouw oud 75 jaren, hun schoonzoon *Ren Vid....*, deszelfs vrouw en 4 kinderen, dus te zamen 8 personen, welke ook hunne toevlugt tot den zolder genomen hadden, terwijl het water op het hoogste in dat huis, tot ...... gerezen was. ....

Het nog te behandelene gedeelte van de gemeente

ZWOLLERKERSPEL

bevat: ten noorden en oosten van de jurisdictie der stad Zwolle, aan den linker oever van de rivier de Vecht, de buurschap *Langenholte* met het grootste deel van *Berkum*, aan de mark Diese grenzende; ten zuiden van Berkum, aan de regterzijde van de Nieuwe wetering, de buurschappen *Herfte*, *Saline* en *Wijthmen*, en

ten

ten westen en zuiden van Zwolle, zich, langs den regter oever des IJsels, van de Konijnenbelten tot aan de gemeente van Wijhe uitstrekkende, de buurschappen *Keerst en Westenholte* voor het grootste gedeelte, *Spoolde, Sahelle, Oldeneel, Ittersum, Herkulo en Zuthem*, benevens het dorp *Windesheim*.

De Vechtdijk, in de buurschap Langenholte, reeds in de maand November 1824 doorgebroken zijnde, was daardoor het lage gedeelte van die buurschap, als ook van Berkum en hetgene verder aan de oostzijde der Nieuwe wetering gelegen is, bijna den ganschen winter geïnundeerd, waartoe, de doorbraak in den dijk der wetering, bij den Wipstrik, medewerkte. Door of langs deze laatste had men wel eenen rijsdam gelegd, om de passagie over den Twentschen weg te herstellen, en men had begonnen de wade in Langenholte te beringen; doch dit eene en andere was niet bestand tegen den vloed van den 4den Februarij. Daar er nu nog twee doorbraken in den Vechtdijk, de eene tusschen de grenzen van de gemeente Dalfsen en de Nieuwe vecht, en de tweede aan het eind der allée van het buitengoed den Kranenberg, niet ver van de Berkumer brug, ontstaan waren, en de Zwartewaters dijk, in de mark Diese, tevens op drie plaatsen bezweek, zoo kwam dit gedeelte van Zwollerkerspel mede zeer diep onder water. In het voorhuis van de herberg *de Vrolijkheid*, stond het ter hoogte van

0.93 el, in dat van de herberg bij de *Berkumer brug* 0.41 en bij het hoofd dier brug 0.55 el. — Merkwaardig was alhier het volgende geval.

Mannes Hoekman en *Jan Geerles Bos*, werkbaas en arbeider op het buitengoed den Kranenberg, begaven zich op den 4den Februarij, des avonds omtrent 9½ uur, nadat zij hun eigen vee en goed, zoo veel mogelijk in veiligheid gebragt hadden, naar *Arend van den Bos*, op eenen geringen afstand van het gemelde buitengoed wonende, om dezen, die in nood was, zoo veel mogelijk, hulp toe te brengen. Zij voeren derwaarts in eenen modderbak lang 3.96, breed 1.70 en diep 0.42 el, verder van eenen polsstok en boonenstaak voorzien. Met veel moeite bereikten zij het huis van hunnen buurman, namen hem met drie zijner runderen, welke reeds diep in het water stonden, in den bak, ten einde die naar den Vechtdijk, digt bij de *Berkumer* brug over te brengen, en daarna de in huis geblevene vrouw en kinderen, benevens de drie overige runderen, mede af te halen. Zij voeren met hun gebrekkig gereedschap door de Kranenberger allée, terwijl hun buurman de runderen vasthield, om voor te komen, dat dezelve niet uit den, tot zinkens toe geladenen, bak mogten slaan. Aan het eind der genoemde allée, bij den dijk gekomen, bevonden zij zich bij eene aldaar ontstane doorbraak, wier stroom hen medevoerde, zonder dat zij zulks konden

ver-

verbinderen. Voorbij het buitengoed Kamferbeek drijvende, spanden zij al hunne pogingen in, om achter hetzelve te geraken, ten einde aldaar den morgen af te wachten; doch te vergeefs. Zij werden vervolgens over de Nieuwe Vecht gevoerd, en dreven over de lage landerijen van Berkum en Hinke en een gedeelte der zoogenoemde Maategraven, welke allen in eene holle zee veranderd waren, zonder iets anders te kunnen doen, dan zich der bewaring van de Voorzienigheid aan te bevelen, tot des nachts te 1 uur, wanneer zij bij eenen wilgen boom kwamen, aan welks takken zij zich éénen oogenblik vasthielden. De beweging van het water was hier evenwel zoo sterk, dat een der drie beesten buiten den bak geraakte en zij genoodzaakt werden, den boom weder los te laten en het beest aan den touw achter zich aan te slepen. Nu spanden zij alle krachten in, om den Vechtdijk te bereiken, en dit mogt hun, ofschoon eenen geruimen tijd in het water gewerkt hebbende en bijna van koude verstijfd zijnde, eindelijk om 2 uren gelukken. Een hunner stapte terstond op den dijk, welke ter hoogte van 3 à 5 palmen overstroomde, ten einde het medegesleepte rund op denzelven te halen. De beide overige werden, door den zwaren golfslag, met den bak van den dijk geslagen en hadden de grootste moeite, om weder bij hunnen lotgenoot te komen. Weldra stierf het beest, dat men achteraan had moe-

moeten slepen, en de bak zonk aan den dijk. Zij trachten nu, met de beide andere runderen, langs den dijk het Verlaat te bereiken. Schoon deze overal overliep, en zij veel moeite hadden, om voor te komen, dat zij niet van denzelven afgeslagen werden, hadden zij evenwel het geluk, nabij het Verlaat te komen. Doch hier werd hunne hoop op eene spoedige redding weder zeer verminderd, dewijl zij door eene doorbraak gestuit en genoodzaakt werden, den geheelen nacht in het verschrikkelijke weder en de felle koude, op den dijk, in het water te verblijven. Des morgens te 8 uren zagen zij het eerst eene vechtschuit, die van den kant van Dalfsen kwam, en waardoor twee hunner naar den overkant der wede werden gebragt, terwijl de derde aldaar bij de beesten bleef vertoeven. De beide eersten gingen daarop naar het Verlaat en verkregen van den aldaar wonenden herbergier, *Doorn*, eene roeischuit, waarmede zij naar hunnen achtergeblevenen makker roeiden. Nu lieten zij de beide runderen achter de schuit aanzwemmen en kwamen gelukkig aan het huis van gemelden *Doorn*, die hun, na eenen zoo langdurigen en gevaarlijken togt, de noodige ververschingen aanbood en de beesten op zijnen stal verzorgde. Zij vertoefden hier echter niet lang, maar vertrokken weldra met dezelfde roeischuit, naar hunne gezinnen, die hen, natuurlijk, reeds verloren rekenden, waarop *van den Bos* bij zijne vrouw en kinderen, die gedurende zijne afwezigheid, in de grootste ongerustheid, op den zolder gezeten hadden, terugkwam, na dat zijne drie overige runderen in het huis verdronken waren.

Het overige van Zwollerkerspel, tusschen de Nieuwe wetering en den IJsfel gelegen, werd door het water, dat door de waden in de Konijnenbelten stroomde, mede geheel geïnundeerd.

Schoon in dit gedeelte niemand in zijn huis is omgekomen, verloren er echter twee menschen het leven. *Hendrik Derks Spijkerman*, wonende in een achterhuis van de Wed. Krommedijk, in Schelle, arbeidde op den 4^{den} Februarij, op het buitengoed van den Heer Dwars, bij het Kleine veer. Bij het aankomen des waters zond zijne vrouw haren zoon *Gerrit*, oud 14 jaren, om hem te waarschuwen en naar huis te halen. Terstond met zijnen zoon medegegaan zijnde, werden beiden, niet ver van hunne woning, door het water belet, verder te komen. De zoon klom in eenen wilgen boom; doch de vader, welke niet in denzelven konde komen, verdronk spoedig. De zoon riep angstig om hulp; doch niemand was in staat hem dezelve aan te brengen. Des avonds om tien uren riep hij zijne moeder nog toe, dat zijn vader dood was, en naderhand stierf hij, verkleumd zijnde, in den boom, waaruit zijn lijk op den volgenden dag werd afgehaald, zijnde dat van zijnen vader in eene sloot, bij denzelfden boom, wedergevonden. *Ger-*

Gerrit Buisman, kastelein in de herberg den Rozeboom, aan den Deventer weg, een kwartier uurs van Zwolle, op den 4den Februarij, in den namiddag tusschen 4 en 5 uren, door het water beloopen zijnde, moest zich, eenigen tijd later, met zijne zieke vrouw en drie zonen ook naar den zolder begeven, en aldaar vertoeven tot Zaturdag namiddag te 3 uren, wanneer zijn schoonzoon WILLEM DENNEBOOM en de andere reeds te voren vermelde personen, welke de bewoners van het tweede Koltboom reddeden, met eenen bok bij hem kwamen. Weinig tijds later kwamen ook TEUNIS VAN DER SLUIS, HENDRIK EN EGBERTUS BUISMAN, zoons van *Gerrit Buisman*, AART VAN DER KOLK en F. W. RÖPCKE, met eene schuit aldaar. Men laadde nu in den bok eenige goederen, een paard en een jong rundbeest, en in de schuit van TEUNIS VAN DER SLUIS 3 beesten en eenige goederen, terwijl de zieke vrouw en drie zonen van *Buisman* zich mede daarin begaven, en hij zelf in den bok ging. De beide vaartuigen hierop naar de stad terugkeerende, werd, gelijk reeds verhaald is, ook het huisgezin van *Sneelooper* in den bok opgenomen.

Toen hier, tusschen den 4den en 5den Februarij, omstreeks middernacht, het water op het hoogste was, stond het in de School te *Westenholte* 1.50 el, in *Nieuw Romen* 0.84, in de *Bierton*, aan de Scheffer allée, 1.185, in den reeds genoemden *Rozeboom* 1.13, in den

OVERIJSSELS

[...], mede aan den Deventer weg, nabij het buitengoed het Zand, en is een in den molen te Windesheim zoo ook, terwijl het huis van de weduwe Snel, bij de brug aldaar, naauwelijks van het water is bevrijd gebleven, doch de Kerk, Pastorij en verdere huizen van het dorp Windesheim, welke hooger liggen, niet zijn geïnundeerd geweest.

Het ten zuiden van de rivier de Vecht gelegene gedeelte dier gemeente [...]

[...] D [...] aan Zwollerkerspel grenzende, werd mede voor een gedeelte geïnundeerd. In de buurschappen Lenthe en Emmen begon de overstrooming reeds in den voormiddag van den 4den Februarij, door het overstorten van den kadijk langs de Nieuwe wetering en de doorstrooming van de wade bij den Wipstrik. In den avond van dien dag werd dezelve zeer vermeerderd, door eene doorbraak in den Vechtdijk, tegen de Hoeve en de Maatgraven, waardoor het water in Emmen tot eene aanmerkelijke hoogte rees, en de meer oostelijk gelegene buurschap Milligen, in den nacht tusschen den 4den en 5den, zoo van den kant van Lenthe als Emmen, ook gedeeltelijk overstroomd werd.

De

WATERSNOOD.

De overstrooming strekte zich aan deze zijde uit tot in het Milliger veld, achter de allée voor het huis Den Berg, tot aan den Kluinhaasdijk en, door de Steenbeekspring, tot in de zoogenaamde Rijte van Dalmsholte.

Door den langzameren aanwas des waters alhier, zijn de ingezetenen van Lemele en Kinthen, meer dan andere, in staat geweest, op hunne hoede te zijn. Eenige inwoners van Lemele moesten echter ook hunne huizen verlaten, en door middel van schuiten afgebragt worden, terwijl het water in de laagste huizen ter hoogte van 1.00 el gerezen was. Er is slechts één varken verdronken.

In *Emmen* vermeerderde het water zeer tegen den avond, wanneer de Vechtdijk aanmerkelijk overliep en afspoelde, zoo dat de oppassers, dezelfs doorbraak voorziende, zich ijlings van daar begaven, en twee van dezelva hunne woningen niet meer konden bereiken, maar tot anderen de toevlugt moesten nemen. Door de daarop gevolgde doorbraken, tegen de Hoeve en de Maatgraven, rees het water spoedig zoo hoog, dat alle gemeenschap tusschen de huizen werd afgebroken en een ieder, zoo goed hij konde, voor zich zelven moest zorgen, tot op den 5den, wanneer de overstrooming hare grootste hoogte bereikte en het noodgeschrei uit deze buurtschap aan de overzijde der Vecht gehoord werd, waarop dan ook, zoo op last van het Gemeentebestuur, als vrijwilwillig, door particulieren, al wat mogelijk was, tot redding van menschen en beesten werd in het werk gesteld. In de laagste huizen dezer buurschap stond het water ter hoogte van 1.00 tot 1.10 el, en er zijn 14 varkens, doch geene runderen in dezelve verdronken.

In de buurschap *Milligen* kwam de overstrooming later en, ofschoon het water in de grachten van het huis Den Berg eene aanzienlijke hoogte bereikte, bleef evenwel dat huis, even als de andere huizen, van inundatie verschoond, zoo dat aldaar zeer weinig gevaar is doorgestaan.

HEINO.

Deze gemeente grenst aan die van Dalfsen en Zwollerkerspel. Dat gedeelte van dezelve, hetwelk ten westen der Nieuwe wetering ligt, is over het algemeen vrij laag en werd reeds, door de stormen in den herfst van 1824 en het daardoor af- en doorspoelen der kade langs de genoemde wetering, meestal geïnundeerd. Op den 4den Februarij rees deze overstrooming tot eene merkelijke hoogte. Toen strekte de inundatie zich ook verder oostwaarts van de Nieuwe wetering uit, tot nabij het dorp Heino, loopende derzelver grenslijn van het einde van den Klainhaarsdijk onder Dalfsen, bijna in eene regte lijn, naar de Moersteeg,

steeg, bij de allée van de Gunne. Van daar langs de erven het Groote koers, het Kievitsbosch en den Vogelenzang, en verder langs Veldzigt tot aan het erve Zeeman; zijnde het meer zuidelijke en oostelijke der gemeente bevrijd gebleven.

In deze gemeente zijn geene aanmerkelijke ongelukken voorgevallen. Er zijn slechts in de eene herberg aan het Langeslag ééne koe en ééne pink, en in de andere vier pinken en één varken verdronken, terwijl de eigenaar der laatste ook nog aanmerkelijke schade aan de gebouwen heeft geleden.

Het water bereikte in het huis van het erve *Molenssteeg* de hoogte van 0.02 el, in eene der laagste, namelijk het *Kleine Langeslag*, 1.02 en op de laagste landerijen 2.05 el.

WIJHE.

Deze gemeente, aan die van Zwollerkerspel en Heino grenzende, ligt langs den IJssel en is over het algemeen vrij laag. Door de stormen in den herfst van 1824 werd de IJsseldijk zeer beschadigd, weshalve er maatregelen tot deszelfs beveiliging moesten worden in het werk gesteld. Door het werken van den overlaat aan den Snippeling, bij Deventer, werd een groot gedeelte der gemeente, echter niet hooger dan 8 à 10 palmen, geïnundeerd, zoo dat daardoor weinig schade veroorzaakt werd.

Op Zaturdag den 5den Februarij, des morgens tusschen 2 en 6 uren, werden onderscheidene landlieden gewekt, door de onrustige beweging, welke het vee in de stallen maakte. Opgestaan zijnde werden zij met schrik bevangen, door te zien, dat hunne huizen en stallen in het water stonden, terwijl zij niet konden begrijpen, van waar hetzelve gekomen mogte zijn. Het bleef wassende tot des morgens te 9 uren, toen viel het tot 12 uren, wanneer het 5 Nederl. duimen weder gevallen was. Na dien tijd rees het andermaal, tot 5 uren, toen het op nieuw 15 duimen was toegenomen. Later begon het langzamerhand te zakken: op den 7den waren die plaatsen, waar het niet hooger dan 5 à 6 palmen gestaan had, weder ontbloot, en op den 10den was het water, uitgezonderd van de laagste landerijen, weder weggeloopen.

De overstrooming strekte zich uit over den ganschen omtrek der buiten het dorp Wijhe gelegene deelen dezer gemeente, met uitzondering alleen van een klein gedeelte der buurschappen Wechterholt en Tongeren; zijnde dezelve ten oosten gestuit tegen het buitengoed den Velleder en de Havezate Nijenhuis.

Niemand der ingezetenen heeft bij dezen vloed het leven verloren, en er zijn slechts 11 varkens, doch geene runderen omgekomen.

Het water stond hier, toen het de grootste hoogte bereikt

reikt had, in het huis den *Zandberg*, nabij de Herxen- brug, ter hoogte van 0,12 el; in het huis *den Nes*, aan de Oude wetering, 0,80 en op de laagste landerijen 2,00 el.

In de gemeenten RAALTE en OLST was de overstrooming te gering, om er hier melding van te maken.

Overgaande tot het derde overstroomde gedeelte van Overijssel, aan den linker oever des IJssels gelegen, beginnen wij met de gemeente

KAMPEN.

Tot de jurisdictie dezer stad behoort, in de eerste plaats, het *Kamper Eiland*, gelegen tusschen de monden des IJssels, van welke de noordoostelijkste het Grafhorster diep, ook wel de Goot, genoemd wordt, terwijl de zuidwestelijkste den naam van Ketel draagt. — Men onderscheidt hetzelve in Binnen- en Buiten- eiland. Tot het eerste behooren die gedeelten, welke tusschen den grootsten uitloop des IJssels, het Regte Diep genoemd, en het Ganzediep gelegen zijn. Tot het Buiten-eiland brengt men de zoogenoemde waarden, namelijk: de Mandjes- waard, tusschen het Ganze- en Grafhorster diep, de Kattewaard, tusschen het Regte Diep en den Ketel, be-

ne-

nevens de Vossewaard en andere buitendijks gelegene landerijen, aan de linkerzijde van den IJsfel, het Haatland, de Zeven huizen en den Zwartendijk. — Het Eiland is alleen door kadijken omringd, welke, uit hoofde van hunne mindere hoogte, telkens het water overlaten, zoo dat de inwoners gewoon zijn, hetzelve, bij eenen sterken Noordwestenwind, telkens te zien overstroomen; doch waarvan zij, behalve bij zware vloeden, weinig hinder hebben, dewijl hunne huizen op hoogten staan, welke bij matige vloeden watervrij zijn. Tevens is het Eiland, zoodra de wind is bedaard, zeer spoedig weder van water bevrijd; waarom de inundatie ook den landbouw weinig hinder aanbrengt.

De stad wordt verder omringd door den polder van *Broeken en Maten*, welke door den kapitalen zeedijk, die uit twee deelen, namelijk den St. Nicolaas- en den Zwartendijk, bestaat, is ingesloten. De eerste begint aan den IJsfel, bij het dorp Brunnepe, nabij Kampen gelegen, en mede onder deszelfs jurisdictie behoorende. De Zwartendijk, het vervolg van den eerstgemelden, eindigt aan het begin van den Kamperveenschen zeedijk; zijnde de polder van Broeken en Maten, die zich ook nog boven Kampen uitstrekt, aldaar door eenen slaper van de gemeenten Kamperveen en Wilsum gescheiden.

Zoo als reeds te voren is verhaald, ontstond er op den 15den November 1824 eene zware doorbraak in den

Zwar-

Zwartendijk, welke den polder van Broeken en Maten, benevens de gemeente *Kamperveen* en een gedeelte van het daaraangrenzende Gelderland, deed onderloopen. Gedurende den ganschen winter zag men van de wallen der stad Kampen niets anders, dan eene uitgestrekte zee, welke toenam of verminderde, naar mate van de rigting en de meerdere of mindere kracht van den wind. Veroorzaakte deze overstrooming geene schade, dan aan de dijken, de gevolgen des vloeds van den 4den Februarij 1825 waren zoo veel te verschrikkelijker; dewijl de geheele gemeente Kampen toen allerdeerlijkst geteisterd werd, zoo dat zij onder die gemeenten moet gerangschikt worden, welke door dien ontzettenden vloed het meeste hebben geleden.

Reeds op Dingsdag den 1sten Februarij bespeurde men op het Kamper Eiland, dat de grond buitengewoon met water was vervuld, zóó zelfs, dat hier en daar watersprongen ontstonden. Ook was toen reeds, in eenige putten, het water bedorven, daar de landlieden opmerkten, dat het vee weigerde te drinken. Op Woensdag den 2den nam men reeds waar, dat het water, met eenen vrij sterken stroom, den IJsfel opliep, hetwelk bleef aanhouden, zelfs ten tijde der ebbe. In den morgen van dien dag woei er een geweldige wind uit het zuidwesten, vergezeld van donder en bliksem. In den avond van Donderdag den 3den liep het water, bij eenen noordenwind,

O

wind, zoo sterk op, dat men te 7 uren de stads poorten moest afdammen. Des nachts te 3 uren stond het reeds op den Steendijk, buiten de Veenepoort, weshalve de Heer Burgemeester, r. LEMKER, zich derwaarts begaf. Te 4 uren begon het weder te zakken, welke daling ook op het Eiland werd waargenomen. Te 5 uren rees het op nieuw, en drong het eerst door den muur van de hoofdwacht, dat niet, dan door afdamming tegengegaan konde worden. Te 8 uren, in den morgen van den 4den Februarij, bezweek de zware afdamming van de Broerenpoort, waardoor de straat, de *Broerenweg* genoemd, welke onder liep, en dus vele menschen met hun vee moesten vlugten. De Burgemeester, spoedig aldaar gekomen zijnde, bevond, dat het water niet alleen door de verkisting drong, maar ook over dezelve liep, schoon zij volgens het waterpeil van den jare 1776 was ingerigt. De wind was toen West-Noordwest, meest ten Westen, en op verre na zoo hevig niet, als op den 14den October en 15den November 1824; doch het water borrelde en kookte, als ware het, en kwam, met een allerontzettendst geraas, als bergen aanrollen. De Burgemeester trachtte, met behulp van vele werklieden, diep in het water staande, de afdamming te herstellen; doch in de poort zelve spoelde één gat ter diepte van 2.51 el (8 voet), zoo dat men de verkisting op eenen verderen afstand moest aanleggen, hetwelk ook, door middel van zandzakken

enz.,

enz., gelukte. Terwijl men hier mede bezig was, kreeg men berigt van eene veel grootere ramp. In den muur van het bolwerk waren twee gaten geslagen, het eene bij de Broezenpoort, alwaar een eind muurs, ter dikte van 1.41 el (4½ vt.), omstortte, en door welke opening verdronken vee, kisten, kasten, gedeelten van huizen enz. tot in de tuinen aan den wal spoelden. Het andere bevond zich tusschen de Cellebroers- en Veenepoort, waar ook vele dingen, onder andere zwaar hout, doordreven. Voorts stond de sluis bij de Cellebroerspoort op het bezwijken. De Burgemeester begaf zich, op het berigt hiervan, terstond derwaarts, langs het bolwerk of den wal, waar het water gelijk stond met den rand van den muur, en zelfs op eenige plaatsen overstroomde. Bij de sluis komende, was de toldeur reeds half opgeligt en weldra geheel verbroken. In dien oogenblik achtte men dit een groot ongeluk; doch van achteren begreep men, dat het, onder het bestuur eener weldadige Voorzienigheid, had gediend, om het verderf van een gedeelte der stad te verhoeden. Het water, dat nu eenen vrijen toegang in de stad verkregen had, stroomde met eene groote snelheid naar binnen, zoo dat dezelve om 10 uren reeds geheel was geïnundeerd, met uitzondering alleen van een gedeelte der Oude straat, van af de Plantagie en het huis door Ds. *Rasburg* bewoond, tot aan de Bovenkerk. Hadde deze algemeene

over-

overstrooming der stad geene plaats gevonden, dan zoude de wal, door den sterken overloop des waters, waarschijnlijk aan de binnenzijde eerst zijn weggespoeld en daarna mogelijk geheel bezweken, waarvan de verschrikkelijke gevolgen onberekenbaar zouden geweest zijn. Het water was nu zoo hoog, dat het over de verkistingen in al de poorten stroomde. In het grootste gedeelte der stad moesten de ingezetenen naar hunne bovenwoningen vlugten. De Bovenkerk liep wel niet onder; doch het water drong of perste, onder de deur ter zijde van het orgel, aan de westzijde, derwijze door, in dit gedeelte der kerk, dat de zerken van vele graven instortten of kantelden en het aldaar allengskens onder water geraakte, zelfs tot in het midden der kerk; zoo dat alleen het koor geheel bevrijd is gebleven. Op de Nieuwe markt, het Stadhuis en andere plaatsen drong het water fonteinsgewijze tusschen de steenen door. In vele huisjes van de Groene straat stond het tot aan de zolders of de daken.

De vernieling van den muur op den wal was voornamelijk veroorzaakt, door aangespoelde palen van Schokland, balken en ander hout van de vernielde huizen aan den Zwartendijk. Een huisje van *Kip*, bij de Broerenpoort, werd zeer beschadigd; vier koeijen, die hij nog op het bolwerk zocht te redden, nevens twee andere, uit die buurt, verdronken. Behalve deze kwamen 'er nog

16 runderen om in de Groene straat en 4 op den Broeren-weg; zoo dat het verlies aan vee, binnen de stad, 26 stuks bedroeg. Het overige, ten getale van 5 à 600, werd meerendeels, in de Boven- en Buitenkerk, behouden. Vele huizen in de Groene straat en achter den Nieuwen muur zijn meer of min beschadigd; het meeste echter een paar huisjes op den Broerenweg. Voorts is er veel schade geleden aan wintervoorraad, meubelen, kleedingstukken enz.

Algemeen was de hulpvaardigheid en dienstbetooning van Kampens ingezetenen, voor zoo verre de algemeenheid van de ramp, de verraslïng van het instroomende water, de daardoor veroorzaakte verbijstering der gemoederen en de zorg voor eigen behoud toelieten. De Heer Burgemeester LEMKER wendde, in eigen persoon, alles aan, wat in zijn vermogen was, zoo tot behoud der stad, als om, aan de zulks behoevenden, levensmiddelen te brengen. Onder alle verdere ingezetenen muntte de Heer C. J. MULDER uit, in het redden dergenen, welke in hunne woningen niet veilig waren, en, door anderen van het noodige te verzorgen. Door zijne en anderer onvermoeide, en dikwijls van groot gevaar vergezeld gaande, pogingen mogt het, onder Gods zegen, gelukken, alle noodlijdenden te redden en, meestal op het Stadhuis, in veiligheid te brengen; zoo dat, niettegenstaande den verschrikkelijken toestand, waarin

de

de stad zich bevond, niemand harer inwoneren het leven heeft verloren.

Het water was, den geheelen dag van den 4den, dan rijzende nu weder vallende, en bereikte zijne grootste hoogte des avonds te 9 uren, na welken tijd het vallende bleef. Toen het op het hoogste was, stond het 0.195 el boven den, door Z. E. den Generaal KRAIJENHOFF, in de Melkpoort geslagenen hakkelbout. Daar nu deze bout 3.181 el boven het Amsterdamsche peil verheven is, klom het water tot 3.376 el boven dat peil. Aan het peil bij de brug stond het 3.99 el (12 Rijnl. voeten en 8¼ duim); op het Stadhuis, in de vestibule, 0.48; in het huis van den Heer Secretaris *Rambonnet* 0.12, en in het laagste huis op den Kalverbekkenweg 0.83 el. In het Burger-Weeshuis rees het 0.43 el boven het merk van 1775 en 0.34 el boven dat van 1776.

Te middernacht tusschen Vrijdag en Zaturdag, vond de Heer Burgemeester de twee verst van de stad verwijderde jukken der IJsselbrug geheel verstopt, met verdronken en ook voor een gedeelte nog levend vee. Vele ingezetenen van IJsselmuiden waren gevlugt naar de Stads herberg, tegenover de brug, en vóór dezelve stond veel vee, aan hen toebehoorende, hetwelk de Burgemeester, nog in denzelfden nacht, naar de stad deed brengen en in de Bovenkerk plaatsen.

In den morgen van den 5den Februarij waren eenige

dee-

deelen der stad weder van water bevrijd; doch de laagste bleven nog eenigen tijd overstroomd. De tooneelen van verwoesting, die zich telkens, op iedere plaats, welke men weder genaken konde, vertoonden, waren uitzettend. In den Burgwal, bij de Hagenpoort, waren schepen en balken komen aandrijven. Op den Broerenweg, tegen de brug over den Burgwal, lagen verdronkene koeijen, benevens balken, gebinten en ander houtwerk. De bruggen voor de Cellebroers- en Broerenpoort waren geheel weg, alsmede eene andere naar den Nieuwen weg. Vele tuinhuisjes waren weggespoeld of, als ware het, gesloopt, en de tuinen lagen vol afbraak van onderscheidene soort. Gelukkig bleef de IJselbrug behouden, schoon de golven er geweldig over henen sloegen, sommige der valsche jukken weggeslagen en veel hout, turf en stroo op dezelve geworpen werden.

Uit de geweldige hoogte van den vloed en hetgene men in de stad zag gebeuren, had men op den 4den reeds het ergste besloten, omtrent den toestand der ingezetenen van het Eiland en andere, om de stad liggende, streken. Ook had men, van de torens en andere hooge gebouwen, huizen, in den omtrek der stad, zien verdwijnen. Er was echter op dien dag geenszins te denken, om het verleenen van eenige hulp aan de noodlijdende landbewoners; dewijl dit, door het geweld van den storm en het water, volstrekt onmogelijk was.

O 4   De

De Heer C. J. MULDER waagde het des Zaturdags morgens, hoe onstuimig de rivier ook nog mogte zijn, dezelve te bevaren: dan, hij konde dit voornemen toen niet volbrengen; dewijl hij, door het verliezen van het roer, genoodzaakt werd terug te keeren. Hij moest derhalve zijn edel voornemen tot in den avond uitstellen, wanneer het hem gelukte het Regterdiep te bereiken en met veel levensgevaar door te worstelen, 2 echtgenooten bij hunne schier radelooze vrouwen en kinderen te brengen, en een dier huisgezinnen, te weten dat van *Gallé*, benevens *Veldkamp* en zijn gezin, en den eenigen overgeblevenen persoon van het uit 10 personen bestaan hebbende huisgezin van *D. G. Voerman*, zijnde de knecht, te zamen 13 personen uitmakende, behouden in Kampen te brengen. Men trachtte tevens, met eene andere schuit, het Ganzediep te bevaren, om noodlijdenden te redden, doch moest onverrigter zake terugkeeren.

Gedurende den loop van dezen dag werd men te Kampen telkens meer en meer overtuigd, op den vorigen geen te verschrikkelijk denkbeeld van het ongelukkige lot der omliggende landbewoners gevormd te hebben. De eene schok verdrong den anderen, bij de inkomende berigten, wegens de algemeene ellende; evenwel konde men zich daarvan slechts een zeer onvolledig denkbeeld vormen, daar de Heer MULDER zelfs geene andere, dan zeer verwarde berigten, omtrent den toestand van het

Bin-

Binnen-eiland konde mededeelen. Naderhand bleek het, dat er slechts weinige huizen waren verschoond gebleven, en de palen van Schokland ook aldaar vreeselijke verwoestingen hadden aangerigt. Het verlies aan vee was ontzettende, komende het getal der overgeblevene runderen in geene vergelijking met dat der omgekomene. Zie hier het verlies van eenige landlieden aldaar: *D. A. van den Bosch* verloor 35 koeijen en 5 paarden, *H. J. Galle* 43 koeijen, *Berend Reitman* 37 koeijen en 3 paarden, *Klaas Kracht* 40 koeijen en 5 varkens, *Aalt Kobus Prins* 40 koeijen en 5 varkens, *Hendk. H. Kracht* 46 koeijen en 6 varkens, *Cornelis Boer* 45 koeijen en 5 varkens, *Peter Teune* 44 koeijen, 1 paard, 7 varkens en 5 schapen, *G. Klaassen Hoekman* 34 koeijen, 5 paarden en 4 varkens, *Herm Jans van de Waard* 40 koeijen en 6 varkens en *H. R. Vos* 41 koeijen en 2 paarden. Uit deze voorbeelden zal men zich een genoegzaam denkbeeld van het geheel kunnen vormen. En behalve aan het vee leed men hier nog meerdere schade aan huisraad, bouwmansgereedschap enz. en tevens aan de huizen, welke de eigendom der bewoners zijn, afschoon de erven aan de stad Kampen behooren. Met één woord, de meeste, die den vorigen dag welgezetene lieden waren, verloren, in éénen oogenblik, bijna al hunne bezittingen. Gelukkig evenwel was het, dat zij het leven mogten behouden.

De bewoners van het Buiten-eiland, of wel der onder dezen naam begrepene Waarden, waren nog veel ongelukkiger. Het gold niet alleen, in eene gelijke mate, hunne bezittingen, maar tevens hun leven.

Het huisgezin van *Dirk Garriss Voerman*, bestaande uit man en vrouw, 6 kinderen en 2 knechten, hetwelk zich op het dak had pogen te redden, is daarmede weggedreven en verdronken. Een zoon en knecht, welke in eenen boom hun leven trachtten te behouden, zijn in denzelven verkleumd. Dus werden 9 personen eene prooi der golven, terwijl alleen één der knechten het leven behield, door van het dak op eenen hooiberg te springen.

Drie, te zamen uit 17 personen bestaande, huisgezinnen aan den *Zwartendijk*, zich willende redden op het dak der woning van *Willem Lammers*, zijn verongelukt, alleen met uitzondering van 4 derzelver, welke in hunne zwakke woningen waren gebleven. De School aldaar, benevens vier huizen, onder welke dat van *W. Lammers*, zijn geheel weggespoeld, waardoor ook de vrouw van *R. van Houten* is omgekomen.

Aan de *Zeven huizen* was de verwoesting verschrikkelijk, zoo als ook op het *Hautland*. Van weinige huizen zijn er slechts stukken overgebleven, en bijna in het geheel geen vee. — In de *Zeven huizen*, welke ook werkelijk uit 7 erven bestaan, werden niet meer dan

één

één paard en twee kalvers behouden. — Het geheele huisgezin van *Egbert Reins*, bestaande uit man, vrouw, eenen zoon, eenen knecht en twee meiden, is eene prooi der golven geworden en werd, uit hoofde van de regtschapenheid der lieden, zeer betreurd. Niet minder dat van *Wichert van Dijk*, bestaande uit man, vrouw, vijf kinderen en éénen knecht.

Reint van Houten, aan den Zwartendijk, was met zijne vrouw op het dak geklommen, van waar hij zich, bij het wegspoelen zijner woning, naar eene hooimijt begaf, op welke hij mede zijne vrouw wilde trekken, die, wijl hem dit niet mogt gelukken, verdronken is. Hij zelf dreef daarop met de hooimijt weg, landde daarmede gelukkig op *de Zande*, onder Kamperveen, en werd dus, tegen verwachting, behouden.

Aan denzelfden Zwartendijk is het huisgezin van *Beert Hage* behouden gebleven, doordien de hooiberg, die anders te ver van het huis stond, om denzelven te kunnen bereiken, verzet en het huis wel 12 voeten genaderd was, zoo dat zij er op konden komen; waarna zij met den berg tegen eenige lindeboomen vastraakten en alzoo, door eene wonderbare schikking der Voorzienigheid, hun leven behielden.

In de Zeven huizen werd *Hendrik de Leeuw* met zijne vrouw en zijn kind behouden, door dat de hooiberg, waarop zij gevlugt waren, tegen den dijk opstuwde en aldaar bleef zitten.

Op

Op het Binnen-eiland is de vrouw van *Jan Willem Vos*, na de grootste en ontzettendste angsten met en voor haren echtgenoot, hunne vijf kinderen en de dienstboden te hebben uitgestaan, den 5den Februarij, onder het woeden van de golven en het schudden der bijna verbrijzelde woning, op de balken, daar de planken van den zolder reeds grootendeels waren weggespoeld, gelukkig bevallen en met haar gezin behouden gebleven.

Op Zondag den 6den Februarij slaagde men beter, dan op den vorigen dag, in het redden der noodlijdenden, schoon het moeijelijk was, de noodige schuiten te bekomen, wijl dezelve heinde en ver weggespoeld en veelal onder hout of puin begraven waren. Al de overgeblevene huisgezinnen van de Zeven huizen werden dus door ééne schuit binnen de stad gebragt.

Jacob Mure was gedurende den storm afwezig, en had reeds op Zaturdag met den Heer MULDER getracht, zijn huis te bereiken, hetwelk evenwel, nietvegenstaande men het reeds tot op den afstand van slechts eenen steenworp was genaderd, en ondanks alle aangewende moeite, niet wilde gelukken. Thans slaagde hij beter en had het geluk, zijne vrouw en zeven kinderen, met de veerschuit, in de stad te brengen. De vrouw was gedurende den vloed, toen zij geene andere hulp had, dan die van eenen knecht, bevallen: men droeg daarom alle mogelijke zorg voor haar en had het genoegen, moeder en kind te behouden. In

In *Brunnepe* was de verwoesting insgelijks zeer algemeen, voornamelijk op den, aldaar beginnenden, St. Nicolaasdijk. Op het einde van dezen is het gansche huisgezin van *Gerrit Lubberts Bouwhuis*, bestaande uit 7 personen, met huis en vee, verwoest en omgekomen. Tien huizen zijn aldaar geheel weggespoeld en vele andere zeer beschadigd.

In den nacht tusschen den 3^{den} en 4^{den} Februarij begon het water hier geweldig te rijzen, en in den morgen van den 4^{den} bereikte het eene hoogte, welke niemand heugde. Onderscheidene bewoners der laagste huizen reeds hunne toevlugt tot hoogere genomen hebbende, wilden vele andere dit mede doen, doch poogden eerst hunne goederen naar de zolders te brengen, en werden naderhand door het water belet te vlugten, daar hetzelve over den dijk stroomde, op welken de huizen staan. Nu moesten zij zich op hunne, meestal wrakke zolders bergen: dan, het water al hooger stijgende, sloegen de golven dikwijls tegen dezelve en braken sommige achterhuizen, waardoor het gevaar grooter werd. Eenige ingezetenen, welke hunne vaartuigjes, *snikjes* genoemd, over steven 4.5 el lang en op het breedste 1 el wijd zijnde, in tijds bij hunne huizen hadden gebragt, vervoerden daarmede hunne huisgezinnen naar veiliger gelegene huizen.

Door het algemeen aangeheven wordende noodgeschrei, werden eenige menschenvrienden, schoon van elkander

der niet wetende, gelijktijdig bewogen, alle gevaren te trotseren en aan hunne in nood zijnde medeingezetenen hulp te bieden; doch alleen menschen en geene goederen te redden. Zeer gevaarlijk was echter deze onderneming, daar zij zorg moesten dragen, dat de hooggaande golven hunne zwakke vaartuigen niet ter zijde aanvielen, en zich tevens voor het menigvuldige, door den stroom medegevoerde, hout moesten beveiligen. Hunne edele pogingen mogten echter naar wensch gelukken: AART KAPTEIN en JAN VAN HULZEN slaagden in het afhalen en in veiligheid brengen van 9 huisgezinnen, te zamen 37 personen uitmakende, en HENDRIKUS BOS, HENDRIKUS GOOIJ en ANTONIJ GOOIJ in dat van 7 huisgezinnen, te zamen uit 31 personen bestaande.

Er kwam weldra een groot aantal vlugtelingen, waaronder ook eenige van Kamperveen en IJsselmuiden, in de stad, voor wier huisvesting een behoorlijk locaal werd in gereedheid gebragt, waar zij van al het noodige verzorgd werden. Vele ingezetenen der stad herbergden en verzorgden tevens een aanmerkelijk getal, in hunne huizen.

Het tooneel, dat zich, bij het wijken des waters, overal vertoonde, was geen ander, dan dat van algemeene verwoesting. De grond der gansche stad was schier met slijk bedekt. De huizen vertoonden de grootste verwarring; alle meubelen lagen door elkander en waren, wegens het slijk, onkenbaar. In de straten lagen schuiten, verdronken vee en en afbraak, en overal zag men het angstvalligste onderzoek naar hetgene dat verloren of behouden was. De muren en wallen der stad, de bruggen en tuinen waren grootendeels als gesloopt. De Vischmarkt was onkenbaar, door klei, balken en verwoeste banken. Aan de overzijde van den IJssel waren deszelfs boorden bedekt met verdronken vee, aangespoelde planken, balken, hout, stroo en allerhande huisraad. In den Nieuwen weg was het ééne huis, de ééne koepel, het ééne hek naast het andere verbrijzeld. Aan het stroo, dat in de boomen hing, was het zigtbaar, dat het water er van 1.90 tot 2.80 el hoog gestaan had, terwijl de laagste landerijen ter diepte van 3.35 el waren geïnundeerd geweest.

In de jurisdictie der stad zijn 36 huizen geheel weggespoeld en 133 beschadigd, onder welke laatste zeer vele volstrekt onbewoonbaar zijn geworden. Er zijn niet minder dan 2314 runderen, 115 paarden, 21 schapen en 195 varkens omgekomen, terwijl een getal van 48 menschen in de golven het leven verloor.

Ten zuiden der gemeente Kampen ligt die van

KAMPERVEEN.

Door de, op den 15den November, in den Zwartendijk ontstane doorbraak, werd ook deze gemeente geïnundeerd, evenwel zonder dat daar door eenige schade werd veroor-

veroorzaakt. De Kamperveensche Zeedijken, bekend onder de namen van Nieuwen- en Noordwendingerdijk, stonden dezen storm door, zonder eenige schade te lijden; die aan den IJsfel had, zoo in de binnen- als buitendorseringen, veel geleden, en werd daarom, zoo veel mogelijk, door bekramming der zwakste deelen hersteld, zoo dat dezelve weder in staat zoude zijn geweest, eenen vloed gelijk dien van den 15den November te verduren: dan, tegen dien van den 4den en 5den Februarij was niets bestand. Het water steeg in den morgen van den eerstgemelden dag tot 3 palmen boven de kruinen der dijken, welke, den overloop niet kunnende doorstaan, bezweken. In den Nieuwendijk vielen twee kapitale doorbraken, en ééne in den daaraansluitenden Noordwendingerdijk, behalve dat dezelve op vele plaatsen tot aan het maaiveld werd afgeslagen. De overstrooming was daardoor ook zóó geweldig, dat er niets anders, dan de geheele ondergang der gemeente, verwacht konde worden. Schoon hier nu, dank zij het bestuur der Voorzienigheid, minder menschen zijn omgekomen, dan men zoude hebben gedacht, was echter de ramp, welke deze kleine gemeente overkwam, allerverschrikkelijkst. In den voormiddag, tusschen 10 en 11 uren, werden, alleen in de buurschap den *Hoogenweg*, vier boeren woningen geheel weggespoeld. De eerste, bewoond door *Peter Post*, hebbende eene vrouw en 5 kinderen, stond digt bij de Roskammer sluis,

regt

regt tegenover eene aldaar ontstane doorbraak, op eenen afstand van omtrent 300 ellen. Derzelver bewoners werden, als door een wonderwerk, gered; want even vóór dat het huis instortte, kwam er eene groote schuit aandrijven, waarin zij naauwelijks tijd hadden zich te begeven, zonder iets van het hunne te kunnen medenemen, en terstond daarna zagen zij het huis instorten en wegdrijven. Nu dreven zij met den wind af, tot tegen het huis door *A. Pol* en *E. Palland* bewoond, waar zij door de bewoners gered en opgenomen werden. Met dezelfde schuit haalden *A. Pol*, *E. Palland* en *P. Past* daarna het huisgezin van *J. F. Ruitenberg* en 12 aan hem toebehoorende runderen, uit zijne woning, van welke de wanden reeds gedeeltelijk waren weggeslagen; doch welk huisgezin dus nog behouden werd.

Het tweede dezer huizen werd bewoond door de wed. van *Derk Pol*, met eenen zoon en eene dochter. Deze hadden zich op den zolder begeven, waar zij zich veilig waanden: doch, toen de voor- en achtergevel werden ingeslagen, sneden zij een gat in het dak en klommen op hetzelve. Dit was naauwelijks geschied, of al de muren stortten in en het dak dreef weg. Hierbij hadden zij het geluk, met hetzelve tot nabij den hooiberg van eenen hunner buren, *Cs. Brands van 't Hul*, te drijven, door wien zij, schoon ter naauwer nood, met een touw in denzelven getrokken werden.

Het derde dier huizen werd bewoond door *Jan van Wijke*, hebbende eene vrouw en 7 kinderen. Al deze personen bevonden zich op den achterzolder, toen de gevel aan dat einde instortte. Zij vlugtten daarop naar den voorzolder; doch weldra bezweek ook aldaar de gevel. Nu reddeden zij zich op het midden van den zolder, sneden een gat in het dak en hadden het geluk, daardoor nog even bij tijds in den hooiberg te geraken; en naauwelijks was dit gelukt, of het huis stortte geheel in en het dak dreef weg; zoo dat ook dit huisgezin ter naauwer nood behouden werd.

Het vierde der genoemde huizen werd bewoond door *Gerrit Pijpert*, met zijne vrouw en 3 kinderen, benevens de wed. *Kroneman*. Dit gezin was minder gelukkig, dan de genoemde; want met het dak weggedreven zijnde, vond men dit, een half uur gaans verder, uit elkander geslagen, weder, en naderhand werden ook de lijken der genoemde personen in den omtrek gevonden.

5. Meest al de huizen in deze buurschap zijn onbewoonbaar geworden, en ook een gedeelte der Pastorij is weggeslagen; doch de Kerk, schoon diep onder water gestaan hebbende, heeft niets geleden.

In de buurschap het *Zuideinde* zijn twee woningen weggespoeld, waarvan de eerste bewoond werd door *Hendrik Fixe*, deszelfs vrouw en 6 kinderen. Deze vlugt-

vlugtten naar den voorzolder, toen het achterhuis reeds was ingestort, de 20 runderen verdronken en de bouwmans gereedschappen weggedreven waren. Hier ook niet veilig zijnde, kwam *Axe*, uit een dakvenster, door middel van eene ladder, in een klein, uit slechts drie planken zamengesteld, schuitje, en bragt zijn huisgezin mede daarin over. Niet zonder groot gevaar bereikte hij met hetzelve eenige wilgen boomen; en naauwelijks was dit geschied, of het geheele huis stortte in en dreef grootendeels weg, met alles wat nog in hetzelve was. Zich met het kleine schuitje niet verder durvende wagen, besloot hij, zich aan de wilgen boomen vast te houden, tot dat de storm wat bedaard mogte zijn. In dezen akeligen toestand vertoefde hij aldaar tot middernacht, tusschen den 5den en 6den Februarij, en dus gedurende ruim 36 uren, waarna hij het geluk had, langs de boomen, het huis van zijnen buurman *P. G. van den Brink*, dat hooger lag, dan het zijne, te bereiken, en alzoo met zijn huisgezin behouden te blijven.

Het tweede huis aldaar werd bewoond door *Derk Dries Batenveld*, met zijne vrouw en 6 kinderen. Des middags te 12 uren naar den voorzolder gevlugt zijnde, zag hij van daar zijne 15 runderen verdrinken. Spoedig werd het achterhuis vernield en met alles wat er in was weggespoeld; waarna men om 4 uren bespeurde, dat het voorste gedeelte ook meer en meer begon te

P 2   wag-

waggelen. Nu sneed *Barneveld* een gat in het dak, om te trachten, door middel van eene plank, in den hooiberg te komen. Gelukkig was er een stuk des daks van het achterhuis tusschen het huis en den berg gedreven, waardoor hij gemakkelijker met zijn gezin in denzelven konde komen. Hij zag nu het overige zijner woning instorten en wegdrijven, terwijl de hooiberg mede heen en weder werd geschud. In dezen gevaarvollen toestand, iederen oogenblik niets anders dan den dood voor oogen ziende, moest hij ruim 30 uren blijven, tot dat hij in den morgen van 6den Februarij met een schuitje werd afgehaald, naar het hooger gelegene huis van zijnen buurman *H. A. van den Hauvel* gebragt, en derhalve, na het doorstaan van vele gevaren, met de zijne behouden bleef.

Voorts zijn in deze buurschap vele huizen onbewoonbaar geworden en de overige meest allen zwaar beschadigd. Het meeste vee is er verdronken, en de schade aan bouwmans gereedschappen, huisraad enz. was zeer groot.

In de buurschap *de Zande*, waar een gedeelte der huizen tegen den dijk staat, zijn er wel geene weggespoeld, maar evenwel allen, op één na, onbewoonbaar geworden of grootelijks beschadigd. De ingezetenen, welke aan den dijk wonen, behielden hun vee, doch de meer binnenwaarts wonende, hebben hetzelve meest al al verloren, en tevens groote schade aan hunne overige goederen geleden.

GERRIT VAN KEULEN, herbergier in de Koelucht, in de buurschap de Zande, des nachts van den 4den op den 5den Februarij, het noodgeschrei eens menschen van verre hoorende, begaf zich om 2 uren naar zijnen buurman JAN JAKOBS VAN DER WOLDE, waar hij nog eenen anderen, namelijk GIJSBERT GERRITS HUP, aantrof. Dezen deelde hij zijn besluit mede, om te trachten, met de, niet verre van daar liggende, Zalker schietschouw, den om hulp roependen te redden, en stelde hun voor, hem op dezen gevaarvollen togt te vergezellen. Deze, schoon, even als VAN KEULEN, vaders van verscheidene kinderen zijnde, aarzelden geenen oogenblik, hieraan gehoor te geven. Terstond begaven zich nu deze menschenvrienden, met het ranke vaartuig, op weg en kampten, gedurende twee uren, tegen de woedende golven, waarbij zij telkens in levensgevaar verkeerden, en zich dikwijls aan de boomen moesten vasthouden, om te zorgen, dat hetzelve niet omgeworpen wierde. Eindelijk ontdekten zij, op het door *Jan Zonnenberg* bewoonde erve, eenen man, geheel krom, in den kop van eenen wilgen boom zittende. Daarop alle krachten inspannende, hadden zij het geluk, hem te naderen, uit den boom te helpen en, bijna geheel verkleumd zijnde, in de schouw neder te leggen, terwijl zij hem herkenden voor *Reint van Houten*, wonende aan den Zwartendijk onder Kampen, van wien reeds te voren is gewaagd. — Op de woningen van *Gerrit Flips Ruitenberg* en *Jan Zonnenberg* noodvlaggen bespeurende, en der bewoneren jammerlijks noodgeschrei hoorende, besloten onze menschenvrienden, zich door den wind naar het eerstgemelde huis te laten drijven. Dit gelukt zijnde zagen zij, dat het bijna geheel door de golven was uiteengeslagen, en de bewoners, uit 5 personen bestaande, zich op eenen wrakken zolder bevondeii. In groot gevaar, om door het instorten des zolders het leven te verliezen, kregen zij deze vijf personen, één voor één, in de schuit, en om vijf uren bereikten zij, met de door hen geredden, den dijk, waar zij dezelve in het huis van den herbergier *J. S. van Dijk* bragten. — Hierop namen zij het edelmoedige besluit, ook het huisgezin van *Jan Zonnenberg* te redden, en deze menschlievende poging mogt hun mede gelukken. Zij vonden het achterste van het huis in eenen bijna reddeloozen toestand, en de zijmuren geheel nederliggende. De 5 personen, waaruit dit huisgezin bestond, ook gelukkig in hunne schuit gekregen hebbende, bragten zij dezelve aan den dijk, in den hooiberg van *van der Wilde*, in welken zich ook het huisgezin van dezen bevond. — De drie genoemde menschenvrienden hadden alzoo de zalige zelfvoldoening, 11 menschen te hebben gered, welke an-

anders waarschijnlijk zouden omgekomen zijn, en nu, gedurende vele uren, elken oogenblik den dood hadden voor oogen gehad.

De genoemde *Rutes van Houten* had reeds zoodanig het gevoel in de beenen verloren, dat hij, te digt bij het vuur zittende, dezelve, zonder het te bemerken, deerlijk verbrandde. Hij verhaalde, dat hij des voormiddags te 11 uren, bij het wegspoelen zijner woning, nog het geluk had gehad, eene hooimijt te bereiken, met welke hij was weggedreven, terwijl zijne vrouw, wier lijk naderhand onder *Zalk*, nabij Buckhorst, is wedergevonden, zich op een drijvend bed enz. bevond; en zij elkander, in dien hopeloozen toestand, nog eenen geruimen tijd telkens toegeroepen hadden, tot dat zij daartoe te ver van elkander verwijderd waren. Tot aan den boom, uit welken hij gered was, dus ruim een uur ver, voortgedreven zijnde, was hij met veel moeite in denzelven geklommen en had zich in de takken vast gestrengeld, ten einde er niet door de golven uitgeslagen te worden. Aldus 16 uren in dien boom doorgebragt hebbende, had hij naauwelijks kracht genoeg behouden, om te roepen, en spoedig het einde van zijn leven verwacht.

De overstrooming begon in deze gemeente reeds des avonds van den 3den Februarij, door de doorbraak in den Zwartendijk, en bereikte de grootste hoogte op den

4den, des avonds te 6 uren, door eene doorbraak in den IJsfeldijk, wanneer de geheele gemeente, zonder eenige uitzondering, onder water stond. In het hoogste huis, de Pastorij namelijk, stond het 0,65 el, in het laagste, door de weduwe *Palland* bewoond, 2.28 en op de lage landerijen 3.90 el. Na dien tijd begon het zakken; doch het was niet geweken voor het laatste der maand Maart. Zes huizen waren weggespoeld, 32 onbewoonbaar geworden en 25 grootelijks beschadigd. Van de 973 runderen, die in 1824 binnen de gemeente gevonden werden, waren er 751 verdronken, en voorts 31 paarden, 52 varkens en 26 schapen; waaruit genoegzaam blijkt, hoezeer ook deze gemeente door den vloed is geteisterd geworden.

De laatste gemeente, van welke wij hier moeten spreken, is

ZALK.

In den morgen van den 4den Februarij waren derzelver ingezetenen, over het algemeen, nog vrij gerust, zekerlijk doordien er reeds zoo veel stormen, zonder ongelukken te veroorzaken, geweest waren. Tusschen 11 en 12 uren bespeurde men het naderende gevaar, dewijl het zeewater toen met groote snelheid kwam aan-

aanstroomen, zoo dat in den namiddag te 4 uren reeds, de geheele gemeente onder water stond, behalve het Huis van de Havezate *Buckhorst*, toebehoorende aan Zijne Excellentie den Heere B. H. Baron Bentinck, Gouverneur der Provincie Overijssel enz. enz., benevens de Pastorij; zijnde de genoemde Havezate niet slechts, op een klein bloemperkje na, geheel geïnundeerd geweest, maar de plaats voor de stoep zelfs zóó diep, dat een vijftienjarige jongeling het Huis bereikte, door zich aan een zwemmend varken vast te houden, dewijl het hem anders niet mogelijk was. — De Kerk hield men vrij, door eenen kleinen dam, voor de zoogenoemde Kleine deur, namelijk die aan het oostelijke einde, en het huis van den Veerman door middel van eenen grooten, welke met behulp der vlugtelingen bij hetzelve was opgeworpen. Des avonds te acht uren bereikte het water zijne grootste hoogte en stond in eene der hoogste huizen, namelijk dat van *W. Kloosterman*, de Schurfdenbelt geheeten, 0.15 el, en in eene der laagste, Pramperhuizen genoemd, 2.00 el, terwijl de landerijen, die vrij ongelijk in hoogte zijn, ter diepte van 0.28 tot 2.80 el geïnundeerd waren.

Naar mate de gerustheid der bewoners van het dorp grooter was geweest, was ook de schrik heviger, toen de geweldige vloed begon. Men haastte zich, alles wat men bergen konde, in veiligheid te brengen. De Pre-
di-

dikant, C. J. C. VENEMA, borg zijne voornaamste goederen op de studeerkamer, bestemde het overige zijner woning tot ontvangst van vlugtelingen, en ging zelf uit, om de behulpzame hand te bieden. De Onderwijzer J. STEENBERGEN bragt dadelijk de vrouw van den bode *J. van de Hoek*, die in den oogenblik der verlossing was, naar de Pastorij, alwaar zij bevallen en overleden is. Kort daarna was het water reeds zoo zeer toegenomen, dat er, zonder eene schuit, aan geene redding meer te denken was. Het dorp een eindje van den IJsseldijk verwijderd zijnde, konde men, wegens den stroom, niet zonder gevaar eene schuit van daar aanvoeren. De Predikant en GERRIT KLOOSTERMAN waagden het echter, met eenen staak in de hand, dezen togt te ondernemen, bereikten gelukkig den dijk, waar zij terstond eene schuit ontwaarden, die zij, met behulp van den Veerman, spoedig over den dijk trokken en waarmede zij, vergezeld van deszelfs koeien knecht, JAN REINDS geheeten, naar het dorp voeren; doch waarbij zij zeer veel te worstelen hadden met den stroom en de belemmeringen van boomen en boschjes, en dus telkens uit de schuit in het water moesten. De Predikant was toen, door het water en de koude, zoo verkleumd, dat hij zich, tegen zijnen wil, naar de Pastorij moest begeven; waarop genoemde JAN REINDS en anderen de noodlijdenden, zoo veel mogelijk, hielpen en menschen

en

en vee in veiligheid bragten, de eersten naar de Pastorij en het andere naar de Kerk; terwijl voorts onderscheidene personen in de Kerk en bij den Ontvanger en Schoolonderwijzer J. STEENBERGEN, welke nog een opkamertje had droog gehouden, huisvesting en liefderijke verzorging vonden. Buiten het dorp hulp te verleenen, was in dezen tijd nog niet mogelijk.

De zoon des tuinmans van den Huize Buckhorst, AREND JAN VAN DER BENDT, nevens de Rentmeester AART JONKER, reddeden de wed. van J. Neuteboom, onder de provincie Gelderland wonende, welke met een jongetje in eene bedstede gevlugt was. Van daar voeren zij naar het huis van den Rentmeester en haalden de vrouw en kinderen, welke zij in de woning van den tuinman bragten. Laat in den avond voeren AART JONKER, A. J. VAN DER BENDT, HENDRIK KOETSE en JAN NEUTEBOOM nog weder naar het huis van reeds gemelde weduwe, van waar zij *Harm Veldkamp* en *Gezina Neuteboom* afhaalden, die zich door een gat in den zolder in de schuit nederlieten. Ook namen zij een paard, achter hen zwemmende, mede, hetwelk zij niet, dan met veel moeite, uit de schuit konden houden.

Men beproefde tevens, de woning van *Jan Dokter* te bereiken, hetwelk evenwel vruchteloos was, schoon zeven personen daartoe medewerkten. Op den 5den, des morgens te 7 uren, werd deze proef, met eenen beteren

ren uitslag, hernieuwd, door A. J. VAN DER BENDT, GERRIT WIJNEN, HENDRIK KOETSE, JAN NEUTEBOOM, HARM VELDKAMP en anderen. Zij vonden het huis ellendig geteisterd: de voorgevel en middelmuur alleen stonden nog, terwijl de bewoners, op den zolder, elken oogenblik den dood verwachtten, het rundvee en een vet varken verdronken waren. Elf personen, waaronder een zieke, werden nu uit den doodsangst gered en, des middags te één uren, dewijl men, wegens den nog aanhoudenden wind, niet eerder had durven afvaren, behouden op Buckhorst gebragt, waar zij, door den tuinman, liefderijk werden opgenomen.

De Predikant voer op denzelfden morgen, met EGBERT VAN WILSUM en GERRIT KLOOSTERMAN, naar het huis van des laatsten vader, *Hendrik Kloosterman*. Met veel moeite kwamen zij aldaar, en vonden het er allertreurigst gesteld. Alles lag door elkander en 28 stuks vee dood in de stallen, terwijl de bewoners bijna op den zolder waren verkleumd. De meeste hunner werden nu in de schuit medegenomen, en den overblijvenden verkwikking beloofd. — Van hier voer men naar het huis van *Marten Barneveld*, waar deszelfs huisvrouw nog in den grootsten nood zat; dewijl het huis, dat zeer veel geleden had, elken oogenblik dreigde in te storten. Na eenen zeer moeijelijken hertogt, kwamen zij gelukkig in de Pastorij aan. Daar men zich nu

bij

bij dezen togt, om de noodlijdenden te redden, tot middellijfs in het water had moeten begeven, en de Predikant het buitendien noodig oordeelde in huis te blijven, ter verzorging van de zich aldaar bevindende menigte, voeren zijn broeder, de Onderwijzer LAMBERT STEENBERGEN en anderen weder uit, om verdere hulp aan de noodlijdenden te bewijzen, en bespeurden, dat, op het plaatsje de Pijpert geheeten, *Hendrik Wildeman* en zijne kleindochter, die, wegens de in het water doorgestane koude, niet waren in staat geweest, zich naar boven te begeven, overleden waren, terwijl de overige huisgenooten, twee oude vrouwen namelijk, op den zolder het leven hadden behouden.

Behalve die twee hebben hier geene menschen het leven verloren: dan, ten aanzien van deze beide is hier nog de treurige opmerking bij te voegen, dat de eerste de stiefvader en de andere eene dochter was van *Gerrit Pijpert*, die, gelijk reeds onder Kamperveen werd verhaald, met al zijne huisgenooten is verdronken, en de nog overige dochter van *Pijpert*, welke niet bij hem in huis was, weinig tijds daarna overleden is, aan de gevolgen van den schrik, welken het zien van het lijk des verdronkenen vaders bij haar veroorzaakt had.

Uit het verhaalde zal de Lezer genoegzaam hebben opgemaakt, dat de rampen, welke den bewoneren der overstroomde gedeelten van Overijsfel door dezen watervloed overkwamen, alle verbeelding te boven zijn gegaan. De hierachtergevoegde tabelle van de verdronkene menschen, het omgekomene vee, de weggespoelde en beschadigde gebouwen, opgemaakt uit de opgaven der Gemeentebesturen, kan dit nog duidelijker, als met eenen opslag van het oog, aanwijzen. Te dien einde heb ik het dienstig geacht, de bevolking van iedere gemeente, alsmede het getal van het in 1824 aldaar aanwezige vee, mede op dezelve te brengen.

Bij de onderlinge vergelijking der schade, welke de onderscheidene gemeenten hebben geleden, behoort men in het oog te houden, dat sommige van dezelve, schoon wel over het geheel geïnundeerd geweest, zeer onderscheiden van hoogte zijn, en daarom het verlies in de hooger gelegene deelen geringer geweest zijnde, de ramp aldaar minder zwaar moet schijnen, dan in andere, en wel voornamelijk in de kleinste gemeenten, welke meer over hare geheele uitgestrektheid hebben geleden. De laagste deelen van deze grootere gemeenten, b. v. van *Steenwijkerwold* en *Zwollerkerspel*, zijn in geenen beteren toestand geweest, dan de daaraan grenzende, zoo als *Blankenham*, *Giethoorn*, *Genemuiden* en *IJsselmuiden*.

Het getal der verdronkene menschen is natuurlijk het

het grootste in die gemeenten, welke, aan de zeedijken liggende, den eersten aanval des waters hadden en lijden. In de meer binnenwaarts gelegene was dit geval minder, en wel voornamelijk daar, waar de ingezetenen van grootere of kleinere schuiten voorzien waren. In de gemeente *Giethoorn*, waar de overstrooming volstrekt algemeen is geweest, en de hoogste huizen ter diepte van bijna eene el geïnundeerd waren, verloor niemand het leven, niettegenstaande de laag gelegene buurschap Jonen geheel en het midden van Giethoorn bijna geheel wegspoelden: en wel daardoor, dat de ingezetenen hier, wegens de menigvuldige plassen en andere wateren, allen genoodzaakt zijn, zoo tot vervoer van hunne personen als van turf, hooi en andere goederen, vaartuigen te houden. Het getal schuiten was, ongelukkig, sedert eenige jaren, in sommige streken merkelijk verminderd, niettegenstaande het zeer wenschelijk zoude zijn, dat elk ingezeten, wiens woning aan overstrooming is blootgesteld, steeds van eenig vaartuig voorzien ware.

Allertreurigst was het vooruitzigt van zoo velen, die wel het leven behouden, doch hunne woningen en have verloren hadden, en zonder de liefdadige hulp hunner landgenooten van ellende en gebrek zouden hebben moeten vergaan; ja de geledene schade scheen in vele gemeenten onoverkomelijk te zijn. Alleen de gedachte, dat

Hij,

Hij, die stormen en vloeden met aanbiddelijke wijsheid en liefde verwekt en bestuurt, ook verkwikkelijke koeltjes, vruchtbaren regen en liefelijken zonneschijn schenkt, en de hoop op buitengewone ondersteuning konden de smarten eenigermate lenigen. En weldra bleek het, dat deze hoop niet te vergeefs was geweest, daar de radelooze bewoners der overstroomde gemeenten boven verwachting vertroost werden, door den krachtigen en spoedigen bijstand, die van alle kanten werd verleend. Even als het gevaar, waarin vele ongelukkigen zich tijdens den vloed bevonden, den moed van onderscheidene menschenvrienden zoodanig had ontvonkt, dat zij noch de ruwheid van het weder, noch het grootste levensgevaar ontzagen, om vele noodlijdenden te hulp te komen en voor eenen anders gewissen dood te behoeden, even zoo verwekte ook de mare van de ontzettende ramp, bij alle weldenkende Nederlanders, een diep medelijden met hunne ongelukkig gewordene landgenooten. Overal beijverde men zich, om penningen te verzamelen en naar die gemeenten, waar de nood het grootste scheen, over te maken. Levensmiddelen, kleedingstukken en andere noodwendigheden, werden den noodlijdenden, herhaalde malen en in overvloed, uit andere Provincien toegezonden; ja, zóó spoedig en zóó algemeen was de aangebragte hulp, dat niemand, na uit zijne bouwvallige woning of andere schuilplaats

ge-

gered te zijn, gebrek aan het noodige leed. Was der Nederlanderen milddadigheid altijd beroemd, thans blonk dezelve zóó heerlijk uit, dat men, bij al den weemoed, dien de ellenden verwekten, zoo toen als vervolgens, eene ongekende vreugd des harten gevoelde, over de buitengewone liefdadigheid, door onze natie betoond; eene liefdadigheid, welke alleen genoeg moest zijn, om de lasteraars van den Geest onzer Eeuw te beschamen en tot zwijgen te brengen; eene liefdadigheid, welke onloochenbaar bewijst, dat, ook in *deze* eeuw, de leer van Hem, die de *Liefde zelve* is, door onze landgenooten wordt gekend en beoefend.

Zeer aangenaam werden ook de ingezetenen der geinundeerde streken verrast, door de komst van ZIJNE KONINKLIJKE HOOGHEID DEN PRINS VAN ORANJE, die in den nacht tusschen den 14den en 15den Februarij, bij Zijne Excellentie den Heere GOUVERNEUR der provincie, te *Zwolle*, aankwam, ten einde zich door eigene aanschouwing van de grootte der ramp, die Overijssel had getroffen, te verzekeren. Des morgens van den 15den vertrok ZIJNE KONINKLIJKE HOOGHEID, vergezeld door den Heere GOUVERNEUR der provincie, den provincialen Commandant en den Hoofd-Ingenieur van den Waterstaat, te schepe door de Willemsvaart, langs den IJssel, naar *Kampen*, en voer van daar,

Q zon-

zonder aan land te gaan, terstond door het Ganzediep naar Zee en voorts naar *Vollenhove*. Hier aan
land gestapt zijnde, ging Z. K. H. te voet naar den
dijk, tusschen Vollenhove en Blokzijl, en nam aldaar de
voornaamste dijkbreuken in oogenschouw. Van daar
retourneerende, werd Z. K. H. door den Heer Burgemeester van Vollenhove, den Dijkgraaf en Dijkschrijver
begroet, en onderhield zich eenen geruimen tijd met
dezelve, over de noodlottige, plaats hebbende omstandigheden en de middelen, welke tot redres zouden kunnen worden aangewend. Z. K. H. daarna weder aan
boord gegaan zijnde, keerde van daar naar Kampen terug,
alwaar Hoogstdezelve des avonds aankwam, en door de
stedelijke Regering werd opgewacht. Des morgens van
den 16den begaf Z. K. H., na aan onderscheidene par-
tikulieren audientie verleend te hebben, zich, vergezeld
door de stedelijke Regering, naar *Brunnepe*, beschouwde
de aldaar plaats vindende verwoestingen en onderhield
zich, op eene allerminzaamste wijze, met onderscheidene ongelukkig gewordene inwoners van deze plaats,
hun, zoo wel door milde giften als troostredenen,
moed voor de toekomst inboezemende. Van hier naar
Kampen teruggekeerd, bezag Z. K. H. de wallen der
stad en de aan de Cellebroerspoort gesprongene sluis,
voorts de groote Kerk en de Gasthuizen, waar zich de
ongelukkige vlugtelingen bevonden. Van Kampen begaf

Z. K. H.

Z. K. H. zich, nog denzelfden dag, met eene opene schuit naar Zwolle, door den polder van *Mastenbroek*, en bezag de aldaar aangerigte verwoestingen. Te Zwolle terruggekomen zijnde, keerde Z. K. H. op den volgenden dag naar Holland terug.

Groot was de indruk, welken deze reis van den KROONPRINS der Nederlanden, bij de ongelukkige en overige ingezetenen, verwekte; daar dezelve een niet twijfelachtig bewijs opleverde der deelneming, zoo van Z. K. H. zelven als van Hoogstdeszelfs doorluchtigen Vader, Nederlands geëerbiedigden KONING, in het lot der slagtoffers van de geledene ramp, en aan allen het gegronde vooruitzigt opleverde, dat het hun geenszins aan de zoo noodzakelijke hulp van ZIJNE MAJESTEIT zoude ontbreken; in welke verwachting men zich dan ook geenszins heeft bedrogen gevonden.

Onrustende was de toestand der vernielde dijken, daar het jaargetijde nog te weinig was gevorderd, om voor geene vernieuwde stormen en hooge vloeden te vreezen. Een gedeelte van die vrees werd echter spoedig weggenomen, toen de Heer Inspecteur Generaal en Administrateur van den Waterstaat, de Hoog Edel Gestrenge Heer GOUDRIAAN, omtrent denzelfden tijd in deze provincie aankwam, de dijkbreuken inspecteerde en de noodige orders gaf, om de meest gevaarlijke, met den grootsten spoed, te beringen. De maatregelen, door Z. H. E. G. daartoe genomen; waren zóó doelmatig, dat de beringingen reeds op den 13 April tot de hoogte van 2 el boven dagelijksch water voltooid waren, en men den 18 April zonder schade, bij eenen noordnoordwesten en harden wind, 1.30 el boven dit peil heeft gekeerd, zoo dat hier, behalve in de buurschappen Langenholte en Diese, waar de doorbraken niet beringd waren, door dien storm geene overstrooming heeft plaats gevonden.

Schoon het niet mogelijk is, de som en de waarde te bepalen van al de gelden, levensbehoeften, kleederen enz. welke ten behoeve der noodlijdenden van deze provincie zijn ingezameld en ontvangen, zullen echter de volgende opgaven dienen kunnen, om eenig denkbeeld te geven van de gadelooze menschenliefde en mededeelzaamheid, bij deze gelegenheid door Vorst en volk betoond, terwijl de door de z. e. den Heere GOUVERNEUR benoemde provinciale Commissie, de Gemeentebesturen en de onderscheidene plaatselijke Commissiën zich als om strijd beijverden, om de hulpbehoevenden te verkwikken en ondersteunen; ja, vele bijzondere personen, zelfs de zoodanige, die zelven aanmerkelijke schade hadden geleden, onttrokken zich niet aan de verzachting van het lot hunner meer ongelukkige broeders en zusters, maar herbergden en verzorgden velen van dezelve eenen geruimen tijd.

De provinciale Collecte leverde ƒ 29,882.08 op, en
be-

behalve over deze, had de provinciale Commissie nog de dispositie over eene som van ƒ 60,345.66, welke haar van hier en elders, en voornamelijk uit de provincie Holland, was toegezonden, terwijl buitendien nog aanmerkelijke sommen, aan de in onderscheidene gemeenten aanwezige Commissiën, uit die provincie gezonden werden.

Eene Commissie te *Deventer* verzamelde de aanzienlijke som van ƒ 15,845.14 en deelde daarvoor levensmiddelen, bouwmaterialen en andere noodwendigheden uit, in onderscheidene gemeenten.

De provinciale Commissie bezigde de gelden, die te harer dispositie gesteld werden, in de eerste plaats tot het verschaffen van voedsel en kleeding aan al de ongelukkigen der overstroomde gemeenten, die dit behoefden, voorts tot aanvankelijk herstel van woningen en schuren, het aanschaffen der noodige gereedschappen voor den landbouw en de handwerken, en eindelijk tot den aankoop van eenig vee.

Het behaagde Zijner Majesteit den *KONING*, om aan deze provincie, uit de eerste 30 ten honderd van de algemeene Collecte, toe te leggen de aanzienlijke som van ƒ 214,223.68, daaronder begrepen ƒ 20,000.00 van de door Hoogstdenzelven uit eigene fondsen in dezelve geschonkene ƒ 100,000.00. Deze som is gebezigd tot verder herstel van gebouwen en het aankoopen van vee,

als

alsmede om de behoeftigen in staat te stellen, door het weder aanvangen en voortzetten van hunne bedrijven, op nieuw aan een bestaan te geraken. — Van de overige 70 ten honderd dier Collecte heeft *ZIJNE MAJESTEIT*, behalve hetgene wij bij de finale afrekening daarvan nog zullen te wachten hebben, aan deze provincie toegewezen eene som van ƒ 302,000.00, welke mede, vooral tot herstel van gebouwen en het aankoopen van vee, is bestemd geworden.

De ontzettende schade, door bijzondere personen geleden, was echter niet de eenige, welke deze verschrikkelijke watervloed veroorzaakte; neen, de bijna geheele vernieling der zeedijken leverde geen minder droevig vooruitzigt op en scheen onherstelbaar te zijn; daar de landeigenaren, vooral nu, niet in staat waren, om de groote sommen, daartoe vereischt wordende, bijeen te brengen. Dan, ook hier toe werden door de vaderlijke zorgen des *KONINGS* de middelen verschaft, uit het tot herstel der schaden bestemde fonds van *acht millioenen*.

De Administratie van den Waterstaat achtte het doelmatig, een gedeelte der zeedijken te verlagen en tot *overlaten* of zoogenoemde *slapers* te maken, ten einde liever het water der zee, tot eene merkelijke hoogte geklommen zijnde, op eene zachte en min schadelijke wijs ten lande te doen instroomen, dan weder gevaar te loopen, van even als nu was gebeurd, alle dijken

bij-

bijna in éénen oogenblik te zien bezwijken en de thans aangerigte verwoesting vernieuwen. Dien ten gevolge is de Zwartendijk, beneden de stad *Kampen*, door eenen zoodanigen overlaatdijk vervangen, en heeft dit ook met een gedeelte van den Mastenbroeker zeedijk, tusschen de steden *Genemuiden* en *Grafhorst* plaats. De hoogte van deze overlaten is bepaald op 2.12 el (6 vt. 9 dm. Rijnl.) boven het Amsterdamsche peil of den middelbaren vloed der Zuiderzee; eene hoogte, welke den zomervloed, zeer buitengewone gevallen uitgezonderd, niet bereikt, en dus genoegzaam is, om den landman betrekkelijk het behoud van zijn zomergewas en zijn vee gerust te stellen. De aanleg dezer dijken is zoodanig, dat zij geene vrees voor doorbraak opleveren; dewijl de binnen-dossering als 12 tot 1 en die van buiten als 8 tot 1 is aangenomen, zoo dat de onderste aanleg ten minste 42 ellen (133 vt. 9½ dm. Rijnl.) bedraagt. Daar nu tevens, volgens de uitdrukkelijke begeerte van ZIJNE MAJESTEIT, de huizen aanmerkelijk zijn verhoogd geworden, heeft men gegronde redenen, om te vertrouwen, dat zoodanige zomeren als wij thans beleefden, in het vervolg alhier minder zullen te vreezen zijn. Het Heemraadschap van *Vollenhove* werd echter, door de redenen voor het verlagen der dijken, niet overtuigd, maar bleef volharden bij den wensch, om dezelve in den vorigen staat hersteld te zien, en het behaagde ZIJNER MAJESTEIT aan dezen wensch gehoor te geven, van het aanleggen eens overlaats in dat kwartier af te zien, en het Heemraadschap te magtigen, de dijken aldaar volgens deszelfs meening te doen herstellen, gelijk dan ook is geschied. Het is te wenschen, dat de ingezetenen van Vollenhove zich, vroeg of laat, niet over deze opinie van hun Heemraadschap te beklagen hebben.

De doelmatigste middelen ter afwending van verdere onheilen zijn dus in het werk gesteld, en het eenige, wat der menschelijke voorzorg in dezen te wenschen overig blijft, schijnt te zijn, dat alle ingezetenen der aan overstrooming bloot staande streken zich van vaartuigen voorzien, waardoor zij, in tijd van nood, in staat gesteld kunnen worden, om voor hun behoud te zorgen.

De volgende, schoon nog niet geheel volledige, opgaaf der tot het herstel der dijken aangewende kosten zal den lezer in de gelegenheid stellen, een denkbeeld te vormen van de teistering, welke de dijken hadden ondergaan.

Het beringen der doorbraken in de zeedijken van het kwartier *Vollenhove*, heeft gekost ƒ 33,383.00

De herstelling dier dijken . . . . .   ⁃ 931,700.00

De beringing der dijkbreuken onder *Zwartsluis* . . . . ⁃ 1,950.00

De herstelling van deze doorbraken . ⁃ 13,499.00

Transporteren ƒ 980,532.00

Trans-

Transport	ƒ 980,532.00
De beringing der dijkbreuken aan den regter oever des Zwartenwaters, onder den dijkstoel van *Hasselt*	ƒ 3,200.00
Het herstel dezer doorbraken en de verdere schade	ƒ 114,800.00
De herstelling der dijkbreuken onder de buurschap *Genne*	ƒ 19,100.00
Het herstellen der doorbraken onder de buurschap *Haarst*	ƒ 19,070.00
De beringing der dijkbreuken onder *Mastenbroek*	ƒ 4,037.00
De overlaatdijk aldaar	ƒ 120,000.00
De aldaar aangelegde uitwateringsfluis	ƒ 78,000.00
De reparatien en verlenging der overige sluizen	ƒ 8,000.00
De verdere ringdijk van *Mastenbroek*	ƒ 64,000.00
De beringing der doorbraken bij *Wilsum*, onder den dijkstoel van *Zalland* . . .	ƒ 2,430.00
Het herstellen dier doorbraken . . .	ƒ 22,550.00
De herstelling van den dijk in de buurschap *Langenholte*	ƒ 6,175.00
Het herstellen der dijken van *Diese* .	ƒ 6,435.00
De overlaatdijk onder *Kampen* . . .	ƒ 60,950.00
Transporteren	ƒ 1,509,279.00

Transport	ƒ 1,509,279.00
De aldaar aangelegde uitwateringsluis	„ 75,500.00
De reparatien der overige sluizen	„ 8,550.00
Het herstellen van den ouden *Kamperveenschen* dijk	„ 5,609.00
De herstelling van den *Zalker* dijk	„ 866.00
Te zamen	ƒ 1,599,804.00

Uit het gegevene verslag blijkt, helaas! maar al te duidelijk, dat de jongste watervloed eene ontzettende hoogte bereikt en de treurigste tooneelen van ellende en verwoesting heeft daargesteld. Doch nu wordt waarschijnlijk door velen gevraagd, in hoe verre hij vorige vloeden heeft overtroffen, of door dezelve is te boven gegaan. En dit is eene vraag, welke niet voldoende kan beantwoord worden. Men vindt van vorige vloeden wel de op vele plaatsen veroorzaakte ongelukken en schade opgegeven, doch zeer weinig van de hoogte des waters aangeteekend; waardoor het zeer moeijelijk, ja veelal onmogelijk is, in allen opzigte juiste vergelijkingen te maken. De plaats hebbende ongelukken toch hangen van te veel omstandigheden af, om de noodige gronden ter beoordeeling van de hoogte der vloeden op te leveren. Dezelfde vloed kan op de eene plaats groote verwoestingen aanrigten, terwijl de andere

wordt

wordt verschoond of minder geteisterd. De strekking des winds, de betere of slechtere toestand der dijken en andere omstandigheden hebben dit ten natuurlijken gevolge.

Dat er in vorige eeuwen vloeden hebben plaats gehad, welke veel grootere verwoestingen en schade daarstelden, dan die, welke ons in Februarij 1825 heeft getroffen, is ontwijfelbaar zeker. De ontzettende overstroomingen, bij welke de Dollart en Biesbosch ontstonden, zijn ieder bekend, die slechts eenige ervarenheid in de Vaderlandsche geschiedenis bezit. Hij herinnert zich, hoe de geduchte Kersvloed van 1277, bij den mond der Eems, in de provincie Groningen, 1 stad, 33 dorpen, 2 kloosters en eenige gehuchten en buurten door de golven deed verslinden, en de eerste oorsprong was van den grooten waterplas, de *Dollart* geheeten. Het is hem bekend, dat op den 19den November 1421, nabij *Dordrecht*, ter plaatse, die thans de *Biesbosch* of *verdronkene Zuidhollandsche waard* wordt genoemd, 72 dorpen en gehuchten verdronken, van welke er meer dan 20 onder de wateren bedolven bleven, en waarbij men 100,000 menschen rekent omgekomen te zijn.

Wilde ik de menigte watervloeden, die ons land vroeger en later hebben getroffen, en de schade en jammeren, door dezelve veroorzaakt, slechts even aanstippen, dan zoude ik nog eene gansche lijst moeten leveren,

ren. Ik zal derhalve, voor den daarmede niet bekenden lezer, slechts eenige hoofdzaken aanroeren, van de ongelukken en treffendste gebeurtenisfen, welke, betrekkelijk die van 1570, 1686 en 1717, door OUTHOF, in zijn *Verhaal van alle de hooge Watervloeden* enz., breedvoeriger zijn opgeteekend.

In 1570, den 1sten en 2den November, veroorzaakte een hevige storm uit het Noordwesten, door eenen, bij Nieuwe maan plaats hebbenden, Springvloed vergezeld, eene vreesfelijke overstrooming, welke zich niet alleen, langs de Noordzee, van *Calais* in Frankrijk tot op de kusten van Noorwegen uitstrekte, maar ook Overijsfel, Gelderland en Utrecht trof, en de meeste dijken, sluizen en waterkeeringen deed bezwijken. Niet slechts op het platte land werd eene menigte menschen en vee verzwolgen, maar ook in de steden verdronken er, gelijk, onder andere, van 6 menschen en eenig vee binnen *Kampen*, wordt vermeld. Moeras- en veenachtige gronden werden losgescheurd, opgeligt en met huizen en boomen van hunne plaats gevoerd, hetwelk zelfs aanleiding gaf tot twistgedingen, zoo in de provincie Utrecht, waar eenige stukken veengrond uit Vriesland waren aangespoeld, als in Oost-vriesland, waar een stuk lands, met een huis en eenige berken boomen op hetzelve, uit Groningen was komen drijven, en zich bij eene kerk in *Reiderland* had
ne-

nedergezet. Ook bij *Vollenhove* dreef een boeren huis, met de menschen en het vee, benevens de schuur, een oven en de boomen, die dezelve omringden, meer dan een half uur van de plaats. Te *Schagen*, in Noordholland, dreef eene woning, met de schuur enz. tot aan den zeedijk, zonder dat de menschen, die er in waren, het wisten; want door het volk, dat zich op den dijk bevond, toegeroepen wordende, keken zij boven uit het dak en verwonderden zich zeer, toen zij ontwaarden hoe ver zij weggedreven waren. En soortgelijke verschijnselen, uit welke men een denkbeeld kan vormen van het geweld diens vloeds, hadden ook aan andere oorden plaats. Er is bijna geene schade te bedenken, welke door deze ramp niet veroorzaakt werd. Die gedeelten van Gelderland en Overijsfel, welke aan de Zuiderzee gelegen zijn, en inzonderheid het kwartier *Vollenhove*, leden geweldig. In Vriesland, waar de nood en schade allerontzettendst waren, beliep het getal der verdronkene personen 20,000, terwijl men rekent, dat er in Groningerland 9000 menschen en 70,000 stuks hoornvee verdronken. Het gansche aantal menschen, dat door dien vloed het leven verloor, werd op niet minder dan 100,000, schoon door sommigen veel hooger, gesteld, en het omgekomene vee was niet te berekenen.

Den 12den en 13den November 1686 werd, behalve

Oost-

Oost-vriesland, inzonderheid de provincie Groningen, door eenen hevigen vloed geteisterd, die mede menigvuldige tooneelen van verwoesting en ellende opleverde. Alleen in de genoemde provincie vonden 1558 menschen hun graf in de golven, terwijl er 631 huizen weggespoelden, 1387 paarden en 7861 koeijen verdronken.

In 1717 had, op het Kersfeest, weder een allergedachtste watervloed plaats, welke zich over de meeste landen langs de Noordzee uitstrekte, duizenden van menschen en beesten deed verdrinken en ook in Overijssel groote schade veroorzaakte. Het getal der in Groningen, Vriesland en Holland verdronkene menschen werd op ruim 2000 gerekend, en het gansche aantal der in dezen vloed omgekomene op meer dan 12000; terwijl, natuurlijk, ook hierbij de grootste verwoestingen, ontzettende rampen en zonderlinge gebeurtenissen plaats vonden.

Ten aanzien der vloeden van 1775 en 1776, welke sommige lezers zich nog herinneren, terwijl zekerlijk eene menigte andere, door de verhalen hunner ouderen, daarvan kennis dragen, zij voor hen, bij wie zulks het geval niet mogte zijn, betrekkelijk deze provincie dit weinige medegedeeld, getrokken uit MARTINUS *Bespiegelingen van Nederlandsch Watersnooden* in die beide jaren.

De zware storm en geduchte overstrooming, welke

den

den 14den en 15den November 1775 onze Noordelijke provinciën troffen, deden, ook in Overijssel, op onderscheidene plaatsen de dijken en waterkeeringen bezwijken, veel vee en ook menschen verdrinken. Te *Kamperveen*, onder andere, verdronken 9 menschen en in den polder van *Mastenbroek* 17, meest allen uit den *Koekoek*, terwijl omstreeks *Kamperveen* 147 runderen, 14 paarden en 42 varkens, binnen den omtrek van *IJsselmuiden* 30 runderen, 7 paarden en 5 varkens, en in en om *Genemuiden* 71 runderen en 1 paard verdronken.

Op den 20sten en 21sten November 1776 werden deze provinciën, na eenen gunstigen zomer en gezegenden oogst, weder door eenen hevigen storm en geweldigen vloed bezocht, die over het geheel minder, doch aan sommige oorden, en ook in Overijssel, merkelijk geduchter was, dan die van het vorige jaar; ja, in dit gewest, al de vroegere overstroomingen dier eeuw verre overtrof. Bij *Zwolle*, waar de vloed eenige duimen, en in *Mastenbroek*, waar dezelve wel 2 voeten hooger was, dan in 1775, liep het water genoegzaam overal ruim 1 voet over de dijken. In het kwartier *Vollenhove* steeg het 3 voeten hooger, dan de kruinen van dezelve. In de vrijheid der stad *Zwolle* en in *Zwollerkerspel* ontstonden acht waden, en voorts een aantal langs de zee, het Zwartewater enz., terwijl men op sommige plaatsen twijfelen mogt, of er wel ook een dijk geweest wavans. — Vele huizen spoelden weg en eene menigte andere stortte in of werd zwaar beschadigd. Eene groote menigte vee werd door het water verzwolgen, terwijl een aantal menschen, met deszelfs vee, naar de steden en hooge plaatsen vlugtte. Te *Zwolle* werden, op het Reventer en in het Hospitaal, 114 menschen gehuisvest en verzorgd. In de Bethlehemsche kerk, de Kruiskerk, de Latijnsche school en het Binnen-gasthuis dezer stad stond 290 stuks vee. Te *Steenwijk* en in deszelfs nabijheid vonden wel 890 gevlugte menschen en ruim 700 beesten huisvesting en verzorging. — Schoon door dezen vloed minder menschen zijn omgekomen, dan bij den vorigen (waartoe misschien de ondervinding van het vorige jaar wel iets zal hebben bijgedragen) en van het kwartier *Vollenhove* is aangeteekend, dat aldaar niemand door denzelven was verdronken, blijkt onder andere, dat te *Kamperveen* 4, in *Mastenbroek* 1 en in den *Koekoek* 4 menschen hun leven in de golven verloren. — Tot de bijzonderheden van deze overstrooming behoort, dat een geheele hooiberg, met eenen man en eene vrouw, uit *Brunnepe* naar *Kamperveen* is gedreven, waar dezelve levend zijn aangekomen en gered, alsmede, dat een stukje lande van ruim een half morgen, met drie schepen, van de *Beulake* naar den Zomerdijk dreef (ten minste anderhalf uur van de plaats), waar men, twee dagen na den storm, deze dieren op hetzelve vond weiden.

Schoon

Schoon nu bij vorige vloeden, op onderscheidene plaatsen, meerdere ongelukken en verwoestingen veroorzaakt zijn, dan door dien van 1825, kan daaruit echter geenzins een gegrond besluit voor de mindere hoogte van den laatsten getrokken worden; dewijl, zoo als reeds is opgemerkt, onderscheidene omstandigheden hierbij in aanmerking komen. Zoo men daarnaar oordeelen wilde, zoude ook elke vergelijking, voor andere plaatsen, andere uitkomsten opleveren. Men zoude, b. v., uit het gebeurde in de provincie Groningen opmaken, dat de vloeden van 1686 en 1717 veel hooger geweest zijn dan die van 1775 en 1825; doch uit de rampen in Overijssel het tegengestelde besluiten. — Het eerste, dat men tot zoodanige vergelijkingen noodig heeft te weten, is de hoogte, welke de Noordzee bij elken vloed bereikt.

Op den 20sten November 1776, des avonds te 10 uren, was het water bij *Texel* gerezen tot 7 Rijnl. voeten (2,198 el) boven den dagelijkschen vloed, en zoo hoog was het in 1775 niet geweest. Op den 15den November 1824 was het, des morgens tusschen 2 en 3 uren, aan *Den Helder* op 1,99 el (6 voet 1½ duim), welke hoogte bij menschen geheugen geene plaats had gevonden. Op den 3den Februarij 1825, te 7 uren des avonds, had het aldaar 1,88 el (6 voeten) bereikt. Schoon mij nu de hoogte, waartoe het op den volgenden dag klom, onbekend is, zal het echter, wegens

den

den aanhoudenden storm en toen invallenden hoogen Springvloed, wel aan geenen twijfel onderworpen zijn, dat de zee toen nog hooger, dan in 1776, gerezen is. Te *Katwijk* stond het water op den 3den Februarij 1825, des namiddags te 3 uren, 130 Rijnl. duimen (3.14 el) boven het Amsterdamsche peil, op den 4den, des morgens te 3½ uur, op 138 duimen (3.35 el), en des namiddags te 4 uren op 140 duimen (3.66 el) boven dat peil, hoewel, door het oploopen der zeebaren, het water meermalen tot 240 duimen (6.28 el) gezien is. De vloed was dus tot 11 voeten en 8 duimen boven het Amsterdamsche peil gerezen, terwijl de extra vloeden aldaar, volgens eene tafel van Hollands waterstaat, (zie *Tegenw. staat der Vereenigde Nederl.*, 6e deel, bladz. 180) worden opgegeven als 10 voeten en 10 duimen boven dat peil gerezen, hetwelk 10 duimen minder is, dan de tegenwoordige hoogte. Hieruit volgt dus, dat de vloed van 1825 aldaar den grootsten, welken men vóór het jaar 1746 had waargenomen, en dus ook dien van 1717, heeft overtroffen.

De hoogte van het water in de Zuiderzee hangt af van die der Noordzee, en tevens van den korteren of langeren tijd, gedurende welken dezelve blijft aanhouden, terwijl het mede daarvan afhangt, of de Zuiderzee tot op de hoogte van de Noordzee vol kan loopen. De meerdere of mindere wijdte en diepte der zeegaten moet,

moet, door het verlengen of verkorten van den tot vol- loopen benoodigden tijd, mede invloed hebben op de hoogte der Zuiderzee. — De storm belet het water der Zuiderzee, eenen waterpassen stand aan te nemen, en doet hetzelve, in onderscheidene plaatsen, meer of minder opstuwen, naar mate van de gelegenheid der kusten. Dit verschil van waterpas is zeer aanmerkelijk, en op de Overijsselsche kust, die voor den Noordwesten wind bloot ligt, is het water altoos hooger, dan op die van Holland. Deze zoo verschillende opstuwing nu maakt het onmogelijk, de wezenlijke middelbare hoogte van het water der Zuiderzee te bepalen.

Te voren is gezien, dat de middelbare stand des waters op de Overijsselsche kust, den 4den Februarij 1825, 3.430 el boven het Amsterdamsche peil schijnt geweest te zijn, terwijl het water te *Amsterdam* tot 2.50 el (97½ Amsterd. duim) was gerezen. In 1775 was het te *Amsterdam* op 96 duimen (2.47 el). Te *Kampen* was het toen 0.43 el lager, dan op den 4den Februarij 1825, en dus 2.946 el boven het genoemde peil. In de kerk der Gereformeerden op *Schokland* stond het water in 1825 ter hoogte van 0.83 el, en in 1775 op die van 0.31 el, zoo dat het toen 0.52 el lager was. — Uit dit eene en andere blijkt, dat de Zuiderzee op den 4den Februarij 1825, in het algemeen, hooger is geweest, dan op den 15den November 1775.

R 2

In November 1776 bereikte het water te *Amsterdam* slechts de hoogte van 80 duimen (2.06 el), terwijl het gezegd wordt toen aan den *Mastenbroeker* zeedijk ruim een voet of omstreeks 0.30 el hooger te zijn geweest, dan in 1775. Daar nu het water te *Amsterdam* 0.41 el lager was, dan in het voorgaande jaar, en aan den *Mastenbroeker* dijk slechts 0.30 el hooger schijnt daaruit te volgen, dat de vloed der Zuiderzee in 1776 lager is geweest, dan in 1775.

Bij den beruchten Kersvloed van 1717, was de hoogte te *Amsterdam* gelijk met die van 1775, namelijk 2.47 el, terwijl het water toen te *Kampen* eenen voet of omstreeks 0.30 el lager wordt gesteld, dan in 1776. Het komt mij daarom voor, dat die Kersvloed iets hooger, dan die van 1775 is geweest, doch dien van 1776 heeft overtroffen.

Het is dus genoegzaam zeker, dat de Zuiderzee bij den jongsten vloed hooger is geweest, dan bij al de vloeden, die in de vorige eeuw hebben plaats gevonden: dan, hoedanig was het ten tijde der verschrikkelijke overstrooming van den jare 1570 gesteld? Het eenige, wat ik daarover heb kunnen vinden, is de hoogte des waters in de Kerk te *Metslawier*, omtrent 1½ uur van zee, in de Grietenij *Opstdongeradeel*, in Vriesland gelegen. Deze bedroeg toen één voet, en was volgens den Hoogleeraar *␣␣␣* (Verhandeling over de Zee-

dij-

dijken, bladz. 47 en 48) 13 houtvoeten of 3.848 el boven het hooge binnenwater verheven. In 1776 liep het water over den dijk bij *Roptazijl*, ¼ uurs ten noorden van *Harlingen*, welke dijk 11½ voet of 3,40 el boven het hooge binnenwater verheven is, (ibid., bladz. 59). Het water zoude dus in 1570 aldaar niet volkomen 0,45 el hooger geweest zijn, dan in 1776; terwijl het natuurlijk in het laatste jaar hooger was, dan de dijk, waarover het stroomde. Uit deze eenige waarneming, kan men geen algemeen besluit opmaken, daar het genoegzaam blijkt, hoe veel de watershoogte in onderscheidene plaatsen onderling kan verschillen. Het schijnt echter, dat de vloed van 1570 hooger is geweest, dan die van 1776, en mogelijk ook, dan die van 1775; doch dezelve waarschijnlijk door dien van 1825 is overtroffen.

De hoogte en uitgestrektheid der overstrooming hangen hier af van de hoogte der Zuiderzee, den langeren of korteren duur dier hoogte en het getal, de grootte en de diepte der doorbraken. De invloed der beide eerste omstandigheden is klaarblijkelijk, en dien der laatste kan men ook geenszins betwijfelen; daar de overloop van eenen dijk nimmer zoo veel water doet binnenstroomen, dan groote en diepe dijkbreuken, door welke de zee, met hare uit de volle hoogte verkregene snelheid en kracht, zonder eenig beletsel, ten lande instort.

Deze omstandigheden nu waren bij den jongsten vloed zoodanig, dat de overstrooming zich denkelijk zoo ver heeft uitgestrekt en zoo hoog is gerezen, als zij met de bestaande hoogte der zee konde doen, zoodat het inundatie water waarschijnlijk weinig meer zoude gerezen zijn, al ware de zee nog langer op dezelfde hoogte gebleven. Bij de vloeden van 1775 en 1776 was dit niet het geval, dewijl er wel een groot aantal zware doorbraken ontstond, maar de hoogte der zee niet lang genoeg aanhield, om het land, zoo hoog en zoo ver mogelijk, te inunderen. De overstrooming van 1776 was hier, ofschoon de Zuiderzee in het algemeen lager was, hooger dan die van 1775, en die van 1825 heeft die van 1776 overal zeer overtroffen, schoon het verschil, op onderscheidene plaatsen, zeer ongelijk is geweest. Te *Kampen* was, in 1825, het water 0.34, op *'s Heerenbroek*, in de herberg de Kroon, 0.41, te *Hasselt* 0.36, bij *Steenwijk* 1.19, te *Vollenhove* 0.99 en te *Zwarte sluis* van 0.93 tot 1.07 hooger, dan in het jaar 1776. Ook dit zoo onderscheidene verschil behoeft niemand te verwonderen, dewijl het water bij eene overstrooming nimmer eenen waterpassen stand aanneemt, maar wegens de onderscheidene rigting der stroomen, en nog meer door de opstuwing van den wind, bij voorkomende beletselen, zeer verschillend in hoogte kan zijn.

Noodlottig was voor velen de gerustheid, welke eene

WATERSNOOD.

zoo langdurige bevrijding van overstrooming, vooral bij de herhaalde stormen in de vier vorige maanden, had te weeg gebragt; en even zoo zeer de waan, dat geene overstrooming hooger zoude rijzen, dan die van 1775. De vloed van dat jaar was zekerlijk veel minder, evenwel was het gansche kwartier *Kuinrehove*, met weinige uitzonderingen, onder water geloopen. Toen verdronk aldaar geen mensch, en nu verloren er meer dan honderd personen het leven, van welke, naar onze wijze van zien, zekerlijk velen zouden zijn behouden gebleven, indien men, het gevaar beseffende, bij tijds maatregelen van veiligheid, hadde genomen.

Schoon men over het algemeen van oordeel is, dat de storm van den 4den Februarij 1825, hoewel sterk, echter minder was, dan zelfs die van den 14den October 1824, was de snelheid, waarmede het water rees, en het daar door veroorzaakte geweld, zeer buitengewoon. Niets, hoe hecht ook, scheen in staat, aan de woede des waters wederstand te bieden; alles werd door hetzelve medegevoerd; geheele stukken van muren, vele ellen voortgestuwd, eene zware kist met timmermansgereedschap, uit *Mastenbroek*, dwars over het Zwartewater, tot bij *Zwolle* gedreven. Een kerkbijbel met zilveren beslag, eene zilveren beugeltasch, enz. werden op gelijke wijze, en bijna langs denzelfden weg, door den stroom medegevoerd. Een stuk geschut, zijnde een 12 ponder, met eene ijzeren affuit, te *Blankenberg* staande en tot het doen van seinschoten gebruikt wordende, werd eenige ellen terug en het onderste boven geworpen. ,,De zee," dus luiden de berigten van onderscheidene plaatsen, ,,scheen te koken, en het ,,water stond als piramiden in de hoogte." De reden hiervan hebben velen in eene aardbeving of waterberoering gezocht; en onderscheidene persoenen hebben ook gemeend, te dien tijde werkelijk schuddingen gevoeld te hebben. Wat hier ook van zij, waar is het, dat zich bij den laatsten vloed zonderlinge verschijnselen hebben opgedaan, zoo als, onder andere, de spoedige zakking van het water, welke men op den 4den Februarij, des morgens te 4 uren, te *Kuinre*, *Blokzijl*, *Vollenhove* en *Kampen* waarnam, en die veelal aan de uitwerkingen van doorbraken werd toegeschreven, schoon alles schijnt aan te duiden, dat de dijkbreuken veel later en geen van dezelve vroeger, dan tusschen 7 en 8 uren, en de meeste nog naderhand, tusschen 9 en 11 uren, hebben plaats gevonden.

Dat de grond vol water en dit zeer in beweging geweest is, blijkt uit verschillende waarnemingen. Om niet van de in *Vriesland*, midden in de overstrooming, opgerezene bron, als niet tot deze provintie behoorende, te gewagen, merk ik slechts aan, dat men op het *Kamper Eiland*, reeds op Dingsdag den 1sten Fe-

Februarij bespeurde, dat de grond vol water was, doch dat er zelfs hier en daar watersprongen ontstonden en ook onderscheidene putten bedorven waren, daar het vee het water niet wilde drinken. Dergelijke opwellingen heeft men, schoon later, ook elders, onder anderen te *Zwolle*, waargenomen. Te *Hasselt* waren door de werking der wel verscheidene pompen, zelfs tot de hoogte eener el, opgeligt. Het water was ook zeer dik en heeft eene groote hoeveelheid klei achter gelaten. Bij *Vollenhove* ontdekten de visschers naderhand, dat er wel 60 groote keisteenen te voorschijn gekomen waren, en de zee op sommige plaatsen ondieper geworden was, terwijl op andere, waar te voren maar van 28 tot 36 duimen water stond, zich nu kolken van meerdere of mindere diepte bevonden.

Soortgelijke verschijnselen zijn hier ook bij den vloed van 1775 opgemerkt. „ Het zeewater kwam met een „ allerijsselijkst geweld aanbruijzen, en over alles heen „ lopende, zoo dat veele naderhand van gevoelen zijn „ geweest, dat 'er een water beroering mede doorgeloo„ pen heeft; want het water, naderhand weggezakt zijn„ de, heeft van twee duim tot één hand breed, zeer „ taaije en gladde slibbe achtergelaten; zijnde het water „ pekelzout geweest." (Zie HERING, *Bespiegeling van Nederlandsch Watersnood, tusschen den* 14den *en* 15den *November* 1775, 2de deel, bladz. 235.) „ De zee was „ woe-

„ woedende, en schoon eerder te kooken, dan te gol-
„ ven." (Ibid., bladz. 265.). „ Verscheiden persoo-
„ nen, des nachts zich buiten in hooren huizen heb-
„ bende opgehouden, hebben ongeveer middernacht
„ twee stootingen gevoeld, ten eenemale verschillende
„ van de golfslag, en daar bij waargenomen, dat het
„ aardrijk zoo opgevuld van water was, dat het vee,
„ 't geen van de stallen, naar de hoogtens in en rond-
„ om de huizen, aan de zeekant gelegen, verbragt
„ wierd, door het intreeden van de drooge vaste grond,
„ het water deed opborrelen. — De woede van den
„ vloed is niet evenredig geweest aan, maar heeft verre
„ overtroffen de stormwind, welke, des nachts, tus-
„ schen den 14den en 15den, gewaaid heeft. Dewijl
„ men, volgens de echtste getuigenissen van Schippers
„ en Visschers, gerust meent te mogen vaststellen,
„ dat het, in dit voorjaar van 1776, zwaarder gestormd
„ heeft, dan op deeze tijd," (ibid., bladz. 271 en 272.)
Uit deze aanteekeningen van den vloed des jaars 1775
blijkt deszelfs overeenkomst, met dien van 1825, allerduidelijkst.

De opkomende vloed heeft zeker eene sterke werking op de wel, zoo als men dagelijks aan het strand
der Noordzee kan opmerken. De rivieren hebben op
eenen grooten afstand gemeenschap met de wel, welke
bij een langdurig hoog opperwater aanmerkelijk toe-
neemt,

neemt, en het voor de landerijen zoo schadelijke kwel water doet ontstaan. Het is dus mede natuurlijk, dat eene hoog opgestuwde zee op de wellen moet werken; doch al de genoemde verschijnselen kunnen geenszins alleen aan de persing van het zeewater toegeschreven worden; te minder, daar de opwellingen op het Kamper Eiland reeds begonnen zijn, vóór dat de zee merkelijk gerezen was. —

De bekendmaking van de berekening der Fransche sterrekundigen, wegens de hooge *springvloeden* in 1825, en bijzonder betrekkelijk dien van den 6den Maart, heeft aanleiding gegeven tot onderscheidene verkeerde begrippen; daar velen waanden, dat die vloeden altijd van overstroomingen vergezeld gaan, en dus het voorzeggen van eenen hoogen springvloed tevens die eener overstrooming insluiten zoude. Bij den eenen werden daardoor vrees en schrik veroorzaakt, terwijl de andere, het ongerijmde van dergelijke voorzeggingen beseffende, de berekening der springvloeden voor eene groote dwaasheid hield. Gelijk het dikwerf gaat, ging het ook nu; beiden sloegen tot uitersten over.

De ondervinding leerde al sedert eene reeks van eeuwen, dat de oceaan, in elke 24 uren en 48 minuten, tweemaal rijst en daalt, en deze geregelde afwisselende bewegingen des waters, *eb* en *vloed* geheeten, den loop der Maan volgen. Men bespeurde ook weldra, en bijna zonder uitzondering, dat de vloed ten tijde van Nieuwe en Volle Maan op het hoogste, en bij de beide Kwartieren op het laagste, was, en noemde daarom al de vloeden, die bij Nieuwe en Volle Maan voorvallen, *springvloeden*. Thans weet men, dat deze bewegingen der zee door de aantrekking van Zon en Maan worden veroorzaakt; doch dat de kracht der Maan om het water in beweging te brengen, driemaal zoo groot is als die der Zon. De Maan is wel, bij de Zon vergeleken, een zeer klein ligchaam, en zoude daarom, indien zij even ver van ons verwijderd ware, niet de minste uitwerking op den oceaan kunnen te weeg brengen: dan, dewijl haar afstand van de Aarde slechts een 400ste deel van dien der Zon bedraagt, wordt hare aantrekkingskracht zoo zeer versterkt, dat dezelve driemaal zoo veel invloed heeft als die der Zon. Bij Nieuwe en Volle Maan nu werken deze beide hemellichten te zamen, om het water op dezelfde plaatsen te doen rijzen en op andere te doen dalen. Bij de Kwartieren, integendeel, wordt de werking der Maan voor een gedeelte door die der Zon vernietigd, zoo dat er als dan in het geheel geen vloed zoude zijn, indien de krachten der Zon en Maan in dit opzigt gelijk waren. De springvloeden worden, derhalve, door de som der werkingen van Zon en Maan, en de vloeden bij de Kwartieren enkel door het verschil van die beide werkingen, voortgebragt. Men kan dus

bij

bij elke Nieuwe en Volle Maan eenen hoogeren vloed, dan op andere tijden, verwachten. Deze hoogte vloed nu is gewoonlijk de derde na Nieuwe en Volle Maan, en heeft dus anderhalven dag na dezelve plaats.

Indien de Maan zich altijd even ver van de Aarde bevonde, en de Zon, de Maan en de Aarde, bij elke Nieuwe en Volle Maan, denzelfden onderlingen stand hadden, zouden alle springvloeden eene gelijke hoogte hebben; doch die afstand en deze standen zijn dagelijks verschillende. Op haren middelbaren afstand is de Maan omtrent 60 halve middellijnen der Aarde, of 382000 Nederlandsche mijlen van ons verwijderd. In het verste punt bedraagt deze verwijdering omtrent 64 halve middellijnen, of 407500 Nederlandsche mijlen, en in het naaste is de Maan 56 halve middellijnen of 356500 mijlen van ons verwijderd. Hoe nader nu de Maan aan de Aarde is, hoe sterker zij werkt om het water in beweging te brengen, en hoe verder zij zich van ons verwijdert, hoe meer hare kracht afneemt. Deze toe- en afnemingen van de kracht der Maan op het water zijn veel grooter, dan de veranderingen van den afstand, zijnde de gemelde kracht omgekeerd evenredig aan de teerlingen van de afstanden der Maan. Hierdoor is die kracht in het naaste punt omtrent ⅓ grooter en in het verste ⅓ kleiner, dan op den middelbaren afstand. Telkens, na verloop van ruim 27 dagen en 13 uren, komt

de

OVERIJSSELS

de Maan in haren naasten stand aan de Aarde, en 13 dagen en 18¼ uur na dat zij het digtst bij ons was, is zij het verst van ons verwijderd. Is nu de Maan, ten tijde dat zij Nieuw of Vol is, tevens op haren middelbaren afstand, dan heeft men eenen gewonen springvloed; doch bevindt zij zich alsdan het naast aan de Aarde, dan is de springvloed sterker, even als hij minder is, wanneer de Maan alsdan het verst van ons verwijderd is. Ook is de springvloed te sterker, naar mate de Maan nader aan den Evenaar is, terwijl hij vermindert, naar mate dezelve verder van dien cirkel is verwijderd.

Het is dus gemakkelijk te begrijpen, dat het den sterrekundigen mogelijk is, uit den berekenden tijd van de Nieuwe en Volle Maan en derzelver standen, tevens de grootte der springvloeden te bepalen; dewijl deze soort van voorzeggingen berust op berekeningen, gegrond op de kennis van den standvastigen loop en de wetten der Natuur, en derhalve niets gemeens heeft met die voorzeggingen, welke alleen op bijgeloof rusten en door listige bedriegers gebruikt worden, om zich zelven, ten koste dikwijls van het geluk, ja van het leven hunner medemenschen, te bevoordeelen.

De hoogte der vloeden is in onderscheidene, zelfs nabij elkander gelegene, plaatsen veelal zeer verschillende. Terwijl, onder andere, bij *Brest*, eene stad op de westelijkste kust van Frankrijk, de middelbare springvloed

WATERSNOOD.

vloed eene hoogte van 5,888 el bereikt, klimt dezelve in de haven van *St. Malo*, eenige mijlen noordoostelijker gelegen, en bij de ebbe genoegzaam droog zijnde, tot de hoogte van 16 ellen. Op de kusten van Overijssel doen de springvloeden het water slechts weinige duimen, boven de hoogte der dagelijksche vloeden, rijzen.

Om de berekening van de hoogte der springvloeden te verstaan, moet men in aanmerking nemen, dat de middelbare hoogte van den, in iedere plaats waargenomen, vloed door 1 wordt aangeduid, en dan, b. v., het water te *Brest* 5.888 el rijzen moet boven de ebbe. Is integendeel de springvloed meer of minder dan 1, zoo als op den 4den Februarij 1825 plaats had, toen hij 1.08 was, dan moet men de hoogte van den middelbaren springvloed, in elke plaats, met dit getal vermenigvuldigen, om de hoogte te bekomen, waartoe de zee er alsdan moet rijzen: dus was deze hoogte toen te *Brest* 5.888 x 1.08 = 6.359 el.

Een springvloed, al klimt dezelve tot zijne grootste hoogte, kan geene de minste schade aanrigten, tenzij dezelve vergezeld ga van eenen storm, die het water tegen de kust opstuwt. Alleen in dat geval is dezelve gevaarlijk; dewijl het water alsdan, door de kracht van den wind, geholpen door den sterken vloed, hooger moet worden opgedreven, dan wanneer de vloed

van

van minder aanbelang is. Het oogmerk, waarom de berekening der vloeden door de Fransche sterrekundigen, in de *Connaissance des Tems*, jaarlijks wordt publiek gemaakt, is ook alleen, om aanleiding te geven, dat diegenen, aan welke het opzigt over dijken en andere waterwerken is toevertrouwd, vooral ten tijde der grootste vloeden, waakzaam zijn en al het noodige gereed houden, om, bij de minste verheffing van eenen stormwind, ter afwering van rampen vaardig te zijn. Het was dus om voldoende redenen en met een lofwaardig doel, dat het Gouvernement de Ambtenaren van den Waterstaat en de Dijksbesturen oplettend maakte, op den grooten springvloed, welke in den morgen van den 6den Maart 1825 moest plaats hebben; dewijl het te vreezen was, dat de minste storm, die als dan ontstaan mogte, vooral daar de dijken veelal verbroken en de doorbraken nog niet allen bezingd waren, de geledene rampen aanmerkelijk zoude kunnen verzwaren. —

Zeer onderscheiden wordt er alnog gedacht over den invloed der Maan, op de gesteldheid van het weder. Zeker is het, dat de aantrekking van dat hemellicht in den dampkring vloeden doet ontstaan, op gelijke wijze als in het water der zeeën, en deze invloed op den toestand van het weder moeten hebben. De beroemde TOALDO toonde ook, in zijne Verhandeling over dit onderwerp, door vergelijking eener reeks van waarnemingen,

ge-

gedurende 50 jaren, door den vermaarden TOALDI en hem zelven, te *Padua* gedaan, vergeleken met vele andere, dat de onderscheidene standen der Maan eenen wezenlijken invloed op de verandering des weders uitoefenen. Ten gevolge hiervan zoude men kunnen meenen, dat niets gemakkelijker zij, dan, door het berekenen van de standen der Maan, de toekomstige veranderingen des weders te voorspellen. Dikwijls werd dit beproefd, doch meestal met eenen ongunstigen uitslag: en geen wonder, doordien er, behalve de werking van Zon en Maan, eene menigte van andere oorzaken aanwezig is, van welke de toestand des weders afhangt, welke nu eens te zamen werken en dan weder elkanders uitwerking vernietigen. Vele dezer oorzaken werken ook dikwijls alleen plaatselijk, en strekken zich somtijds niet verder uit, dan tot op den afstand van eenige weinige mijlen. Enkele keeren, doch zeldzamer, schijnen zij zich verder, en somtijds over de geheele oppervlakte van Europa, uit te strekken. De meeste, zoo niet alle verschijnselen in den dampkring, worden voorts door scheikundige werkingen veroorzaakt. Niemand heeft nog derzelver aard, wijze van ontstaan en uitwerking op den toestand des weders voldoende kunnen verklaren, veelmin het ontstaan daarvan voorzeggen. De groote sterrekundige BODE heeft daarom ook, in eene ten jare 1819 uitgegevene Verhandeling, de onmogelijkheid en nutteloosheid van alle voorspellingen des weders trachten te betoogen.

Men kan derhalve wel reeds vaststellen, dat de hooge vloeden uit de standen der Maan niet kunnen worden voorspeld, ofschoon het waarschijnlijk is, dat de meeste derzelven met de veranderingen der Maan in verband staan. Het heeft mij niet willen gelukken, eene volledige lijst der vloeden van de laatste eeuwen te bekomen: ik heb er slechts 42 verzameld, van welke de eerste op den 19en November 1470 heeft plaats gehad. Van deze 42 zijn er 24 voorgevallen binnen de 3 dagen vóór of na eene Nieuwe of Volle Maan, en onder die 24 waren er 13, bij welke deze onze wachter bijna in haren naasten stand aan de Aarde was. Van de 18 overige vielen er nog 6 binnen de drie dagen vóór of na derzelver doorgang door het naaste punt. Het schijnt dus wel, dat de meeste hooge vloeden voorvielen bij Nieuwe en Volle Maan, schoon dezelve tevens bij alle andere standen van dat hemellicht hebben plaats gehad.

De geweldige watervloed van het jaar 1570 kwam op den 1sten November, Ouden Stijl; de Nieuwe Maan viel op den 29sten October, en den 31sten dier maand was deze onze bijplaneet op haren kortsten afstand van de Aarde.

Die van 1686 had plaats op den 12den en 13den November; op den 15den was het Nieuwe Maan en dezelzelve omtrent op haren middelbaren afstand van onze Aarde.

Bij den jongsten vloed, op den 4den en 5den Februarij 1825, was het Volle Maan geweest op den 3den, en op den 5den was zij het naast aan de Aarde.

Deze drie vloeden kwamen dus bij Nieuwe of Volle Maan, en de eerste en derde tevens met eenen zeer hoogen, doch de tweede met eenen middelbaren Springvloed.

De vloed van 1776 kwam tusschen den 20sten en 21sten November, de Volle Maan op den 26sten, en op den 21sten was zij in het naaste punt.

De hooge, schoon niet door eene algemeene overstrooming vergezelde, vloed van November 1824 viel op den 14den en 15den, de Volle Maan op den 2den, en zij was den 15den het naast aan de Aarde.

De gedachte Kersvloed van 1717 kwam op den 25sten December, de Volle Maan op den 18den, en dezelve was op den 21sten het naast aan de Aarde.

Deze drie vloeden hadden alzoo niet bij Volle of Nieuwe Maan plaats, maar nabij of op eene der Kwartieren; evenwel was de Maan toen in of nabij haar naaste punt, waardoor de kleinere vloeden ook merkelijk hooger rijzen.

De vloed van den 14den en 15den November 1775 viel geheel in de daartoe ongunstigste omstandigheden;

namelijk met het laatste Kwartier, terwijl het op den 8sten Volle Maan was geweest, en zij den 15den even op haren verste afstand van de Aarde was.

Door deze voorbeelden is het genoegzaam bewezen, dat de aanstaande watervloeden geenszins kunnen voorafgezien worden, en dezelve ook plaats hebben in tijden, waarin, door de werkingen van Zon en Maan, de laagste vloeden veroorzaakt worden. Ofschoon dus een stormwind van bepaalde kracht eenen hoogeren waterstand moet veroorzaken, ten tijde der hooge Springvloeden, dan op andere tijden, kan de storm echter zoo geweldig zijn, dat er, vooral wanneer, zoo het schijnt, onderaardsche werkingen daartoe medewerken, ook hooge watervloeden en overstroomingen kunnen voorvallen bij de laagste vloeden.

De vloed van 1775 had plaats bij den laagst mogelijken vloed, terwijl ook de wind niet aan den hoogen vloed evenredig geoordeeld werd; waaruit dus schijnt te volgen, dat de waargenomene onderaardsche bewegingen de voornaamste natuurlijke oorzaken van de buitengewone hoogte diens vloeds zijn geweest. Bij den vloed van Februarij 1825 werd de storm ook veelal minder geroemd, dan in October en November 1824, en evenwel bereikte het water eene veel grootere hoogte. Bij dezen vloed werkte de stand der Maan krachtig mede, hetwelk bij dien van 1775 geene plaats vond, terwijl toen ook

ook dezelfde onderaardsche werkingen schenen aanwezig te zijn.

Hoe veel ook het menschelijke verstand van de krachten en werkingen der Natuur heeft leeren opsporen en verklaren, blijkt echter, ook uit het bovenstaande, allerduidelijkst, dat zelfs de geleerdste Natuuronderzoekers nog zeer weinig van dezelve kennen, en wij steeds met JOB behooren uit te roepen: ZIET, GOD IS GROOT, EN WIJ BEGRIJPEN HET NIET!

INHOUD.

Korte beschouwing van eenige natuurlijke voor- en nadeelen der onderscheidene landen des Aardbols, en de ook daarin zigtbare grootheid des Scheppers............ Blz. —

Stormen en vloeden in den herfst van 1824 en den daarop volgenden winter...... — 9.

Schets van het door den vloed van den 4den en 5den Februarij 1825 overstroomde gedeelte van Overijsfel.................. — 10-14.

Algemeen verslag van dien vloed......... — 14-24.

Verhaal van het door en bij denzelven gebeurde, in de overstroomde gemeenten, namelijk:—

SCHOKLAND.................... — 25-30.

INHOUD.

KUINRE.................................... Blz. 31- 37.
BLANKENHAM.............................. — 37- 40.
BLOKZIJL................................. — 41- 46.
VOLLENHOVE (de landgemeente).. — 46- 48.
VOLLENHOVE (de stad)............. — 48- 52.
ZWARTSLUIS........................... — 52- 61.
OLDEMARKT (waaronder Paasloo, IJsselham, Ossenzijl en Kalenberg behooren)................................. — 61- 64.
STEENWIJK en STEENWIJKERWOLD (onder welke Zuidveen, het Verlaat, het Nederland, Muggenbeet, de Watering, Eesveen, Kallenkote, enz. voorkomen)............................ — 64- 77.
GIETHOORN (waartoe Zeven en de Dwarsgrachten behooren)............ — 77- 87.
WANNEPERVEEN (waaronder Diertenveen, de Schutsloot, Zandbelt enz. voorkomen)............................ — 87- 99.
HASSELT................................. — 99-107.
STAPHORST (waaronder Rouveen, IJhorst, Hesselingen enz. begrepen zijn). — 107-115.
NIEUWLEUSSEN....................... — 115-116.

INHOUD

DALFSEN, ten noorden van de Vecht
(waar ook *Ankum*, *Corwer* enz. gelegen zijn)............................ Bladz. 116

——— ten zuiden der Vecht (waar
Emmen, *Lenthe*, *Milligen* enz. voorkomen)............................. — 118-124.

De tot den polder van MASTEN-
BROEK behoorende gemeenten:

GENEMUIDEN (waartoe de *Kamper
Zeedijk* behoort, in welks nabijheid een
gedeelte van den *Kop eens grooten diers*,
bladz. 141-147 beschreven en op de daarbijgevoegde plaat afgebeeld, gevonden is). — 125-147.

GRAFHORST................................ — 147-151.

IJSSELMUIDEN (waaronder men den
Koekoek enz. aantreft), en .... — 152-158.

WILSUM................................... — 158-161.

ZWOLLERKERSPEL, het noordoostelijkste gedeelte (*Streukel*, *Genne*, *Haarst*
enz.)..................................... — 122-124.

——— het tot den polder van
MASTENBROEK behoorende en grootste deel van denzelven............... — 162-181.

——— het overige der gemeen-

meente (waarin *Langenholte*, *Berkum*,
Westenholte, *Schelle*, *Windesheim* enz.
voorkomen)........................... Blz. 195-204.

ZWOLLE (waaronder *Assendorp*, *Dieze*
enz. behooren)........................ — 181-195.

HEINO................................ — 204, 205.

WIJHE................................ — 205-207.

KAMPEN (waaronder het *Kamper Eiland*, *Brunnepe* enz. voorkomen)...... — 207-223.

KAMPERVEEN........................... — 223-232.

ZALK, het onder den polder van
MASTENBROEK begrepene *Veecaten*. — 161, 162.

—— het overige en grootste deel der
gemeente............................. — 232-237.

Beschouwing van de ramp, deze provincie getroffen, en de liefdadigheid alom
betoond.............................. — 238-241.

Komst enz. van Z. K. H. DEN
PRINS VAN ORANJE............. — 241-243.

Inspectie en maatregelen van den Inspecteur Generaal en Administrateur van den Waterstaat........ — 243, 244.

Provinciale collecte en verdere bij de

pro-

provinciale Commisfie ontvangene gelden enz........................ Blz. 244, 245.

Door eene Commisfie te *Deventer* verzamelde en uitgedeelde penningen.. — 245.

Door Z. M. DEN KONING aan deze provincie toegewezene sommen .. — 245, 246.

Herstelling der dijken en kosten daarvan.. — 246-250.

Vergelijking van dezen vloed met vorige vloeden.. — 250-266.

Iets over de springvloeden en de onmogelijkheid van het voorspellen des weders enz.. — 267-277.

INHOUD.

provinciale Commissie auxvan-
g. Bladz. ... . Bladz. 513.
Iets eene Commissie te Dorn-
recht aanstelde en afgedaald pemin-
... . — 515.
Iets Z. M. DEN KONING aan
de provincie toegev.genx v nemen .. — 515, 516.
Huishouding der ziken en kosten daar-
v... .. .. — 516, 517.
Vordeling van deep vloed met vorst,
v...1 thin. .... — 517, 518.
Iets over de epidiemische en di ere
ziekheid van het v... tegenwoord d zele
dus er... — .... — 518, 519.

_____